U0721513

古道是一种历史的纵深，喧闹与沉寂，同样引人入胜。

『人文淳安』系列丛书

RENWEN CHUNAN
XILIE CONGSHU

淳安古道

鲁永筑 著

中国出版集团 现代出版社

图书在版编目（CIP）数据

淳安古道／鲁永筑著． －－北京：现代出版社，
2024.1
ISBN 978-7-5231-0759-1

Ⅰ．①淳… Ⅱ．①鲁… Ⅲ．①古道－介绍－淳安县
Ⅳ．①K928.78

中国国家版本馆 CIP 数据核字（2024）第 007271 号

著　　者	鲁永筑	
责任编辑	杨学庆	

出 版 人	乔先彪
出版发行	现代出版社
地　　址	北京市安定门外安华里 504 号
邮政编码	100011
电　　话	（010）64267325
传　　真	（010）64245264
网　　址	www.1980xd.com
印　　刷	北京荣泰印刷有限公司
开　　本	710mm×1000mm　1/16
印　　张	29.25
字　　数	330 千字
版　　次	2024 年 1 月第 1 版　2024 年 1 月第 1 次印刷
书　　号	ISBN 978-7-5231-0759-1
定　　价	88.00 元

版权所有，翻印必究；未经许可，不得转载

《人文淳安》系列丛书编纂委员会

主　　任：郑志光

副 主 任：徐夏冰

委　　员：邵全胜　余运德　胡炳君　邵红卫

主　　编：邵红卫

编　　委：王顺民　黄筱康

设　　计：方家明

总序

书页翻处，得见风骨

邵红卫

"人文淳安"系列丛书，包涵《淳安老物件》《淳安古道》《淳安书院》《淳安著述录》，清样早已摆在案头，我有幸先睹为快。今日阅毕，阖上书册，思绪却未能从中抽离，一些浮想，仍在字里行间盘桓，缱绻。

淳安多山，县志曰，环万山以为邑。但巍峨的大山脉，主要分布在四周边境，有西北部的白际山脉、南侧的千里岗山脉和北边的昱岭山脉，它们"致广大"地围出了淳安的一方疆域，成就了一个大桃花源；又"尽精微"地用无数余脉对这一方疆域进行分割，形成了无数小桃花源。桃花源中，旧时淳安人日出而作，日入而息，过着舒缓而拙朴的生活。除山间田野较肥沃外，淳安大部分土地皆是坡地，十分贫瘠。旧时曾把这样一个底子薄弱的山区县，于勤勉间，变成了浙江省的"甲等县"，农耕时代淳安人吃苦耐劳的秉性，有口皆碑。

王丰在《淳安老物件》里写到的生产、生活用具，是淳安农耕文化的鲜明符号。当这些代代相传的用具，以这样的形式与我们相遇时，我们依稀看到了众多熟悉的身影，祖父母，父母，邻居，村人，甚至自己。犁田、车水、斫柴、榨油、舂米、磨浆、养蚕、绩麻、纺线、槌衣……这些劳动场景，一一来到眼前。如影随形的，还有各种香味：春茶的，夏麦的，秋黍的，冬蔬的；火炉里煨的红薯的，饭甑里蒸的糯米的，汤瓶里炖的豆腐的，石臼里打的麻糍的；米羹的，麦糕的，艾馃的，箬粽的……王丰笔下的农耕时代，场景皆水墨，物象是诗篇，极有味道。作者用凝练的笔触，细镂着老物件里的旧时光。人是老物件的魂魄，写老物件，其实是写人，人的劳动、人的生活、人的追求、人的命运，悲与喜、哀与乐、福与患、生与死……故事写完了，不尽之意，见于言外：日头从人的汤汤汗水中晒出盐来，这种盐，又苦又咸，却调出了人间百味。

可以说，农耕日子人畜艰辛。然而，我们看到的情景是，旧时淳安人"一箪食，一瓢饮"，却也"不改其乐"，日子过得充实。

此中真意，《淳安老物件》里已见端倪。

而鲁永筑的《淳安古道》、鲍艺敏的《淳安书院》，则把我们的目光引入淳安历史腹地，让我们于旧时两种物象中，一见淳安人的胸襟。

书页翻处，清风徐来。我们发现，有34条古道、18座书院分别进入了作者的视野。通过作者的探赜索隐，我们对旧时淳安人的精神追求，有了进一步的了解。

《大戴礼记·保傅》称，"古者年八岁而出就外舍，学小艺焉，履小节焉"。

淳安人对于读书的重视,是来自骨子里的。

前面说过,淳安的物理空间几乎是封闭的,但淳安人却并不故步自封。这得益于新安江。旖旎的新安江划过淳安县境,以柔克刚,打开了大山的屏障,使山里与山外联系起来。淳安人的目光,随着迤逦的江水向远方延伸,便懂得了山外有山、天外有天、人外有人的道理。

因此孩子一落生,淳安人心里就种下了希望的种子。看着孩子从赤子、襁褓、孩提一路成长,心里的希望便越发强烈。始龀之年说到就到了,孩子该入学读书了。

正月农事未起、八月暑退、十一月砚冰冻时,都是旧时淳安学子农闲开学的时辰。

但上学是需要束脩的。据《礼记·少仪》记载:"其以乘壶酒、束脩、一犬赐人。"郑玄注:"束脩,十脡脯也。"束脩在春秋以前就存在了,《论语·述而》中已有"自行束脩以上,吾未尝无诲焉"。束脩标准不一,据说秦朝贫困生给私塾打工还"贷学金",隋唐人砸锅卖铁交学费。旧时淳安人,则有"卖了茅司也要衬儿子读书"之说,俗俚中,表达的是对于读书的态度。

众山豪横地为淳安人画地为牢时,也大方地馈赠淳安人以丰饶的物产。旧时,茶叶、药材、干水果、粮食、山珍、毛竹、木材等,被人肩挑背驮,通过大山里长长短短的古道,汇聚到新安江沿岸的码头上,最后被泊在江岸的大船,遡洄而运抵徽州;或遡游,运往杭州,甚至经京杭大运河,远销苏州、南京、上海、北京……也有众多小商贩或农人,挑着货担,翻越大连岭、歙岭到徽州,出昱岭关到杭州,过辽岭至寿昌、衢州……他们在古道上奔波,货殖之利,除日常开销外,大都花在民居的营造和孩子的教育上。

《淳安古道》,从通州、达府和远足、近涉四个部分,细致地叙述了34条古道的前世今生。作者笔下的古道,是一种历史的纵深,喧闹与沉寂,同样引人入胜。跟随作者的脚步,由今天走入过去的时光,峰回路转,我们看到,古道的价值,不仅体现在生活、经济和军事上,更体现在文化上。

旧时学子受教育的场所,一是官学,一是私学,还有一种介于两者之间,这便是书院。

鲍艺敏在《淳安书院》中写道:"书院的学田,既有官府划拨,也有私人捐赠等多种形式,从而成为中国古代社会独立的教育系统,为中国官场培养输送了大量人才。"

淳安书院鼎盛于宋、明两朝,境内书院遍布,人才济济,文运昌炽。据《淳安著述录》之附录《科举录》记载,光宋、明两朝,淳、遂两县正奏名进士就达273人之多,其数量占到科举时代淳、遂正奏名进士总数的百分之八十多,他们绝大多数是从书院走出来的。

脱颖的书院,遂安当属瀛山书院,淳安则为石峡书院。这两座书院,是新安江流域的双子星,是淳、遂古代教育史上两座高耸的丰碑。

"瀛山书院,在县西北四十里。宋熙宁间,邑人詹安辟建于山之冈,凿方塘于麓,其孙仪之与朱晦翁往来论学于此。"这是《万历遂安县志》

的记载。朱熹于瀛山书院讲学期间赋《咏方塘》:"半亩方塘一鉴开,天光云影共徘徊。问渠那得清如许?惟有源头活水来。"一诗吟处,八百多年云蒸霞蔚。更幸运的是,那瀛山的源头活水从朱熹诗中流过,便成了文化之水、美学之水、哲学之水,它清澈,剔透,淙淙潺潺,流过宋元,流过明清,一直流到现在,不知滋润了多少读书人的心灵。

《嘉靖淳安县志》自然也少不了石峡书院浓墨重彩的一笔:"石峡书院,在县东北五里蛟峰之麓,乃宋蛟峰方先生讲道之所也。堂二,曰知行,曰颜乐。斋四,曰居仁,曰由义,曰复礼,曰近知。燕居之后为周、程、张、朱四先生祠在焉。从游士常数百人。咸淳七年,先生复入侍讲闱,度宗御书'石峡书院'额以赐。"是年,方逢辰51岁,丁母忧,去职归隐石峡讲学,由此奠定了一代理学家、教育家的地位和形象,实现了他不在庙堂之上,也能致君泽民的理想和人生价值。

石峡书院出过状元、榜眼、探花,造就了无数栋梁之才,科举成就出类拔萃。淳安古为严陵首邑,不管以文论,还是以进士之多寡论,首邑之名都当之无愧。这其中,石峡书院功不可没。

通览《淳安书院》,发现书院的创始人,绝大多数是通过科举,走上仕途的读书人,他们被罢官、辞职或致仕后,返回故里,又创办更多的书院,让这片土地上特有的文化因子融入更多人的血液,薪火相传,生生不息,如:

瀛山书院创建者詹安(举人),官浦江主簿,年轻时曾进入开封的太学;

融堂书院的创建者钱时(宋嘉熙元年,理宗特赐进士),是南宋著名理学家杨简的得意弟子,曾做过秘阁校勘、浙东仓幕、史馆检阅等官;

石峡书院的初创者是谁,历来有争议,但将书院发扬光大的,无疑是状元方逢辰(宋淳祐十年进士),他曾累官兵部侍郎、国史修撰兼侍读、吏部侍郎、户部尚书;

合洋的柘山书院,是曾任大理寺卿的榜眼黄蜕(宋淳祐七年进士)创建的;

易峰书院,是探花何梦桂(宋咸淳元年进士)归隐文昌易峰庵后创建,他历官太常博士、监察御史、大理侍郎。

仙居书院,是明朝"三元宰相"商辂(明正统十年进士)罢官返归里商期间创建,致仕后主讲于此;

静乐书院虽非曾任工部尚书的徐贯(明天顺元年进士)所创,但他既是书院的受益者,又是书院的传承者和光大者。

南山书院,是应颙(明正统十年进士)致仕归贺城后创建,他曾官至布政使司左参政。

蛟池书院,是曾任广东左右布政使的王子言(明弘治九年进士)归乡环水后创建;

翰峰书院是曾任湖广按察司佥事的吴钦(明正德三年进士)致仕回云峰重建;

吾溪书院,是徐楚(明嘉靖十七年进士)致仕归老蜀阜后创建,他曾任四川参政;

五峰书院,是徐廷绶(明嘉靖四十一年进士)致仕回乡后重建,他曾任陕西按察使;

……

这样的人创建的书院,这样的书院培养出来的淳安读书人,风骨傲然,素为世人尊崇。

明成化十四年(1478),司礼太监汪直设西厂,横恣无比,权倾朝野。商辂不顾个人安危,上疏抗言,力罢西厂。

宪宗览疏不悦:"朕用一内臣,焉得系国安危乎?"

商辂力谏:"朝臣无大小,有罪皆请旨取问。汪直辈擅自抄收三品以上京官,擒械南京留守大臣,扰得大臣不安于职,商贾不安于市,行旅不安于途,士卒不安于伍,庶民不安于业,如此辈不黜,国家危乎、安乎!"

商辂的声音,如黄钟大吕,振聋发聩,穿过五百多年时光,犹让我们心头为之一震。

俯拾时光,皆是斑斓。

海瑞曾于嘉靖三十七年(1558)被任命为淳安知县,在淳安的四年里,推行清丈、平赋税,并屡平冤假错案,打击贪官污吏,深得民心,成了基层治理的模范官僚。

嘉靖四十一年(1662)海瑞离任前往嘉兴,淳安百姓夹道送行。众人推举新中进士徐廷绶写了《海刚峰先生去思碑记》以颂其德,并题刻"去思碑"以志思念。

《海刚峰先生去思碑记》,只是徐廷绶与海瑞之间一段佳话的小引。

嘉靖四十五年(1566),海瑞任户部主事时,冒死上疏,批评世宗迷信道教、不理朝政,被打入死牢继而重疾缠身,身为刑部主事的徐廷绶,不惧牵累,不避霉气,调药端汤,悉心救治。淳安人知恩图报、义薄云天的风骨,让满朝文武为之动容。

与海瑞同时代的淳安进士徐楚,初授工部主事,后升工部郎中。历官辰州知府、广西副使,以政绩著称。后调任山东兵备道副使,跋涉沙石滩、盐碱地中,为朝廷绘制《塞垣图》,并疏陈《备边六策》,朝中人臣竞相推荐,称他"有文武材,宜节钺重镇"。徐楚秉性刚直,与当时宰相抗礼,仅补云南屯田副使。后调四川参政,任上决心革除贿礼等陋习,送上司一把"清风徐来"折扇而遭忌恨,丢了官职。

> 垣屋萧萧锦水崖,舟人指点海公祠。
> 风波自不惊三黜,暮夜谁能枉四知。
> 虎口脱离濒死日,龙颜回顾再生时。
> 百年借寇天阍远,惟有棠阴系去思。

这首诗,是徐楚从四川返里,乘船逆新安江而上,途经海公祠的有感而发。徐楚借用"三黜""四知""借寇""棠阴"的典故,褒扬海瑞,又何尝不是藉诗明志!思念海瑞的平仄里,得见的,也是徐楚的风骨。

如许风骨,是淳安父老从瘠薄的土地上种出的五谷,喂养出来的;是行走古道,被白际山、千里岗、昱岭以及大大小小的青山,磨砺出来的;是被秉持自由讲学、独立自修精神的书院,熏陶出来的;更是被追求"立德、立功、立言"三不朽的人生,历练出来的。

《左传·襄公二十四年》曰:"太上有立德,其次有立功,其次有立言,虽久不废,此之谓不朽。""立言"是读书人对成功的最高追求之一,旧时淳安的知识分子也不例外,在历史的天空中,他们的名字灿若星辰:皇甫湜、詹至、钱时、方逢辰、何梦桂、鲁渊、徐尊生、商辂、胡拱辰、徐贯、徐鉴、王宾、徐楚、徐廷绶、徐应簧、方尚恂、毛际可、方象瑛、方㮚如⋯⋯他们为政之余或去职、致仕之后,呕心沥血,笔耕不辍。当"黄花庭院,青灯夜雨,白发秋风"的意象成为他们晚景的修辞时,犹著书不止。他们留下了众多传世之作,如《皇甫持正集》《瀛山集》《融堂周易释传》《蛟峰文集》《潜斋文集》《策府枢要》《怀归稿》《商文毅公集》《山居杂咏》《馀力稿》《徐钝斋公文集》《西山集》《青溪诗集》《河溪集》《凤谷诗集》《留耕堂文集》《松皋文集》《健松斋诗文集》《十三经集解》⋯⋯

刘志华编著的《淳安著述录》开篇说:"天地间清淑之气萃于淳遂,山川毓秀,人文蔚起,历来心怀天下的读书人多,登科入仕者多,'文章合为时而著,歌诗合为事而作'者亦多。初查,从南北朝迄明清有作者328人,著作698部,近现代作者222人,著作910部⋯⋯"

一代又一代先贤创下了丰厚的文化家底,为淳安赢得了"文献名邦"的声誉。

⋯⋯

新年钟声响起,我从遐思中回过神来。时间之河已经漫过2024年的门槛,不舍昼夜,向前奔流。

尺璧非宝,寸阴是竞。几位作者伏案一年有余,爬罗剔抉、奋笔疾书,又几经披阅增删,《淳安老物件》《淳安古道》《淳安书院》《淳安著述录》终于即将付之梨枣,接受读者挑剔。若书中存有一隅之见,作者也无须自赧。刘勰在《文心雕龙·史传》中感慨:"秉笔荷担,莫此之劳。"杜甫诗言:"文章千古事,得失寸心知。"深以为然。

新安江奔腾不息,千百年来,润泽了两岸土地,哺育了芸芸众生,浇灌出博大精深的新安文化。文化之地,必蕴含着内在精神。对旧时淳安人,时世早有写照:肯吃苦、不畏难、志于道、勇争先。"人文淳安"系列丛书的作者,以自己的微,见他们的著。沉潜的旨趣,随笔端游走,草蛇灰线,伏脉千里,老物件、古道、书院、著述等物象,无形之中,便有了密切的文化关系。把这四册书籍裒为一辑,使其产生"1+1＞2"的效果,是一种深思熟虑。

挖掘人文历史,讲好淳安故事,赋能淳安社会经济发展,助力淳安特别功能区建设,是县政协文史委的职责所在,也是初心使然,今后将继续砥砺前行,不辱使命。

不忘初心,方得始终。

是为序。

2024年1月1日

序

孙昌建

　　老鲁在微信上嘱我写点文字,我未细加考虑就答应了下来,因为老鲁是一个热情而真诚的人,喝酒我完全不是他的对手,而文字则是我们的共同爱好,所以如果写几个字我还推三推四,也就太不够朋友了。

　　初识老鲁,是在一次淳安乡村的诗歌采风活动中,老鲁兼做导游,游着游着,我们发现有好几个村的村歌都是他写的,而且都是上了墙的。这是很了不起的事情,因为到现在为止也没有一个村请我写过村歌。即使让我写也不一定写得好,因为诗歌要为普罗大众所接受,并不是一件容易的事情,虽然今天的村歌也不一定能真的唱起来,但有总比没有要好,这跟梦想是一样的。

　　诗歌也是这样,老鲁的作品很可能在乡间更受欢迎,因为他就生活在那块土地上。作为一名基层的文化工作者,老鲁的根在乡村、在山间,所以他写的诗乡风荡漾,他写的散文地气充沛,包括我还看过他写的童谣,那是树叶间滚着露水又能朗朗上口的。现在老鲁拿出了《淳安古道》这部文史类散文作品,这是值得可喜可贺的,这是老鲁几十年如一日行走在淳安乡间古道的结果,是他用双脚写出来的古道新章。

假设回到1000年前，不，就是回到100年前，无论是省际的浙徽古道还是市际概念的睦衢古道，那就相当于今天的高铁路线和国道省道。众所周知，交通线就是人类的生命线，随着岁月的更替，时代的变迁，昔日古道有的已成车行大道，有的则依旧如昨，虽然已经不再是主要的交通要道，却是为旅游爱好者所津津乐道，尤其是为户外运动爱好者所钟爱。当然也有的古道可能已是杂草丛生，道也不再是道了，但是古道上的那些故事和传说不应该埋没在密林丛中。这些年淳安的社会经济和生态发展又上一个新的台阶，乡村振兴、文旅融合有了更多的抓手和亮点，而前人留下的古道正是淳安特有的人文地理资源。

淳安县政协文史和教文卫体委员会抓住这个题材做成专题书籍，这是难能可贵的事情，这样的作品是最好的地方教材，也是乡村振兴的最佳读本，更有资政佐治的作用。

老鲁笔下的淳安古道不仅串起了悠远往事、人文史迹，更是描绘了风土人情、地理风貌、红色故事，难能可贵的是还记录了乡邦文献、书写了历代乡贤的传说故事。最为重要的是古道又是跟乡村振兴、共同富裕的主题交互共生的，所以《淳安古道》既是一部文史作品，又是一曲新时代的颂歌。

古道之行，始于情怀，这情怀不仅体现在纸上，更是体现在一次次的行走和探索之中，莫道文章得来易，路上风景道不尽。也许心血来潮颇为好奇地走一次两次易，但要完成使命式地全部打卡完毕，那就难了。纯粹地行走也许还是可以做到的，如果你是一名驴友。但是要把行走的过程和结果用文字一一表现出来这就难了，何况又要写成文史类的作品,这不是抒发个人胸臆就可以的,而是要对古道有全方位的了解和熟悉。

文史作品,得有文有史,文史兼备。先说有史。走的是古道,先要告诉人古道的起点和终点,从何朝何代而来,中间有没有改道和变迁,古人是怎么走的,古人是怎么记述的,民间是有哪些传闻,比如我就发现这些古道都跟一个人的名字有关,这个人就叫朱元璋。这本身就是一件很有意思的事情。

老鲁在写《万岁岭古道》时,就带出了著名的鸠坑茶,文章这样写道——

相传,万岁岭在明朝以前称"谷雨岭"。山岭之上遍植茶叶,是名茶鸠坑种的发源地。唐朝时期,鸠坑茶被选为"贡茶"。官府为了保证贡茶品质,规定每年谷雨之日才可以开园采茶,因此叫作"谷雨岭"。至于后来改称"万岁岭",其来历与明太祖洪武帝朱元璋曾屯兵谷雨岭有关。

这一段史料的带出就非常自然而贴切。万岁岭又名谷雨岭这一史实,就不是从书袋里掉出来,而是自然而然出来的,如白云出岫,如清溪出涧。

文史类作品,使用史料是题中应有之义,关键是怎么用,因为不少的史料读起来是比较枯燥乏味的,除非专业人士刚好研究这一内容。我总以为文史类作品应该有更多的读者,尤其是在全民阅读、全民旅游的大背景下,如何让文史走进更多的读者,这是摆在作者、编者和有关方面的一个课题,在这一方面老鲁也做了积极而有益的探索。

但凡去过山间峡谷的人都有体会,去那里看瀑布似乎成了一项规定动作,飞流直下不常见,小如滴水是常态,不少地方甚至已经有自来水制造的瀑布。而同样是写白际古道,老鲁《白际古道》一文就提到了我之前闻所未闻的一种瀑布,名为"油煎豆腐瀑布",这就超出了我的认知范围。因为以前所知的瀑布名,基本都是诗情画意的,或总要跟飞龙挂上钩,如大龙湫、白龙潭之类的,但是"油煎豆腐瀑布"这个名称,却是充满了人间烟火,敢这么取名也是需要勇气的,不知古道上是否有苍蝇小馆卖这碗瀑布的。

且看此文是这样描写的——

在石壁山村往里走不到一百米,就是传说中的那个瀑布:油煎豆腐瀑布。我们正好碰上雨后,水量比较大,我仔细地观察,左看右看,上看下看,就是看不出其中的门道。为什么叫"油煎豆腐瀑布"?原来这个瀑布上的流水,从高处洒下了,分散地砸在凹凸不平的岩石上,溅出来的水珠,如同煎锅里的热油在沸腾,发出来的声音吱吱地响,宛如油煎豆腐之情形。大家在瀑布旁边拍照留念,玩水嬉戏,好不自在开心。

从史到文,贵在自然又合理,这个合理还包括了合理的想象,如同样是在《白际古道》一文中,对严池这个村名就有作者自己的推理——

"严池"音同"延迟",据说村子原名也确为"延迟村"。因村中交通闭塞,常年与世隔绝,经年累月,时间在这里也失去了意义,村民们以佛系心态认为，早早晚晚都是过，延迟一日也无妨，村名便由此传开。此种心态，倒是大有"山中方一日，世上已千年"的意境。

这种推理和猜想，还是作者的阅历使然，素养使然。这个阅历就是人生阅历，这个素养就是文学素养。别看老鲁平时说话有点大大咧咧的，但他真的是一个细心的人，尤其是酒过三巡之后，但凡你在酒杯上想搞点什么小动作，都是逃不过他的眼睛的。写这一类文史相融的文章，既要有古道热肠，又要有火眼金睛，因为不少的史料也是人云亦云，错误纰漏还是为数不少的，老鲁在这方面真是做了很多的功课，这才能去伪存真，烈火淬金。

古道之行，始于情怀，这情怀渗透于字里行间，贯穿于全部文章，有的时候老鲁也会忍不住跳出来发一通议论，跟一般的哀而不怨、微言大义的写法有所不同，如《歙岭北麓古道》中的一段——

这处徽州境内唯一以县域命名的山岭，竟是一处已沙化的山脊，除几丛矮小的灌木，没任何一点人类文明的痕迹。宛如一位高大的美男子，突然让人看到他那光溜溜的"聪明绝顶"一般，令人失望至极。不过还好，到了顶峰，视野开阔了，心就敞亮了。立于歙岭顶峰，北望黄山，诸峰若隐若现，南瞰千岛，绿波影影绰绰。交错纵横的白际山脉，浓缩进视野的就是脚下这条蜿蜒起伏的山脊线，犹如虬龙盘踞在皖浙之间，守护着这片绿水青山。

在《青岭古道》一文中，老鲁又如此写道——

今日的起点是昨日的终点。可以想象,有多少古人,从百里之遥的徽州,不畏山路崎岖,不惧风雨雷电,不怕豺狼虎豹,不辞长途跋涉,带着希冀,带着梦想,带着亲情,带着友情,来到这里,踏上通往开化的坦途,伸一伸发胀的骨头,轻嘘一口,长啸一声,将有何等的喜悦,将有何等的快意。

读到此,感觉诗人的本色还是跃然纸上,那是活生生,热辣辣的一个老鲁。

再次祝贺老鲁,老鲁的大名叫鲁永筑,古道之行,始于情怀;古道之行,永筑同道。

2023年5月6日,立夏

(孙昌建,国家一级作家,浙江省文史研究馆馆员,杭州市文史研究馆馆员)

自序

　　古道，是指古旧的道路。鲁迅先生曾说过，路是人走出来的！也就是说，地球上有了人，世上就有了路。

　　淳安县历史悠久。根据五龙岛、高祭台、小塘坞等古文化遗址考古发掘表明，在新石器时期淳安就有人类活动。1974年冬，中科院古脊椎动物与古人类研究所与浙江省博物馆联合考察组在建德市李家镇新桥村枣园自然村西面400米处的乌龟洞堆积物中发现了牙齿化石。经鉴定，这枚人牙齿化石距今约有5万年的历史（北京大学考古实验室以伴生动物化石釉系法测定为10万年），被中国科学院正式命名为"建德人"。淳安与建德山水相依，应该属于"建德人"活动的同一区域。那么，这些远古智人所走的路，就是古道的雏形。

　　淳安县古为山越之地，春秋时属吴、越，战国时属楚，秦汉时期属歙县的一部分。东汉建安十三年（208），孙权遣威武中郎将贺齐击山越。分歙县东叶乡置始新县（淳安建县之始），分歙县南武强乡置新定县（后之遂安县）。又析丹阳郡置新都郡，辖始新、新定、黎阳、休阳、黟、歙六县，以始新县治为郡治，贺齐任太守。

　　这一时期，淳安陆路交通得以空前发展。上至黟、歙，下至富春，不仅疏通了水路，还开通了陆路。淳安民间流传着"贺齐引军过塔岭""贺齐督兵凿连岭"等传说，这些传说虽然虚实难辨，但从一个侧面反映了当年开凿陆路的端倪。

淳安"环万山以为邑",素有"千峰郡"之称。古代交通除了以徽港、东源港、遂安港交织而成的新安江主水道外,与外界的交流主要还是依赖翻山越岭的古道。因此,通过千百年来的发展,古道交通以淳安贺城、遂安狮城为中心,向四面八方延伸,形成了一个"远达州府,近通乡村"的大网络。

《明弘治徽州府志》载:"自睦州青溪县界至歙州皆鸟道萦纡。"说明古道之形成不仅时代较早,而且为数众多。《清光绪淳安县志》载:"辽岭在县南七十里淳寿交界处,山高溪峻,悬崖绝壁,无路可通。成化间知府朱皑,通判刘永宽,修筑成坦途,有不可锥凿者,为桥以济之。"说明古道不仅赖于民办,而且亦有官修。

据清光绪甲午年(1894)石印本《浙江全省舆图并水陆道里记》记载,淳安县有干路4条,支路21条,总里程727.3千米;遂安县有干路6条,支路16条,总里程348.9千米。这1076.2千米的陆路,就是清朝光绪年间的古道。

《清光绪淳安县志》疆域篇载:

盛朝陈常时夏,无此疆尔界,大一统也。然无分民有分上,故周礼封人造都邑之域,封其四疆,盖使各专其境内,以抚柔此民,如农之有畔,行无越,思齐其政而不易其宜,所以齐鲁接壤而崇义急功若截焉。淳之四际靡所不通,然当杂居齐齿,而邑人一望而可知,非独天性,亦地气使然也。志疆域。境以内东西广一百七十里,南北表一百五十里。

东至建德县界八十里，以铜官岭为界，自界至建德县八十六里。东南至寿昌县界七十五里，以辽岭为界，自界至寿昌县五十里。南至遂安县界四十三里，以安硎岭为界，自界至遂安县四十里。西南至遂安县界二十里，以界首为界，自界至遂安县四十三里。西至遂安县界七十三里，以杨岭为界，自界至遂安县四十五里。西北至徽州府歙县界九十七里，以深渡为界，自界至歙县一百一十里。北至杭州府昌化界一百六十里，以审岭为界，自界至昌化县七十五里。东北至分水县界八十六里，以塔岭为界，自界至分水县六十里。自县至严州府，陆路一百四十里，水路一百六十里。至杭州府省城，四百六十里。至京师四千五百八十里。

《民国遂安县志》载：

出东门，东行经十里铺（十里）、东亭镇（二十里）、范家（二十五里）、杏林桥（三十五里）、界首（四十里）入淳安界，为至淳安、建德大路。出南门，东行经末头（十里）、田蓝村（十五里）、岩村（二十里）、湖村（二十五里）、侯岭（三十里）、湖边（三十五里）入淳安界，为至港口大路。又从末头南行，经儒琅坑（十五里）、安阳镇（二十五里）、下栖梧（三十里）、陈家门里（四十五里）入寿昌界。又由山下（三十里）、经昌墅（三十五里）入淳安界。

又出南门西南行，经笔架岭（十五里）、枫树岭（二十五里）、君石桥（三十五里）、衍昌（四十五里）、白马（六十五里）、周家桥（七十里）、界牌（八十里）入常山界。又出南门，经相猥公岭（十五里）、胡家（二十里）、三台村（二十五里）、陈家店（三十里）、茅坪（四十里）过猥岭入衢县界。

出大西门，西北行，经黎墅（五里）、青石下（八里）、过回坂叶家，与北门大路合。出小西门，西南行，经沈家（三里）、塌下（五里）、富江村（十里）、斗角（十五里）、杨村（二十里）、铜山口（三十五里）、丰家源（五十里），入开化界。

出北门，西北行，经大路口（十里）、过九门桥至百亩坂（二十五里）、蒋家村（三十里）、龙源村（四十里）、宋村（五十里）入开化界。又从百亩坂至横沿（三十里）、汾口（四十里）、龙门里（五十里）、界顶，入开化界，为至开化大路。又从汾口至石坂、仙居（四十五里）、徐家、叶村（六十里）、乘风源入开化界。又从汾口，经霞山头（四十五里）、中洲（五十五里）、余家（六十里）、太厦（八十里），过白际岭入休宁界。又从余家分支，经樟村（八十里）过界牌入歙县界。又从大路口直行，经霞社（二十里）、新桥（三十里）、马石桥（三十五里）、芳梧岭（四十里）、鲍家（六十里），过大连岭入休宁界。又从霞社直行，经方宅（三十里）、郭村（三十五里）、章村（四十里），过歙岭入歙县界。又出北门，北行，经龙源（五里）、双溪口（十五里）、孙家坞（二十里），过寨岭入淳安界。

从这两篇志文中可以看出，淳遂两县的古道交通，可谓纵横交错、四通八达。这些古道，有的处于腹地河谷，相对平缓易行；而大部分古道位于山区，崎岖难行。

如洪皓《长岭》诗云："长岭头，倦行役。鹧鸪啼，秋烟湿。断碑无字生土花，青松落阴满苔石。节节级级如登梯，凭高一览青天低。笑随猿鸟不知远，但见日落西山西。"

新中国成立后，为了解决华东地区电力严重缺乏的问题，国家选址在铜官峡建造新安江水电站。1958年9月21日，新安江水库正式蓄水。淳安、遂安两座县城、3个建制镇、44个乡、1377个自然村先后被淹没。高峡出平湖，峰峦成岛屿，水位108米以下的道路同时被淹。原有137千米的通车公路，仅剩下12千米的断头路。淳遂两县的乡民出行，除了依赖舟楫之外，水位108米以上的古道又发挥了巨大的作用。这一时期，古道受到淳遂两县人民的重视，古道沿途的村落，均有不成文的规定，每逢冬至前夕，都要组织劳动力对古道进行砍劈修整，力求古道畅通无阻。

淳遂两县合并后，成立了交通管理局。在之后60余年的岁月里，淳安建设的重点一直放在交通上，投入的资金占财政支出的比例达到60%左右。随着环湖公路、通村公路、省道、国道、高速、高铁等交通设施的逐步完善，曾经肩负着交通重任的古道，又一次被冷落了下来。

时至今日，除了少数古道外，大多的古道已经荒芜。然而，还有一部分具有旅游开发价值的古道，仍然受到当地政府的重视。诸如茶山古道、大连岭古道、畏岭古道、凤凰山古道等，均得到了全线修复，并进行了良好的保护。

古道，是旧时淳安与外界交流的生命线，有着久远的历史渊源和深厚的文化积淀。勤劳勇敢的淳安先民，为了拓展相对逼仄的生存空间，通过修建这些古道通州达府，开展经商贸易和文化交流，积极寻找更为广阔的天地，为信息的畅通和财富的创造构建了无限的可能。

"苔痕上阶绿,草色入帘青。"随着公路、铁路等现代交通的不断升级,曾经繁荣了千百年的古道,其现实作用日渐减弱,苍老的古道逐渐退出了历史舞台。它们被遗弃在大山里,在人们的不知不觉中逐渐消失。

然而,"古道西风瘦马,夕阳西下,断肠人在天涯"。古道上曾经演绎过的故事,是一朵永不凋谢的花,它开在每一个有情怀的人的心里,是一种永远抹不去的乡愁。近年来,随着乡村旅游的蓬勃发展,踏寻前人足迹,体验古道风情,得到了户外运动爱好者的青睐。一度沉寂荒凉的古道上,又迎来了铿锵有力的脚步声。

为了传承古道文化,厘清古道渊薮,2022年淳安县政协文史委启动了《淳安古道》一书的编纂工作,委派笔者对古道文化进行深度挖掘和系统整理。淳安县境内有大大小小的古道100余条,大多古道已经荒芜湮没,无法通行。笔者遴选了30余条比较重要而且尚能通行的古道进行了实地走访,通过数年的"屐齿印苍苔",才有了这本《淳安古道》。

2023年4月21日

目录
CONTENTS

第三辑 远 足 『县际古道』

第四辑 近 涉 『县内古道』

附　录

第一辑

通州

人文淳安

RENWEN CHUNAN
XILIE CONGSHU

省际古道

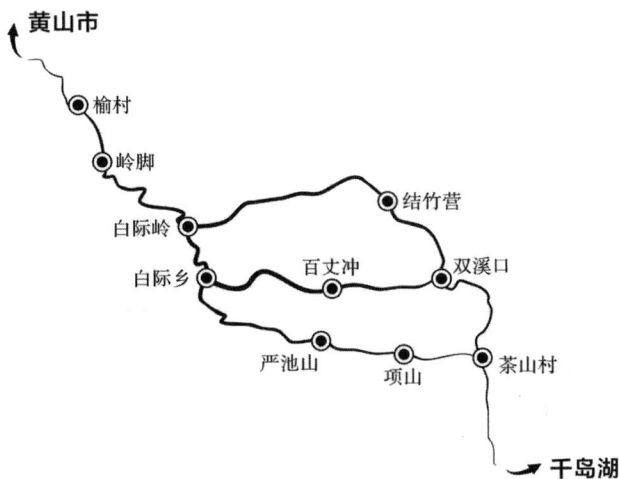

白际古道

有一条古道，萦纡在浙皖交界的大山里，古老而神秘，令人心生向往，它就是名不见经传的白际古道。

白际岭，旧称"白磜岭"，又称"白漈岭"，俗称"白接岭"。白际古道，乃"徽开古道（安徽徽州—浙江开化）"其中的一段。属于"休（宁）、遂

(安)、开(化)古道"的"休遂"段。北起于安徽省黄山市休宁县榆村乡岭脚村，南终于浙江省淳安县中洲镇茶山村（原为泰厦村），古道全程约38千米，最高海拔1208米，由于山高路险，被誉为"挂在云端上的天梯"。其核心区域白际乡境内，由于海拔较高，民风古朴，山水静谧，被誉为"蓝天与白云交际的地方"。又由于通路、通电较迟，尚未过度开发，较好地保存着原始风貌，被誉为"江南最后的秘境"，或"江南墨脱"。

白际古道，自古以来就是浙皖两地民间的通商大道。由于道路崎岖，行走艰难，为了经商交通方便，先民积德行善，募集巨资，铺设了白际岭石板路。据说在中洲镇泰厦村白际古道入口处，曾立有一块古石碑，碑文详细记载当年募捐修路的经过和捐款人名单。由于年代久远，石碑损毁，现已无法考证细节。

白际古道是一条集峡谷、瀑布、森林、古村、古迹于一体的山水风景大道。到目前为止，除了建设源白公路的一段受损以外，古道原貌保存较为完好，是一处尚未大肆开发的纯净之地，被现代驴友誉为"江南秘境，户外天堂"。

事实上，白际古道在淳安境内的路程很短，仅泰厦至大溪口约3000米的距离。然而，这条古道乃旧时休、遂两县的交通枢纽，好比一条绳索上的两只流星，撇下了哪一头就会舞不起来，失去它相互制衡的作用。因此，描述这条古道的人文，就得像数佛珠念经，十八个罗汉，一个也或略不得。

关于白际一名的由来，版本有三。其中一个版本说的是当地乡民听闻明朝开国皇帝朱元璋要带兵经过此岭,自发组织前往相迎,由于消息有误,大家在古道最高处苦等数日不至,乡民叹曰:"白接了,白接了。"因而取名叫"白接岭",后因口误讹音而改叫"白际",与此版本雷同的还有离白际不远有个村名"结竹营",相传也是由"接朱"演变而来。

第二种版本是从字面上去理解。白际,山高与天齐,与白云交际,白际岭山高岭峻,常年云雾缭绕,远远望去,犹如白云天际,取名白际,以示壮观雄伟,亦颇为合理。

第三种版本是白漈,因此岭途中有多处瀑布。诸如百丈冲、油煎豆腐等,悬空如白练,故名。

从中洲镇泰厦村出发,走白际古道到白际乡,有一种恍如隔世的感受,一路上的风景,如同播放幻灯片,一会儿是峡谷,一会儿是瀑布,一会儿是古树、一会儿是古村,移步换景,步移景异,行走其间,就像穿梭在画廊里,品鉴一幅幅山水丹青。由于尚未开发,人迹罕至,被户外运动界称为"第二个清凉峰"。

从泰厦村到浙皖交界的古关隘(俗称"古洞门"),是一段地势较陡的上坡路。古道宽1~1.5米,由大小不一、形状各异的石板铺就。很多石板上至今仍留有古代工匠凿刻加工的痕迹。走在早已被踩得润滑透亮的石板上,不禁令人感慨万千!这一层光亮的包浆,需要多少双千层底的"亲密接触"才能磨成?一代一代的人,在这条古道上洒下了多少汗水和泪水,浸润了这些古老的石板。幽幽古道见证了岁月的沧桑与兴衰,古道上落叶缤纷,又掩藏了多少路人的辛酸和悲欢!

古关隘，又叫"古城门"，当地人俗称"石洞门"，是昔日浙江和安徽交界处的关卡。当地有一种说法，在新中国成立前，浙江这边的人犯了什么事，无论罪恶大小，只要逃过这个石洞门，到了安徽那边，就不受浙江法律的约束，罪责也会不了了之。同样，安徽那边犯了罪的人，也会穿过这道生死门，跑到浙江这边来逍遥法外。

古关隘建在山脊平缓处，顺着山势隘口两边还修了一段城墙，从近处看，关隘如城，坚不可摧，堪称雄关似铁。关隘两侧地势险绝，往下是浙皖大峡谷，沟深林密，往上是白际山脉，山势险峻，高不可及。这样的一处天然隘口，自然易守难攻，因而在历史上多次战事中，成了扼守浙皖边陲的军事重地。

古关隘

过了古关隘,古道蜿蜒在峡谷之间,沿途都是蓊蓊郁郁的密林和潺潺作响的溪流,峰回路转,曲径通幽,但见野花野草,夹路相迎;蜻蜓蝴蝶,翩翩起舞;远远近近,色彩斑斓,宛若童话世界。

大溪口,是白际河和营丰河两水交汇处,也是通往安徽白际乡和安徽狮石乡两个乡镇的岔路口,往左通白际,往右到狮石,路边有两幢民房,往来古道的人,一般都会在这里停留片刻,进屋歇息一会儿,顺便讨点茶喝,拉拉家常缓缓气,然后再上前程。遗憾的是,左拐进入白际方向不久,峡谷中古道已被改建为简易的机耕路,失去了古道的韵味。

石壁山村——一个淹没在绿树和竹林之中的小山村。一间一间的屋舍嵌在万绿丛中,一如陶渊明笔下的桃源意境,吴道之墨中的山水杰作。

石壁山村往里走不到数百米,就是著名的油煎豆腐瀑布。瀑布高数丈,宽约10米,由于水量不多,瀑布貌似稀松平常。倘若不仔细观察,左看右看,上看下看,就是看不出其中的门道。为什么叫油煎豆腐瀑布?原来这个瀑布上的流水,从高处洒下来,分散地砸在凹凸不平的岩石上,溅出来的水

油煎豆腐瀑布

珠,如同煎锅里的热油在沸腾,发出来的声音吱吱地响,宛如油煎豆腐之情形,故称"油煎豆腐瀑布"。

过了油煎豆腐瀑布,古道继续向越来越高的海拔延伸,右侧的峡谷也越来越深不可测。古老的溪流宛如一条静卧谷底的苍龙,裸露出洁白光滑的身躯。那些巨大的石头,形态迥异,巧夺天工。都说岁月无痕,在这个"白云连天际"的峡谷仙境,岁月还是有所眷恋地在这里留下了无比清晰的凿痕。

山遮路转,忽然听到远处传来哗哗的流水声,人未至,声先闻,前方就是百丈冲瀑布。激流从瀑顶一层层的悬崖上跌落而下,分布成一块块白色水幕悬挂于空中。白色的水花犹如亿万颗珍珠,一咕噜落向墨色幽深的深潭里,溅起万千朵飞舞的浪花。恢宏壮观,动魄惊心!

百丈冲摩崖石刻

百丈冲瀑布之上还有一景，号称"天然浴池"。倘若是炎夏季节，尽可去衣就水，一洗俗尘。

从泰厦到白际乡，慢慢地走，需要耗上三四个小时。大山深处的白际乡，是安徽省最偏远的山乡之一，基于她的偏僻落后、与世隔绝，才使得很多古树幸存下来。这里的古树不仅数量多，而且树龄高。古树群里有红豆杉、枫香、柳杉、古柏等，树龄高达千年以上的古木不在少数。苍老的古树历经岁月的洗礼，有的仍然身姿健挺，密叶如云，宣示着一株株坚毅顽强的生命，有的却已枯枝颓节，萧瑟凌风，蜕变为一尊尊瘦骨嶙峋的雕塑。古树的倔强，给人以强烈的心灵震撼。仰视这些千年古树，嗟叹人生之短暂，令人平添时不我待、岁月流金之情。

从白际乡政府所在地到榆村乡岭脚村，古道保存较为完整，全程约30华里，所谓"上山十里，山中十里，下山十里"，沿途有很多凉亭遗址以及景点名胜，还有很多美丽的传说故事。

岭顶亭，位于白际岭海拔1208米处，俗称"洋铁亭"。相传，此亭因处高山，雨大风急，瓦片经常被大风刮走。民国时期，有一个婺州的洋铁匠经过这里，欲去徽州谋生。谁知这天一路上电闪雷鸣，风雨交加，他挑着一担洋铁皮走不动，以致误了行程，被迫留宿于岭顶亭中。是夜雨止之后，山顶上仍然狂风怒号，寒冷无比。凑巧凉亭角落里有一堆柴火，他抱起来一看，发现有一个青布包袱，内有钱钞老大一叠，不知何人所遗，就这样无端发了一笔横财。他一边生火取暖，一边看到凉亭顶上几个因瓦片吹走留下的大窟窿，就产生了联想：莫不是老天故意留我在此，让我发点小财，然后补上这几个大窟窿，使后来之人免遭风吹雨淋之苦? 于是,天亮以后,他上亭掀去剩余的瓦片,将自己挑来的一担洋铁皮,全部当成瓦片钉在檩条上,盖成一个风吹不走、雨淋不烂的"洋铁亭"。

二善亭。据传始建于元末明初,当年朱元璋带兵由浙入徽,在此处建筑防御工事,与敌对峙数月之久,终以易守难攻而取胜。朱元璋登基后,传旨命名为"二善亭"。意为训诫徽浙两地百姓,友善往来,和睦相处,共建繁荣。二善亭因年久失修,屋架已塌,仅余残垣断壁,但镌有"二善亭"三字的楷书石匾,至今保存完好,古风依然。

十里亭,因距离岭脚村十华里而得名。相传,明清时期,徽商鼎盛,来往于白际古道的行旅倍增。然而,行人到了此处,前无村落,后无店铺,没有一个歇脚之处。岭脚村的一个汪姓村民,便想了一个法子。他每天挑一担凉茶到此,面前放一个小坛子,坛子上写着八个字:"喝茶免费,舍钱建亭。"一日三,三日久,不出一年就筹足了建亭的银两,于是请来工匠建了这个"十里亭",并请人撰联云:"披星戴月一担茶,遮风避雨十里亭。"

冷水峰,近处有"拐李泉"。传说,八仙之一的铁拐李曾云游至此,见路人经此口渴难忍,突发善心。他将手中的铁拐往山中一杵,顿时就涌出一股清泉。此泉终年不涸,冰镇寒骨,故此处山峰名为"冷水峰",泉眼呼作"拐李泉"。据传,宋代诗人汪若楫喝了此泉水以后,大赞其好:"苍苍冷水峰,拔地入穹窿;偏爱拐李泉,常阔吾心胸。"于是,经常三天两头地携带水囊来此取水,带回家中泡茶品茗。

新娘房,乃一处岩缝景观,因形似房间而得名。传说,古时岭脚村有一个汪姓青年与白际村张氏姑娘一见钟情，俩人经常来此约会，但因汪生家境贫寒无力迎娶。之后张氏受父母之命另聘他人，临嫁之日张氏脱逃至此，与汪生抱头痛哭。坚贞的爱情，感动了山下观音庙中的观音菩萨。观音菩萨动用法力推开石壁，为他们辟成一间石壁洞房，从而促成了他们的姻缘。有诗云："观音菩萨发善心，推开石壁成洞门。小小洞房由心造，眷属终归有情人。""新娘房"由此而得名。此后，但凡因婚嫁经过此处的新婚娘子，都会进入这个"新娘房"，沾沾菩萨仙气，以期日后与夫君延续坚贞不渝的爱情。

汪宝坟，宋代诗人汪若楫，榆村藏溪村人。晚年回乡隐居，曾多次登白际岭观光揽胜，并为后人留下了一首脍炙人口的《白际岭下即目》，诗云："白际摩天秀，秋光满蓼汀。山呈金字面，田画井文形。夜出萤相照，理阑鸡可听。杉松柯不改，点染四时青。"此处草长莺飞，视野之内，群岗拱揖，冷水峰近在咫尺，实乃风水宝地。故其长辈仙逝后遂安葬于此，后人将此坟称为"汪宝坟"。

火把尖，俗称"火把精"。传说古时山中有一只山魈生性暴躁，多年修炼成精，折木就能燃成火把，动不动就炼山，还经常下山到村庄里去纵火，致使民不聊生。南海观音闻知此事，即手持法器腾云驾雾而来，用杨柳枝取出净瓶中的三滴神水，洒向山中涌成三股清泉，从此镇住了"火把精"。后人将这三股清泉起名为"老爷瀑""白水瀑"和"水帘瀑"。

五里亭，据传始建于明末清初，因年久失修，今已废圮，朽木无存，仅存筑亭块石，散落于遗址附近。相传，古时山下有一个壮汉，偷偷将亭中的一块条石背回家用作楼梯下的垫脚石，结果当夜就头痛难忍，自疑亭中石块在作祟。于是，连夜将石块背回原处，果然头疼症状随之消失。乡民闻之，将此石起名为"醒悟石"。

老鹰嘴，俗称"老鸦嘴"，又称"回转崖"。有诗云："古道漫长路艰险，此去不知几时还。君若出行心未定，峰回路转尚有时。"该处山势险峻，有岩石突兀，形似老鹰嘴，故名。古人踏上古道远走他乡，行走至此已初尝艰辛，倘若决心未定，尚可回头，就此作罢。过了老鹰嘴，就只能下定决心往前走，不得回头。因此，老鹰嘴又称"回转崖"。民谚云："养儿励志不用教，徽开古道走一遭！"

二里半亭，因距离山下岭脚村路程二里半，故名"二里半"。古人离开家乡远行时，往往在此亭回望家乡，与相送至村口的亲人目别，上演着一幕幕背井离乡的惜别场景。游子回乡时，往往在此亭驻足休息，高声呼喊，给亲人报平安，宣泄久别重逢的激动与喜悦。

燕窝。站在古道高处俯瞰岭脚村，村庄布局宛如一只展翅飞翔的燕子。据传，南宋以前，岭脚村的人口较少。一天，著名地师赖布衣路经此地，在岭脚的一户汪姓农家借宿。主人很热情，款待客人很周到，赖布衣甚为感激。次日凌晨，赖布衣站在东家门前看来看去，面露难色。东家问："莫不是在下招待不周，让先生不适？"赖布衣道："非也，是我略懂堪舆之术，见贵户大门朝向不妥。你看，你们这个地方形同一个燕窝，前方是燕窝出口，你家大门却背向而立，燕不得食，难发雏子。"东家听了，才知这个客人非同小可，乃是一位高人。于是，房东改换门庭朝向，不出数十年，家里子孙满堂。数世之后，岭脚就发展成了一个

白际亭

拥有上千人口的大村子。

白际古道上的景点与人文,并不是只言片语就能写完。诸如观音庙、水帘瀑、白水口、老爷瀑、石笋岩、铁山岭、千金台、万金台等,都有它独特的来历和别样的景致。每一个走上这条古道的人,都会有不同的际遇和差异的感受。估摸唯有一样可以相同,那就是当你的脚印与前人的脚印重叠,你会感到岁月正在老去,时间正在流逝。每一个人都应当珍惜当下,淡泊功名。矫健的脚步,能够保持一年,就不得懈怠365天。

而今,曾经热闹的古道,已经失去了往昔的风华。茶亭和关隘,潦倒而破败,凄凉的身影在荒草中黯然。然而,这种衰落的无奈,倒也平添了几分西风残阳的意境。

站在那高高的防火哨(岭尖)上,看那些绵延的群山,山这边是古道的静谧,山那边是文明的喧嚣。因为有山,所以有古道;因为有历史,所以有传奇。现实与梦境,在古道上轮番演绎。古人修建的路,今人仍在走。鲜活的古道传故事,如同一路的奇花异草,在如约的季节里仍会如期绽放。

我们由南往北走,榆村乡岭脚村是白际古道的终点。对于整条休遂开古道而言,却是开端。

俗话说,条条道路通罗马。事实上,自泰厦村通往徽州的古道有三条。上述的白际古道,只是一条主线。另有两条副线,也可以殊途同归。而这两条副线,更别有一番风景。

先来说说副线一,起点浙江省淳安县中洲镇茶山村泰厦自然村。途经项山村、严池村、白际乡政府驻地白际村、岭顶亭、十里亭、二善亭、冷水峰、五里亭,终点黄山市休宁县榆村乡岭脚村,全程约42千米。

古道自泰厦村出发,向南绕过徐家村,折向西行至岭脚村,然后沿北坡上行,途经望岭山村,这里已经是安徽地界。只因开了通往项山村的盘山公路,古道很少有人走,部分路段已经被树丛掩埋,无法通行。古道沿途大多为梯田,倘若是阳春三月,黄黄的油菜花如同一块块金色的地毯,覆盖在陡斜的山坡上,令人心旷神怡。

从岭脚村到项山村,虽然路程只有5千米,然而海拔却从100余米直接提升到了800米,给人以一步登天的感觉。

项山村位于安徽省休宁县白际乡东南部,与浙江省淳安县中洲镇茶山村遥遥相对,是一个典型的江南高山村落。由于地处高山,交通不便,经济条件十分落后。民谣云:"项家山、项家山,挑担水绕三弯;一颗青菜吃三餐,有女莫嫁项家山。"

然而,也就是因为贫穷的缘故,这里没有经历过大肆开发,村内就保存下了很多民国以前的古民居,还有古风十足的项氏古祠堂。村内的古道纵横交错,极具山村的古韵古风。

据传,项山村项氏于元代由婺源派衍而来,迄今已有650多年的历史,文化底蕴深厚,民间传说甚多。古有朱元璋在此安营扎寨,行军作战,运筹帷幄,决胜千里,为明朝的建立做出贡献。近有方志敏带领的红军队伍转战在此,完成了牵制国民党军队、掩护红军主力部队北上抗日的关键任务。2015年,项山村被评为中国传统古村落。

离开项山村,古道继续在山中向西延伸,古老的石板路经过一片茂密的毛竹林,人行其中,凉意渐生,山风吹来,竹叶厮磨,窸窣作响,奏起自然妙音。前行约1500米,即到严池村。

严池摩崖石刻

严池村是休宁县海拔最高的古村落,地处海拔850余米的严池山顶。据村口竖立的简介牌得知,严池建村已有2000多年的历史,村中汪姓村民在这高山之巅繁衍生息了九十五世。笔者没有机会查阅该村的谱牒,倘若属真,该村的历史岂不是可以上溯到周朝?这有点使人难以置信,或许是撰文者谬误所致。

"严池"音同"延迟",据说村子原名也确为"延迟村"。因村中交通闭塞,常年与世隔绝,经年累月,时间在这里也失去了意义,村民们以佛系心态认为,早早晚晚都是过,延迟一日也无妨,村名便由此传开。此种心态,倒是大有"山中方一日,世上已千年"的意境。小巧的村落被群山揽在怀中,村子不大,泥土路相连,黛瓦白墙与黄色的土坯泥房参半,全部依山势错落而建,层层复叠叠,完全是一幅山村人家的模样。村中房舍以白色和黄色为主,原始的黄色土坯屋更多见,屋外环绕着绿树,也栽种着鲜花。只是普通的小小花朵,却也能窥见生活在大山之中的人们对生活的热爱。来到村里的人,大多不会错过三件事。除了原汁原味的土坯房,其二便是村中古树,这些稀有古树树龄许多已超千年,早在成村之前,它们就已扎根矗立。其中那棵有着1300多年历史的红豆杉更是超过了《中国植物志》记载的最大红豆杉,堪称"休宁古树之王"。穿行村中,走石阶过小路,上上下下,起起伏伏,房舍一座连一座,参差错落。村中人不多,安静得如入无人之境。村中池塘,平静清澈,阳光静静洒在水中,没有风,整个村都仿佛在熟睡。其三是村前梯田。走到村外,不远处就是悬崖和深谷。崖前一片高山梯田,由严池的先民祖祖辈辈取山石垒砌而成,层层叠叠,依山势梯次而上,悬如壁立,蔚为壮观。作物与田塝、田埂组合成了一条条一重重优美的线条，如果在春夏季节作物生长期，将更加色彩斑斓，线条分明，会让我们欣赏到一幅更加富有韵律的风景画。

严池村，虽然一点点在蜕变，整体感觉却似乎仍保持着千百年前的模样，岁月不扰，风雨不惊。无论四季，山村风景总是怡人，春夏秋冬各自有美。立于山中，远眺山峦无尽，薄雾轻绕，小小的古村，就这样"不知有汉，无论魏晋"地慢着，又"良田美池桑竹"地美着。

古道继续往西走约5千米就是白际村了，从白际乡到榆村乡岭脚，古道就与主线重叠了。

再来说说副线二。起点为浙江省淳安县中洲镇茶山村泰厦自然村。途经古关隘、大溪口、外结竹营、里结竹营、大坪村、白际十里亭、岭顶亭、十里亭、二善亭、冷水峰、五里亭，终点为黄山市休宁县榆村乡岭脚村，全程约45千米。

自茶山村项家自然村出发北上，经古关隘至大溪口，然后沿营丰河右拐入源，一路是生态沟峡谷景观。前行约1000米，就可到达外结竹营。村庄以河为界，左岸为休宁县白际乡所辖的外结竹营村，右岸为狮石乡政府驻地营川村，属歙县所辖。溯流而上2500米，就是里结竹营，该村位于岔路口，自北而来的结竹溪与自东而西的狮石溪在这里汇流。

右源而入数千米可至狮石村，北行威风岭可达休宁青峰村。狮石乡与长陔乡之间现已开通长狮公路，这条道路基本上在海拔1000余米的山脊上行走，被誉为"徽州天路"，沿途景观不是松涛竹海，就是叠嶂层峦。站在天路上北望，依稀可见徽歙大地。扎营长陔岭顶，朝看日出，暮睹日落,云蒸霞蔚,美不胜收。

古道沿左源结竹溪而上,途经一处温泉,名曰"结竹营温泉"。泉眼自熔岩中渗出,年平均水温在38度左右,设有长方形小池,泉水清澈透底,可容一人至二人同时泡浴。里结竹营村开有一家"温泉民宿",埋管引了泉眼之水,在傍溪庭院内设有加温泳池,供游客体验。

自温泉至大坪村,古道一直在峡谷中穿行,沿途约5000米并没有一处人烟,荒凉得令人胆战心惊。及至大坪村,也是一个四五户人家的小村,因与外界隔绝,被称为"徽州最后一个原始部落"。

大坪村地处海拔1000多米的高山上,民居大多还是树皮屋顶土墙房,颇有原始之风。村民十分淳朴,依然保持着自给自足的原生态生活方式。看到他们那种真诚得不能再真诚的笑脸,我们都不好意思去惊

大坪村农家

扰，因为他们属于大山，应该有他们独享的宁静。

从大坪村到白际岭，古道又重叠到了主线，就没有必要赘述了。如果不是当地的村民，或是专业的户外老驴，这两条副线是不建议走的。毕竟山高路远，多出好几千米路。再说冷僻的古道，往往危机四伏，万一有个闪失，后悔无穷。

当然，古道的魅力在于艰险而神秘，喜欢登山的人都有不屈的意志。挑战是一种乐趣，意外也是一种收获。

白际古道是一首绚丽的历史长诗。千百年来，每个走过路过的人，都成了这首长诗里的瑰丽文字，每一处古迹，幻化成这首长诗中动人的诗眼。群山是诗行，流水是诗句，悬崖是诗骨，瀑布是诗韵，古村是诗府，古树是诗林，山花是诗魄，白云是诗魂。一块块青石板，宛如一张张洁白的诗笺，承载着一个又一个人文故事。古道虽古，棋局翻新，一代一代的人，一定会把这首长诗永远续写下去，直到海枯石烂，地老天荒。

如今的白际古道，依然还有人来人往，虽然不比往日的繁华，但依稀可寻往日的余韵，古道上的茶亭里虽不见了卖茶翁，但来来往往的山民还会在此打尖歇脚，与之攀谈，你仍然能够体会到那种久违的"古道热肠"。

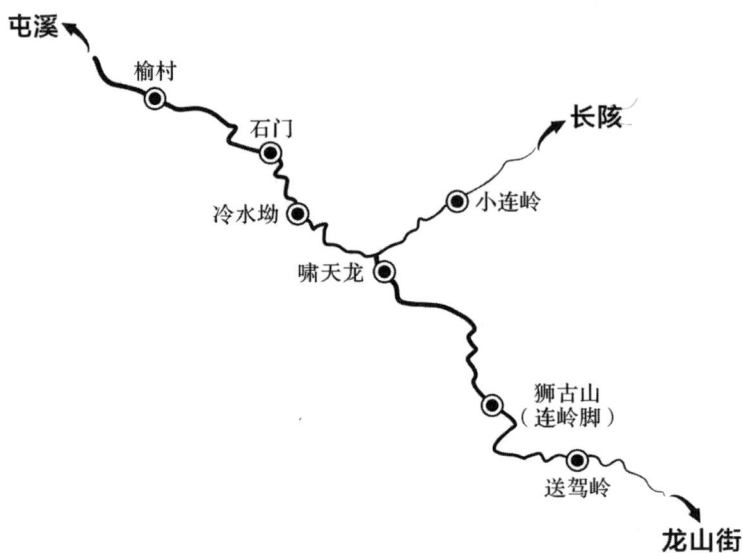

大连岭古道

  大连岭古道,位于浙皖交界古徽州与古睦州之间,起点为安徽省黄山市屯溪老街(屯溪在历史上曾属休宁县首镇),途经休宁县榆村乡、歙县石门村、大连岭、浪川乡连岭脚、送驾岭,终点为浙江省淳安县汾口镇龙山街,古称"休龙古道"。古道全程长约82千米。

大连岭之所以称为"大"。一是因为它山高路远，连岭主峰海拔1395.7米。其中连岭路段30千米，呈南北走向，有"上20里，横20里，下20里，60里连岭"的说法；二是大连岭还有一条支路，在岭顶分叉，沿山脊北行经南源可达陔口（今歙县街口），称为"小连岭"，从而以区分大小。

大连岭两头拽着徽、睦两个大州府，在公路交通不发达的古代，是两地的通商大道和捷径，可戏称为"古代高速公路"，因此，也被誉为"江南第一岭"。

关于大连岭古道始建于哪个年代，民间存有多种说法：

一说古道始建于西晋五胡乱华时期，由"衣冠南渡"大量定居皖南的中原士族及山越之后修建。

二说此道乃东汉三国时期东吴威武大将军贺齐击山越后，设立新

连岭脚村

都郡，为了便于下辖六县中休宁、新定两县人民的往来，遣官督建而成。

三说辟于元末明初，朱元璋与陈友谅在浙江争霸天下，朱元璋兵败辗转逃亡徽州，石门隐士朱升料定朱元璋会从大连岭经过，于是派人从浙江的马石桥修了一条长达30千米的石栈道直通石门到达徽州，迎接朱元璋。

四说朱元璋听闻歙县石门隐居了一位满腹经纶的朱升，十分高兴，决定亲自到石门请其出山辅佐。当时的山路崎岖，为了迎接朱元璋的到来，邓愈、胡大海指挥士兵赶修了一条石板栈道。这条栈道从歙县石门和遂安龙山狮古山两头往中间修，上岭10千米，平缓段10千米，下岭10千米，共30千米。

然而，诸多的说法当中，传说的色彩比较浓，也许离真相相去甚远。虽然传说有历史真相的影子，但也有它荒诞不经的虚幻缺陷。

历史太悠久，年湮终成谜！我们姑且不去深究古道的始建年代，但可以寻觅古道修建的历史。

在浪川乡马石桥村现存一幢清代古民居，它的前身却是修建和管理连岭古道的"办公场所"——连岭会馆。

会馆位于连岭古道纵穿马石桥村的中心路段，砖木结构，徽派建筑风格，面积约120平方米，至今保存完好。门头有匾，上书"连岭会馆"四字。史载，清光绪十九年(1893)，余硕芳、鲍会龙、章文翰、王国慕、王士元、王泰阶、王用才、王向荣等，以连岭修路余资购地创建，并置租谷三十二石十七斤半，租豆四斗，以为永远修葺岭路之资。此会馆今为民居，仍有人居住。志载《兴修连岭记》云：

连岭载郡邑乘，近复测高广以入舆图，不具述。

述此兴修，始于光绪十七年四月，至十九年八月而成，计费遂俗七折钱二千四百五十余两，劝助加捐至再至三，催收监督诸君子积劳二载，犹恐有攘功之嫌，概不欲缀名其上。徒以予系局外，属为发其端，以著捐输之数，而答善信之心，昭德施也，存公论也。诸君子实心实力，不务名高，可见于此矣。

予维五丁创辟时代，茫茫挨诸。徽遂要途，其来必古。至明太祖略地过此，志书实录，事岂无征，名胜尚存。

大军所过五百年来，谅不乏修除之举。然迹其旧，磴高于膝，径细如肠。纵极修除，决不及此次，不惜赀工。直而危者纡之使夷，逼而仄者垦之使宽，或凿而升之以让泉奔，或迁而下之以避风猛，石级之平，四寸为率。履其地者，但勿左右顾，殊不觉九曲七盘，无异剑门天险也。虽然，绠抽木断，溜滴石穿，水非石之钻，绳非木之锯，渐靡使然耳。苟积久而不治，即如砥之周行，未必不化为畏道，况高岸深谷之尤易变迁乎？筑之虽坚，岂能不溃于暴涨？铺石虽阔，不能不泐于冰霜；雷霆所击，必粉碎为砂砾。竹木之根，亦逆裂而倾欹。道或碍于荆榛，途或塞于瓦石，乌有牛羊之所践履，雨雪之所交加，而可以终久不弊者哉？

吾遂人之谚曰：小缺不补，大缺吃苦。所赖好行方便，弗以善小不为。随时缮完，俾无堕坏，斯岭之幸也，行人之福也。山川明神其显佑之。（邑人余锡年）

从这篇记文中可以看出，古道自开辟之初，历朝历代虽均有修筑之举，但绝对没有像清光绪年间的这次工程浩大。自十七年（1891）四月开工，至十九年八月竣工，耗时两年零四个月，耗银2450余两，按照当时1∶107的粮价折算，可以买262150斤优质大米。且当时的粮食非常值钱，换算成现在的人民币约为15元/斤。那就是这次修路耗资约等于400多万元人民币，在当时农耕时代的中国，应该属于天文数字！

　　然而，大连岭古道是徽睦重要的通衢，为了不使这条通商大道无故中断，徽睦两地人民也是不惜重金，竭尽全力加以维护。估摸在当时，以岭顶为界，遂安人修浙江这边的，休宁人修安徽那边的，官方资助，民间集资，设立会馆，成立专门的护路组织，雇用长期养路工，切实保障大连岭古道的畅通无阻。

大连岭古道

大连岭古道不仅山高路远,沿途景点众多,风光旖旎,而且人文积淀深厚,传说故事连篇累牍。途中有龙山街、连岭公馆、马石桥、送驾岭、昭德亭、寻玉堂、丁家庙、万年桥、连峰桥、和峰桥、孤魂碑、黑蛇鸡公瀑布、三里亭、五里亭、枫树底、箬帽头、思红亭、啸天龙、九成茶亭、七眠雪、六膝谈、绝槛木、十八肩、十八船、百马场、无门洞、宝剑泉、腐遭殃、郎跺脚、白茶泉等数十个人文景点,每一个景点都有衍生而出的传奇故事,令人遐想无穷。其中有关朱元璋的故事也不鲜见:

故事一:大连岭古道上"谋国老手"

元朝末年,大明开国皇帝朱元璋曾一度带兵活动于皖南地区,与大连岭也有着千丝万缕的交集。连岭北端的石门乡,是池州学正、枫林先生朱升的隐居讲学之所,朱元璋曾问计于此,其"九字方针"成为朱元璋取胜建国的重要砝码。

朱升(1299—1370),字允升,出生于安徽省休宁县迥溪乡台子上村的一户半教半农的家庭。因生于晨曦之初,太阳东升之际,其父取其意,名为升。朱升8岁时,拜迥溪江敏求为师开蒙求学;12岁后,转拜海阳金斋谕老先生就读;17岁又拜霞瀛陈栎老先生深造;19岁时考上秀才;24岁编写《墨庄率意录》;26岁撰《星卦提纲》;35岁著《龙穴阴阳之诀》;39岁辑《刑统赋解》;之后又远赴九江溢浦拜黄楚望老先生研修理学。可谓"从师者众,学富五车"。

元至正元年(1341),朱升登乡贡进士。越四年,授池州路学正,延至52岁赴任,整治儒学,声名斐然。三年后,因池州兵荒马乱,乃弃官避隐石门,开馆讲学,时人称之为"枫林先生"。他写下了"春深雨足长青草,数亩山田自可耕""两河兵合尽红巾,岂有桃源可避秦""讲授以身示法,南北学者云集"等诗句,不仅显示了朱升的才干,而且表达了社会动荡给老百姓带来的弊病以及自己乐守田园的志向。

朱升59岁那年,朱元璋一路攻城略地,重兵包围徽州府城。为免百姓受害,朱升冒万箭之簇,独立城下,说服守城元帅福童开城归降。元至正十八年(1358)十一月,朱元璋又攻婺源,却久攻不下,听三军总管、大将邓愈说,这里有个隐士叫朱升,是个有学问的人,朱元璋便拜访时为布衣的朱升。当年回溪洪氏祠堂建造之日,恰遇朱元璋来回溪首访朱升,于是就留下了"紫微高照"的传说,后来徽州人家建房上梁必贴"紫微高照"(据《回溪洪氏族谱》)。朱元璋"因问兵要",朱升留下锦囊计避而不见,计为劝朱元璋亲临指挥。朱升认为:"杀降不祥,唯不嗜杀人者,天下无敌。"朱元璋依计而行,亲率十万大军前往婺源,令"城破不许妄杀"。至十二月,夺取婺源,一举获胜。朱元璋因此心生钦佩,决心再访朱升。出于思贤的缘故,朱元璋接受一访教训,效仿三国时刘备亲顾茅庐的做法。朱元璋将所率卫队佯装成商队,由江西绕浙江,过大连岭,悄悄来到朱升的教馆前,请求朱升辅佐他打天下,寻求"隆中对策"。念天下之乱,生灵涂炭,学当救国,朱升针对当时的斗争形势和朱元璋"地狭粮少"的实际情况,给出了"九字真言":"高筑墙,广积粮,缓称王。"这便是后来天下闻名的"九言策"。朱元璋一听,喜出望外,心中豁然开朗,接着又问:"处州密迩,可伐钦?"朱升主张攻取处州:"处州有刘基、叶琛、章溢,皆王佐才,难致麾下,必取处州,然后可得。"(《朱枫林集》卷9附录《翼运绩略》)攻克处州后,朱元璋当即"命预帷幄密议",拜朱升为中顺大夫,即遣使礼聘刘基等三贤,与宋濂一起召至应天。

此后,朱升备受朱元璋器重,连年被征召问策,助朱元璋克饶州,下处州,捣江州。尤其是在鄱阳大战中,以"先发火器、次发弓弩、再短兵击之"等计,大败陈友谅,创造了以少胜多的经典战例。元至正二十三年(1363)七月,朱元璋与陈友谅在鄱阳湖展开大战,前三天,陈友谅军占据上风,朱元璋军处境不利。朱升献策说:"贼尽国兵而来,众多粮少,不能持久。我师结营于南湖嘴,绝贼出入之路,待其粮尽力疲,进退两难,前后受敌,克之必矣。"朱元璋说:"我粮亦少。"朱升胸有成竹地说:"去此百里许,有建昌、子昌、天保、刘椿四家,蓄积稻粮,宜急去借,勿为贼先取也。"朱元璋即分兵前往借粮,"果得粮万余"。后来,陈友谅"粮尽",至八月底不得不冒死突围,经南湖嘴进入长江,奔还武昌。在泾江口一战中,朱元璋冒着雨点般的流矢,亲坐胡床指挥伏兵截杀。朱升见之,急忙将他推入船舱,他刚离开,流矢"已中胡床板矣"。蒙朱升"三策",朱元璋南征北战十余年,在元至正二十八年(1368),都于南京。朱升被征召入京充当谋臣,先后被授侍讲学士、知制诰、同修国史、翰林学士,并与诸儒制定祭祀斋戒礼、宗庙时享礼,编纂防止"内嬖惑人"、干预朝政的《女诫》,并为朱元璋撰写了颁赐李善长、徐达、常遇春、李文忠、邓愈、刘基、陶安、范常、秦中、陈德等功臣的诰书,"明兴仪礼、作乐、国史、女诫、征伐之仪,皆升为之"(《明史》)。朱元璋曾有七言两句御联"国朝谋略无双士,翰苑文章第一家"。朱升为明初政坛的稳定做出了重要贡献。

朱升60多岁在休宁故里建楼时,朱元璋曾亲笔题"梅花初月"匾赐之。1369年,71岁的朱升以年迈和"祭扫祖茔"为由告老还乡,辞官隐居。朱元璋感其功绩,意欲重封,但朱升执意退隐。朱升第二次退隐时,并未回老家休宁,也没有去原隐居地歙县石门,而是偕夫人涉江沂淮抵东海转西溪而筑室于南龙港庄,次岁病逝。朱升离开南京后,南京爆发血腥之灾。朱元璋因看到功臣占据高位,自己儿孙又十分文弱,为保万代江山,制造了一系列冤案。他将原封的64名国公、列侯、大将杀了34个,十几万人受株连,先后除掉刘基、徐达等功臣,朱升因及早抽身得以保全。

当年,朱元璋下徽州,亲自登门请朱升出山。朱升在《题柏山齐祈寺和唐子华韵》中写道:"西风箫鼓东南来,国本应须老手栽。净洗甲兵过练水,早随冠冕上云台。"自许、自诩之情溢于言表。事实上,他完全当得起"谋国老手"的称号。

故事二:大连岭古道上的"宝剑泉"

某日,朱元璋带兵来到大连岭上,时值暑天,日头似火,口干舌燥,士兵们在附近却找不到一滴水,人和马都被路两旁柴草散发的暑气逼得眩晕气促,难以前行。朱元璋下马对群山一拜,祝曰:"久闻徽州乃藏龙卧虎之地,山必有灵,倘若我朱元璋能成大事,请速赐水。"说罢,拔剑向路边一山崖刺去,剑没入山崖,拔出剑只见一股清泉喷涌而出,朱元璋仰天大笑。于是,大连岭就有个"啸天龙"的地名,人们也就把那清泉叫作"宝剑泉"了。为防泉水为敌人所用,故谒云:此泉吾开,敌众勿来。

故事三:大连岭古道上的"白茶泉"

大连岭古道上有两股泉水,其中一股叫"白茶泉",因岭上生长着白茶而得名。相传,朱元璋过此地时爱喝白茶,为恤将士,煮茶入泉三军同饮,士气大振。

故事四:大连岭古道上的"枫树王"

大连岭因又陡又高而远近闻名。山顶上气候严酷,夏天炎日暴晒,冬天雪覆风袭,连最有生命力的青松也难以在山顶生存。相传,这草木难生的山顶上却曾生长着一棵非常美丽的大枫树,远看像一把撑开的红色花伞;近看,其主干上粗下细,异常奇特,被称为"枫树王"。而这株大枫树怎么会在高寒的大连岭上活下来?这里有一个朱元璋倒栽枫树的有趣故事。有一年,朱元璋率领大军顶着烈日,历尽艰辛爬上了大连岭山顶。山顶天高地阔,远处山峦连绵不断,风光无限。眼望如此江山,朱元璋胸中顿生豪气,想到人们来往此处连乘凉的树荫都没有,于是将手中从山脚带来一根用作拐杖的枫树枝朝天一指,说道:"苍天有眼,我今天在此倒插此枝,如果我建国有望,就让它成活生长,如果我兴国无望,那就让它干枯,望苍天明鉴。"说着,就将树枝倒栽在山头上。结果,上天真的没有辜负朱元璋的愿望。这棵枫树不仅顽强地活下来了,而且枝叶茂盛。只是由于朱元璋把树倒栽着,这株枫树上粗下细、形状奇特。从此,人们每经过这山头都会在这棵大枫树下乘凉、观光。朱元璋也实现了自己兴国的愿望。据长者回忆,50多年前,这棵枫树尚存,后来没有了。对此有两种说法:一说有一个农夫上山烧木炭,不慎失火将树烧死了;一说树被砍掉用于炼钢铁了。具体原因已无法查证。

当然,除了有关朱元璋的传说之外,其他传说也有很多。譬如关于

"啸天龙"的由来还有另外一个版本。

很久以前,这大连岭上是没有大路可走的,只有砍柴人走的羊肠小道。为了使山两边的人可以互相往来,睦州有位僧人动起了脑筋,他想:"要是在岭上开一条路多好啊!"于是,从那天起,他开始挖山开路。就在山这边的人开始挖山的时候,山那边徽州也有位和尚同样在想:"如果有条路可以让山两边的人互相往来该多好啊!"于是,他也动手开路了。这两人,你不知道我,我不知道你,都各顾各地开路。他们不怕吃苦,挖山不止。白天挖,黑夜挖,伏天挖,冷天挖,挖呀,挖呀,挖了好几年,终于把那条路开通了。巧的是两人开的路正好互相连接。就在他们挖完最后一锄头时,不期而遇感慨之余,两人相拥仰天长笑,而双脚竟慢慢地离开了地面,化龙飞上天去了。原来是他们善心苦修已立地

啸天龙观日出

成佛了。后来,人们为了纪念这两个人,就把他们升天的地方取名为"啸天龙"。

还有"郎跺脚",流传着"背新娘娶亲"的故事。说的是,旧时遂安山区娶亲有转背新娘的风俗,即新郎将新娘背回家,途中可以换人转背,但新娘的双脚不准落地,否则新娘可悔婚约。相传,徽州石门有一位石匠,自恃力气大,一个人独背新娘,背至此处实在背不动了,就把新娘放下稍歇。新娘不高兴,一气之下返回娘家。这位石匠后悔得直跺脚,故名"郎跺脚"。

大连岭上,我们还可看到"无门洞"。无门洞中线为旧时徽州与睦州之界,也是今安徽与浙江的省界,故有"一脚跨两省,鸡鸣醒三县"之说。此洞因无门而得名。

在大连岭南麓源头村山里,有一处黑蛇鸡公瀑布群。历来鲜有人至,瀑群全长约1000米,由十几个大小瀑布组成,高者数十米,低着两三米。常年不涸,景色各异。关于瀑布名称的来由,据当地老人讲:从前有人进山砍柴,在瀑布下发现一条巨大的蛇,浑身漆黑,蛇头上还长着像公鸡头上一样的冠。"黑蛇鸡公瀑布"由此得名,并以此告诫村民,不能独自上山。

绝槛木,为大连岭多生小叶灌木,俗名"山槛木"。传当年明太祖的猛将胡大海率部翻越大连岭,曾于此歇息,临行检点战马,百缺其一,唯系于"山槛木"的白马连根拔去。后此山槛木绝难觅踪,且静夜空谷常闻马啸,民惧为神,遂以竹马祭之,"跳竹马"之俗流传至今。

腐遭殃。毛豆腐、霉豆腐为遂安名菜,古时穷人多以贩此为生,肩担至此饥渴难耐,往往就泉水而食,百去其二,故戏谑此处为"腐遭殃"。

七眠雪。大连岭的冬天,小寒三尺雪,大寒雪没肩。民国时期,微雪,七客结伴南行,欲速穷其岭。至此,飞雪漫天,深及担柄,觅客栈左近不可得,困绝而眠。

十八肩。大连岭古道为古时浙皖商贾要道,常年有挑夫挥汗奔波于此,戴竹笠,穿草鞋,人挑一百几十斤,号子声中货来物往。旧时挑担,歇一次为一肩,自箸培帽头到啸天龙岭顶需歇十八次,且此去路窄风大特难行,得先驻足歇力再冲顶,则最后歇息处谓"十八肩"。

上述这些都是陈年往事。然而,就在距今不远的民国时期,大连岭古道也不闲着。

送驾岭,背靠钓金山,系白际山脉支脉,坡陡林密。岭北的鲍家至连岭脚是一片开阔地,周围高山环抱,通往皖南的道路须从连岭脚翻越海拔1000余米高的大山和30千米荒无人烟的大连岭。

1934年9月24日,中国工农红军北上抗日先遣队经遂安的鲍家畈、枧头、姚家翻过送驾岭,到达鲍家、陈家、连岭脚。为掩护主力部队翻越大连岭安全到达皖南,在送驾岭半山腰警戒的红军侦察班摆开决战架势,利用有利地形,灵活机动地迎战围追红军的国民党追兵,导演了一场敌军自己打自己的"送驾岭阻击战"。

国民党陆军49师补充1旅和浙江保安队组成的两个纵队共5个团,之前企图围歼红军于遂安铜山和开化大桥地区。闻红军转移后,49师从遂安横沿、鲁村尾追而至,并将指挥部设在鲍家附近姚家自然村北端的高地上。下午2时10分,敌军师长以284团及师直属队为预备队,向所属291团和289团下达进攻命令,先集中迫击炮轰击红军先遣队阵地,后组织进攻,因正面进攻遭红军先遣队的强烈阻击,49师伤亡惨重,即分兵一部登上先遣队左侧的钓金山侧击。下午3时,补充1旅经陈家门、马石桥、洪家坂向鲍家合击过来,分兵一部协助49师正面进攻,一部迂回至先遣队右侧的送驾岭,企图在送驾岭与钓金山之间合击红军先遣队。

　　正面战斗持续到傍晚6时,红军先遣队主力开始沿着大连岭向皖南转移,负责殿后的侦察连安排一个班携两挺机枪,坚守在送驾岭凉亭附近的小山坡上。红军侦察班与两敌形成斜三角形,监视对面钓金山的敌军,并将一面红旗插在凉亭上,引诱敌军火力。侧击红军的敌

送驾岭垭口凉亭

289团登上钓金山后，发现对面送驾岭半山腰竖有红旗，立即开火；这时补充1旅亦从送驾岭背后突入送驾岭山顶，发现对面钓金山有强火力向送驾岭攻击，也即投入战斗向对方开火。

夜幕降临，对面钓金山的敌军隐约能看见侦察班插在半山腰凉亭上的红旗，而背后的敌军被对面的火力吸引，却没发现红军，先遣队侦察班乘机点燃事先挂在树上的鞭炮，并用两挺机枪向两股敌军扫射，顿时"枪声"大作，致使钓金山之敌以为红军来了增援部队，便加强了火力攻势，送驾岭之敌亦向钓金山全力猛攻，待两股敌军打得热火朝天之时，先遣队侦察班留下凉亭上的红旗，悄悄地追上大部队进入了大连岭的崇山峻岭中。两股敌军相互而战，"狗咬狗"混战至午夜。后来双方一吹号，才知道是"大水冲了龙王庙"，便对阵骂娘，但相互已经毙伤士兵156名。送驾岭战斗，红军牺牲30余人，先遣队参谋长粟裕左臂负伤。红军突出重围，全师顺利转移至皖南。

在大连岭古道上的狮古山村附近，有当年本地乡绅募资营建的4处墓穴，共安葬了128位阵亡将士。分别命名为"一道公墓""二道公墓""三道公墓""续公墓"共4通孤魂碑，另立总碑一通。碑刊原遂安县第三区区长何宁淡所撰《瘞阵亡军士记》云："中国不幸，同室操戈。去秋赤军窜我边境，人民深风鹤之惊。幸大军克日云集，尾追于送驾岭等处。两军鏖战一昼夜，受枪弹丸死者以数百计。真所谓两军交兮，死生决者非耶。吾辈观兹，遗骸十分惨烈。赖有地方信士仁人及慈善家诸君子，同募集资金将此次被戕骨骼收集而埋之，籍免暴尸骸避腥秽，庶几存殁两感也。爰为之铭曰：官兵勇壮兮，舍身军途；烽火相接兮，豕奔狼驱兮；浩劫难逃兮，饮弹丧躯；尸横山野兮，究竟何事；民心伤悲兮，目不忍睹；集资埋葬兮，以免暴露；询谋佥日兮，成此义举；望尔辈安眠泉下兮，毋为疠于兹土。"这些墓穴为送驾岭战役提供了佐证。

《青山童氏族谱》载府休撰《赤匪记》云："民国二十三年（1934）八月十五日中秋夜半，红军自白马经山径穷途窜我遂西卢村，就地驻扎。十六日上午四时，大军骈至。浙指挥官俞济时、四十九军师长伍诚仁、陆军补充第一旅三路纠合进剿。匪闻风西遁至鲍家村宋家岭一带，自下午十时接火，至次早（十七日）八时止，军民死伤千有余人。匪败退坚田，又与皖军接触，匪不支，无分昼夜转奔威风岭，经白际窜璜尖，逃大水坑，遁开化。"这篇记文除了死伤人数稍有出入之外，时间、地点、经过大致相符，也可作佐证之一。

民国二十四年（1935）十一月下旬，淳安地区的党组织以狮古山为中心，开展游击斗争，建立党的组织。次年4月，省委决定成立下浙皖特委，并明确将淳安、遂安两县和歙县的一部分划为中共下浙皖特委管辖。同年6月，下浙皖特委正式成立，在狮古山地召开了第一次特委委员会议。会议决定，以狮古山为中心，有计划地向平原地区发展。从此，狮古山村就成为下浙皖特委领导活动中心。从是年4月到次年2月，在下浙皖特委领导下的独立营、游击队，在浙皖边区和国民党军队进行了10多次较大的战斗。特委又发展建立淳遂中心县委和歙县中心县委，在淳遂地区建立了2个县委、9个区委和1个特别区委；党员发展到650多人，并为300多名党员颁发了党证；游击队由30人发展到500多人，还有1500多人参加的红军外围组织农民团。

在连岭这头,山脚下住着秀峰洪氏和浯溪陈氏,人文故事也异常丰富。

秀峰洪氏属康塘洪氏,据《康塘洪氏宗谱》载,其祖洪绍乃东晋兵部尚书,因战功被封为明威将军,授金紫光禄大夫。义熙十三年(417)洪绍弃官隐居于新定郡武强之木连村(现中洲镇),乃淳、遂洪氏始祖。洪绍的第五子洪纂,东晋时为始新(今淳安)令。洪绍后裔第5代洪十于北宋末年从康塘迁到和峰(源头),第23代洪应亮于明崇祯年间分迁到秀峰(连岭脚)居住。

浯溪陈氏出自西川陈仲道。五代十国时其后裔为避难迁居浙江桐庐,传三代陈禧迁屯溪,传七代陈旭迁石门。南宋末年,作为石门支系的陈彰游历到浯溪,见浯溪山环水绕,犹若桃花源,便携妻子吴氏一起由石门迁至浯溪陈家。因此,陈彰为浯溪陈氏始祖。

秀峰有八景,其诗云:

东山含旭

氤氲佳气自冲融,海上灵光落碧空。

何处峰头临始旦,天然图画粉墙东。

硕坂春耕

花信传红柳带新,一犁好雨早逢春。

锄当日午谈经候,侧听老农话古人。

木华插汉

翠盖浮空伴落晖,悬崖峭壁极崔巍。

登高人蹈天梯去,时有元云片片飞。

巽降钟英

乾坤艮列四维中,读易占风位巽宫。

却有山光来点缀,出云降雨赞元功。

方池映月

天心涌月漾清规,地矩会开一鉴池。

记取委波金不定,鸢鱼镜里谱新诗。

古柏参天

拔地盘根不计年,亭亭结盖淡含烟。

遥怜西蜀武侯殿,黛色凌云尺二千。

溪流九曲

浯溪便是武夷溪,九曲波光袅柳堤。

别有盘龙挠破处,晨烟暮雨画桥西。

虹见万年

五彩虹霓练引光,万年桥映美人妆。

试看飞渡从天降,也作人间锦绣裳。

在连岭脚有三座古桥,分别为万年桥、连峰桥、和峰桥。

万年桥建在连岭脚村中,此桥自古就是休龙古道的一部分。据《秀峰洪氏宗谱》所记,此桥建于清道光三年(1823),距今200余年。万年桥虎踞朝山,飞跨浯溪,雄伟壮观,展现出一种古朴神韵。

连峰桥位于连岭脚起岭处,建于清光绪二十三年(1897),桥头有山神庙。旧时来往的客商经过此桥,都要停下来进山神庙拜一拜再走,以求平安。

和峰桥建于源头村口。清朝末年,由村民合资建造。源头村,人口少,资源丰富,曾经非常富庶,当时流行一句老话:"借白洋,到源头";原来是木桥,由长条木板搭建而成,人行其上,晃来晃去,故称"晃晃桥"。

至于浯溪,亦是人文渊薮萃集。据传,浯溪陈氏的祖先乃陈霸先(503—559),梁武帝天监二年(503)出生,自幼家境贫寒,却好读兵书。初仕乡为里司,后为健康油库史、新喻侯萧映传教、广州中直兵参军,因平乱有功,被提任为西江督护,很快又因平交州李贲之乱有功,封为交州司马兼领武平太守,后任振远将军、西江督护、高要太守。

侯景叛乱,陈霸先于梁大宝元年(550)正月,在始兴起兵讨侯景,次年与征东将军王僧辩会合共进。天正二年(552)三月,领军围石头城,大败侯景。因功授征房将军、开府仪同三司,封司空,领扬州刺史,镇京口。

梁承圣三年(554),西魏破江陵,梁元帝被杀。陈霸先与王僧辩请晋安王萧方智以太宰承制,又遣长史谢哲奉笺劝进,晋安王入居朝堂。承圣四年(555),王僧辩屈事北齐,迎立北齐扶植的萧渊明为梁帝,陈霸先苦劝无效,遂诛王僧辩,立萧方智为帝。后又击退北齐的南下侵略,铲平了王僧辩余党的反抗,晋封陈公,再封陈王,受九锡。

梁太平二年(557)梁敬帝萧方智禅位,陈霸先代梁称帝建立陈朝,史称南朝陈。陈永定三年(559)六月十二日,生病。六月二十一日病逝。遗诏追临川王陈蒨入纂。八月甲午,群臣上谥号曰武皇帝,庙号高祖。丙申,葬万安陵。

司马光《资治通鉴》评价他"临戎制胜,英谋独运""为政务崇宽简""性俭素"。毛泽东对陈霸先南征北战所使用的战术很欣赏,晚年时曾要求人们读读《陈书》。台湾学者柏杨先生在《中国人史纲》中说"陈帝国是南北朝唯一没有出过暴君的政权"。而没有出过一位暴君,应和奠基人陈霸先亲民、爱民、关心普通百姓生计的从政品格有关。

浯溪陈氏自认祖先就是陈霸先,宗祠供奉陈霸先"太公像",逢年过节全村人都要去祠堂进行祭拜。平时陈霸先像就保存在族长家里。

1945年春,一场突来的洪水把陈家村村头的防洪坝冲毁,肆虐的洪水顺着田畈直冲陈家村而来,眼看就要接近村子。但是洪水像被人控制一般,在冲至村头第一幢房子不到几米的地方突然转向往山脚冲刷而去,虽然破坏了大量的良田,但并没有村民人身安全及财产损失。后来得知,陈霸先像当时就放在村口第一幢房子里。

1965年秋,陈家村有一户农户附房失火,火势太大,一时控制不了。由于附房都紧挨着正房,加上以前的房子都是木质结构,当时村民都认为正房凶多吉少。可这场火只烧了附房,没有烧到正房,只熏黑一面墙。后来村民发现,正房内靠着附房的那个窗户下,正放着陈霸先像。村民议,以为奇,对祖像倍惜之。

浯溪陈氏建有寻玉堂,据传为浯溪始祖陈彰所建,位于里中之东,占地两亩。祠堂额名"寻玉堂",分前堂和后寝。前堂的两侧各摆放"木主"和神灵。后寝中间置陈彰和高曾祖陈逢,左右为陈昭、陈穆,共三个祭龛,东厢房摆放着祭器,西厢房为田租。浯溪陈氏祠堂曾经是陈家村人婚嫁、丧葬、出入宾朋的重要场所。中华人民共和国成立后,该祠失修,最终荒弃拆除。

连岭脚浯溪南边原有丁家庙,当地百姓根据其地名"丁家山"称之为丁家庙,庙内供奉"九相公"。

据说此庙菩萨非常灵验,前来求拜者众。庙门原来朝北,正对村庄。连岭脚村地处古道要冲,过往客商云集,村中男儿大多外出经商,少则数日,多则数月,更有甚者,数年不回。因此,村中妇女往往独守空房。

半夜三更,或有野夫入室,强与村妇行媾合之事,来无踪去无影,村民破获无计,致使民心惶惶。有一女心细,在迷糊中受侵,惊醒后欲拒无能,乃急中生智,用带线绣花针别于野夫衣领。翌日,循线寻迹,惊见绣花针竟然别在丁家庙里"九相公"的衣领上!村民惊诧,请来风水先生,乃曰:庙门冲村,村中多孤妇,春夜难熬,菩萨亦动心矣!故将庙门改向朝东,对着山外,从此孤妇未有被侵者也。

在连岭那头，徽商的故事层出不穷。其中清代的婺源商人王有兴是一个杰出代表。

王有兴从小跟随父亲王素其到遂安县十二都龙山街做典当生意，来来往往走的就是这条古道。雍正五年（1727），王素其与宋丽午、洪赤玉、宋振旭签订合管龙山街宋振旭典业，后盘顶宋振旭典业，在遂安县十二都龙山衡开办王有兴典业。乾隆五十八年（1793）王素其又盘下余怡兴盐店，经营盐业。在长达200多年的经营中，由于大量购买土地和房屋，家产不断打大，引发了当地居民的妒忌，从而发生了一系列与当地人围绕盐典经营发生的案件。这反映了当时徽商在他乡与客地人们在经营过程中的冲突与磨合。

在中国徽州文化博物馆，存有王有兴号的272件文书，包括土地店屋买卖契约、分家阄书规条、合同议墨、诉状抄底、账本簿册等，还有经营盐典所需的官方典帖和行盐谕。从这些文书中可以看出，王有兴盐典号经营种类有上百种，除了徽商主要的盐、典、茶、木以外，还包括漆器、油货、纸张、大米、烛料布匹、锡箔、松柴、木料、砖瓦等。王有兴盐典号家族通过不断地析产分家，合理配置与整合资源，使家族的产业不断扩大，反映了徽商家族链条式的经营模式。当然，这些契约文书中也记载了当时经营中的一些陈规陋习，如《盐典例规登录》记载当时盐典商业应该缴纳的各种费用及礼钱例规。如年规有10条，大到邑主及太太生日、邑尊任离，小到司阍二爷三爷等都要送礼；引规有17条，涉及方方面面；还有典税礼、铺帖更换；等等，各种费用五花八门。可以说，人们只知道盐商的荣光，却不知道其背后的酸甜苦辣。

摘录《乾隆五十八年宪牌》以飨读者：

钦命两浙江南等处都转盐运使司盐运使加六级纪录十次阿为顶认烙牌销引等事，乾隆五十八年九月二十九日，奉盐漕察院全批，本司呈详绍商王有兴顶认余怡兴原领第七号二都一图盐牌一面，乏力闭歇，绝售与王有兴典顶补。因原设住址人烟稀少，不能畅销，今移十二都三图地方开张。堪以疏销官引，饬据绍甲商并同业保商鲍奕顺等，查明契议绝顶移址开张，并无违碍攘夺情事，各具保结，详情印烙等，缘由奉批，如详烙发。仰即给商悬挂疏销，缴结存旧牌销。奉此，除分别饬遵外，合并给示晓谕。为此，示仰遂安县铺商王有兴知悉，即便在于县十二都三图地方开张，办销引盐，便民裕课。倘有胥役地撼勾连土想到店籍端滋扰，勒派官费漏规等项致碍商业，贻误课饷许该商即行密赴本司衙门禀候，亲提按法究惩。决不宽贷，各宜禀遵，毋违特示。乾隆五十八年十月日给发。

这些清代徽商家族文书非常珍贵，一是种类齐全，二是时间跨度大，三是保存较好，反映了当时的政治经济和社会民俗关系，是不可多得的实物资料，对研究徽商经营范围、经营方式，特别是了解徽商在淳遂地区经营的过程，有着十分重要的史料价值。

大连岭古道，承载的人文极其厚重。它目睹了元末将士走过的人喧马嘶，见证了徽商兴衰的历史烟云，更是镌刻下红军在此奋战的红色印记。它是一条漫长的古道，更是一首历史的长诗。

歙县

长陔乡

南源口

歙岭顶

叶祀村

姜家镇 ➤ 干岛湖镇

歙岭古道

一

在淳安境内的所有古道中,歙岭古道是海拔最高的一条古道。这里说的海拔最高,只是单指它的岭顶高度(海拔1266米)。而且是以旧时客旅来往较为频繁、两地交通较为重要作为衡量标准。当然是把那些海拔更高，但鲜有人迹往来的羊肠小道除外。譬如千亩田古道，岭顶海拔1400余米，但人迹罕至，并不属于通商大道。它的交通性质，无法与歙岭古道相提并论。

走歙岭，是我多年的心愿。然而，总因种种原因，未能成行。早年前，我曾经到过歙岭南麓的郭村乡叶祀村，甚至到过歙岭北麓的长陔乡南源口，从不同的方向眺望过高高的歙岭。只因缘分未至，徒生向往而已。

时至今日，为了撰写《淳安古道》，我立下誓言，但凡淳安境内相对重要的古道，务必亲自走一走。要不然，自己没有经历过的事情，闭门造车乱写一通，总会缺乏真实性和体验感，给读者带来华而不实的感受。

2023年2月22日，笔者临时约了三位驴友，便有了歙岭之行。

三位驴友中，一位是瑶山乡何家村的何来忠，另一位是瑶山乡幸福村的郑庭喜，他俩都是我熟识多年的好友。还有一位是女士，平时并不认识，乃网友清风推荐过来的，网名叫作"大红鹰"，据说是一个登山爱好者，颇有户外经验。就这样临时组建一个"四人帮"，约好早上8点在岭脚叶祀村会合，开启征服歙岭之旅。

行前做了功课，在网上搜索了一些关于歙岭的文章，其中有一位赵先生发过一篇微文，开篇写道："有一种心境，向往青山绿水，向往松涛竹海，向往王维、陶渊明笔下田园牧歌式的生活，享受宁静，享受自然。趁着休息日，放下烦恼，走进大自然，去寻找一种放松的心情，一种洒脱的性情，一种回归自然的静谧安然。"

赵先生走歙岭,主旨是放松和享受。而我不同,我走歙岭的目的有三:一是摸清古道的轨迹,二是摄取沿途的风景,三是钩沉它的人文。因为我是一个记录者,享受只是分外之事,不在我的计划之中。

　　赵先生的微文中,有一段说明性的文字:"歙岭是一条用青石板铺成的千年古道,连绵30余里,从山麓到山顶要穿过几种气候带。植被从常绿灌木林到针叶林、落叶林、混合林,一直到高山草甸。古道起始于叶祀村,至岭顶与安徽省歙县长陔乡相连。古时称一脚踏二省(浙江、安徽)占三县(淳安、遂安、歙县),是浙皖两地古代的官道(古称官道犹如现在的国道)。相传明太祖朱元璋曾驻兵在此,率军民构寨筑墙,抗击劲敌陈友谅。现存古战场遗址。20世纪六七十年代,歙岭古道还是浙徽两地村民贩卖猪仔、走亲探友的主要通道。如今,这古道已然冷凝成一种追忆,风干成一种向往,静待后人用脚步去度量它的时光跨度,用心去体悟那山水情怀。"

歙岭古道上的标识

　　歙岭的起点叶祀村,原为行政村,2007年并入沈畈村。相传,该村原为叶氏始居,古称"叶川"。历史上此地曾发生特大山洪,民舍荡然无存,叶氏灾民被迫徙居他地。后有章、洪二姓迁入,因念叶氏初创之功,祈求祀地从吉,改名"叶祀"。聚落处叶祀溪流西岸,45户152人的小规模村落,镶嵌在青山绿水之间,宁静而恬适。

当我们一行四人来到村中之际,素朴的村民早已忙碌在田间地头,静悄悄的村道上鲜有人迹,唯有村头的一户农家敞开着大门,一对老年夫妇在院中整理毛竹。向他们打探了一番有关歙岭的情况,获知登顶需要4个小时。至于徽州那边的古道,大多已经荒芜,他们建议我们切莫冒进。临别还在墙角拿过四根简易手杖,分别赠予我们人手一根,然后嘱咐再三:"持杖而行,以防滑倒;山路崎岖,注意安全。"

上岭的路,沿溪涧而上。路旁立有歙岭古道简介牌:"白际山脉是横亘于淳安西北且毗邻于安徽歙县、休宁县之间的一条交界山脉,绵延百十公里,山峰多在海拔一千米以上。歙岭古道位于姜家镇(郭村)西北,岭顶海拔1266米,西南延伸至连岭之啸天龙。歙岭顶与安徽省歙县的长陔乡相邻,有一条青石板铺成的千年古道穿越而过,连绵有三十多里,全部用打凿过的青石板铺设而成。歙岭顶浙江方面古道长约8公里,属千年石级古代官道(国道)。主要景点有狮子展肘、石堋桃林、万级燕居台、上山三梦(一梦臣子坪、二梦梅树坞、三梦溏汰弯)、寡妇金泉、金牛耕岭、万岁躲风石、西天盒石、明代古城墙等。"

没想到"四人帮"中唯一的女性"大红鹰",却是一头经验丰富的"老驴",之前她曾登顶歙岭两次。这回是第三次爬歙岭,轻车熟路,当仁不让地成了开路先锋。

这个时节,春汛尚未到来,溪涧中并没有流动的水。那些形态不一的大卵石,泛着水痕,无声地与我们打着照面,宛若路人相遇,生人相逢,俨然一副漠视的脸孔。我心底想说,我们背包里备有矿泉水,并不想你恩赐一路泉水叮咚,你再怎么冷漠,也无法撼动我们的行程。

上行不过几百米,就有一片梯田。石磅上嵌有一幅标语:"不登歙岭顶,枉为好男儿!"这种打鸡血的语气,对于弱驴来说,不啻为当头一棒。走在头里的"大红鹰",站在高阶之上,手中舞动着那根手杖,在我们三个男子汉面前,似乎已经幻化为一种鞭策。

经过时光洗礼的青石板,依着山势向上延伸。脚履磨出来的包浆,透露着岁月的沧桑和历史的信息。同一块石板,承载了古人,也承载了我们,不由令人望路兴叹:"古人不见今人面,古道曾经载古人。天若有情天亦老,人间正道是沧桑。"

古道曲折上行,我们的步履渐渐远离了耕作区域,茂密的长青灌木林给大山穿上了绿衣,葱茏间已经有早发的野樱花亮出了粉色的花蕾,它们是春天的信使,把复苏的消息传递给漫山遍野。

途经一段岩石上凿出的台阶,被当地人称为"石舞台"。很显然,这个"舞台"的"舞"字应该是一个错别字。在淳安方言中,台阶、楼梯,皆称为"庑(音)台",而这个"庑"字,却不为常人所用,替之以"舞",只求其方便,叫得应罢了。

从石舞台回顾,叶祀村也已遮掩在丘壑之间。远山淡墨在天际线下,起伏的山脊,宛若游龙,驰骋于大地上。近山,中山,远山,翠色由浓及淡,那种自然的渐变,草木由清晰渐次为虚无。这是登山的好处,可以通过眼前的景,领悟出世态炎凉。譬如某些人,地位越高,权势越大,就越发看不见草民的存在。

古道撇下叶祀溪的源头，折向西行。越过一道山冈，来到一个名叫"塘汰"的所在。这里有一片数十亩的茶园，静卧在山坳之中。路旁尚存两幢土墙房屋，想必是茶园的管理用房。左侧另有一脉溪流，哗哗的流水声不绝于耳。高高的棕榈树撑着一把把绿伞，仿佛一个个卫士，守护着这一方净土。

行程已过两个半小时，海拔已达700余米。在这高山之间，居然有这一方坪地。溪流，屋舍，茶园，构成的画面，有着世外桃源的意境。果不其然，有一则"金牛耕岭"的传说就发生在这里。

"金牛耕岭"的传说发生地

民谣云："耕了歙岭通徽港，耕了霞山建县堂，耕了公山置府堂。"

相传，很久以前，霞山脚下住着一户姓胡的人家，父亲早年去世，留下母子二人相依为命。母亲姓汪，儿子叫胡金牛。金牛从小性格孤僻，很少与村里人说话，甚至不与村里的小孩玩。母亲认为没了爸的孩子，少与人家玩也是好事，省得被人欺负，少个闹心。

儿子长到10岁以后，金牛与母亲也很少说话了，不是下地干活，就是关起门来，独自念叨着什么，还时不时发出牛叫的声音。更奇怪的是，金牛每天三更就起床出门而去，等到太阳升起才回家。而且每次回家，都会带些野果、山鸡、野兔什么的，来侍奉母亲。母亲每次追问，儿子只是笑笑说，出去找点吃的，不能饿着母亲。看看儿子虎背熊腰，身子板远超村里的孩子，非常懂事，母亲心里更是美滋滋的。

这样一过，又是六年。突然有一天，金牛走到母亲身边说："妈，我要出趟远门，帮人干点活。可能要好多天才能回家。"母亲十分惊讶地看着儿子说："没听说你与人交往啊？今天怎么要帮人干活去了？告诉妈，是不是看上哪门亲事，帮人干活了？"金牛只是笑笑，没有回答。母亲很是高兴，认为一定是遇上亲事了，就很高兴地说："去吧去吧。我们穷人家，拿不出多少彩礼，用力气换个亲家，也是应该的。""只是要告诉我，去什么地方，几天？不然我放心不下。"看着母亲一脸的担忧，金牛只得告诉母亲说："不远，就在歙岭顶上，你在家门口就能看见。不出半月就回来了。""半月？这么长时间，饿肚子咋办？妈这颗心放不下。"金牛还是笑笑说："妈，没关系，儿子长大了，山里有的是吃的东西，饿不着。如果实在想儿了，一定要等到七天后再来看我。"母亲想想也是，每天出门，儿子都能带些吃的东西回家，一定饿不着。于是就去忙着给儿子准备出门的衣服、柴刀等之类的物件。

金牛已经出门两天了，母亲待在家里实在太想念了。看着桌上的饭菜，缺了儿子的陪伴，吃什么都没了滋味，睡觉也不安稳。无论是白天还是黑夜，不断地进出家门，遥看着歙岭，不知儿子现在怎样了。到了第三天凌晨，只见歙岭顶上忽然火光冲天，又忽然漆黑一片，同时发出轰隆隆的雷声，母亲的心就越来越紧了。天刚蒙蒙亮，母亲再也等不下去了，赶紧为儿子准备缝补的衣裳和吃的东西，决定上山给儿子做个帮手。晌午时分，母亲来到歙岭山腰，云雾在脚下翻滚，天空忽明忽暗，有时伴随雨声雷声，母亲更是担忧儿子，一个劲地向山顶攀登。

殊不知儿子金牛，乃天庭指派下凡的牛魔王，是来改造歙岭山河的。这时正套着天犁，已经在歙岭顶犁出第一铧。高高的山脊瞬间向西倾泻，发出震耳欲聋的声响。当金牛正欲犁出第二铧时，焦急的母亲已经来到面前，口里连声不断地呼喊着："金牛，金牛，你在干啥呀？"谁知金牛是天神，执行天令时见不得凡人。如今天机已经泄露，金牛就无法转化为人身了。他看着母亲，一连叫了三声"妈"，然后拖着犁铧奔向西面山谷。

母亲听到这三声亲切的呼唤，想到之前家里夜晚发出的牛叫声，再想到儿子蹊跷的七天之约，才明白自己的儿子是神牛的化身。看到金牛远去，后悔已迟，只好拼命地向金牛的去向追去。等到母亲追至金牛身边，金牛已经陷入山麓的水潭之中，两眼不舍地望着母亲，慢慢地沉入潭底。母亲望着消失的儿子，立即晕了过去。

母亲醒来之后，在潭边哭了三天三夜，凄惨的哭声感动了山神。山神托梦告诉她："你的儿子是牛魔王下凡，是天庭派遣来改造歙岭山河的。他完不成任务，只得沉入地狱了。现在唯有一个办法能够挽救，就是你要能找到千年稻草，还能把金牛钓上来。"母亲不顾一切，四下寻找，奔波了三个月，终于在神源堂找到了两把千年稻草。母亲来到潭边，从太阳出山，一直到太阳西斜，稻草一根接一根投入潭中，果然看到金

金牛潭

牛浮出头来。母亲见子心切,按捺不住内心的激动,一边喊着儿子的名字,一边把剩下的稻草全部扔到水潭里。殊不知稻草一入水潭,就被漩涡卷走,金牛只露出一个头,再也抓不到救命稻草,也就无法往上升,最后还是永远地沉入了潭底。

这则美丽的传说,有着丰富的寓意,它与愚公移山有着异曲同工之妙。淳歙两地的先民,被这高高的歙岭相隔,交通往来,何其艰难?倘若有一头天牛将此山犁平,岂不是民心所向?再则儿女长大成人,长辈就得放开手脚,让孩子出去独闯一番事业,不依不饶地牵绊于子女,只会导致儿女一事无成。还有那两把救命稻草,也得从容使用,你一心急,断了接续,挽救之局又遭前功尽弃。

离开塘汰,古道沿溪流上行。茂密的箬叶,掩映在古道两旁。这段路，在梅雨季节，蚂蟥丛生，苦了那些赶猪人。同样是这段路，也逼出了赶猪人的智慧，引出了石灰抹猪、石灰撒路的奇特往事。

20世纪80年代，淳安睦剧团以歙岭赶猪人为创作原型，排演了睦剧小戏《夫妻赶猪》，由于小戏来源于生活，唱腔诙谐，表演活泼，在全国戏曲会演中获奖，为淳安睦剧缔造了一座丰碑。

据叶祀村落撰稿人章先生描述：歙岭赶猪人，出自叶祀卢氏和黄岭吴氏。这两个姓氏在郭村直源里人口不多，属于弱势群体。但他们独具智慧，大多亦农亦商。农忙时节，在家采茶、种地；农闲时节就外出做生意。特别是做赶小猪贩卖的生意，是卢氏、吴氏的专长。

赶小猪看起来简单，实际上需要专业技巧。几十头小猪，单凭赶猪人的沿途吆喝，它们就乖乖地沿着古道，穿越高山密林，翻越几十里的歙岭，谈何容易？歙岭山路崎岖，坡陡林深，万一小猪不听使唤，往林子里一钻，岂不是血本无回？聪明的卢吴二氏祖先，就创造了这种独特的谋生技能，他们父传子，夫传妻，传承着这种绝活。小猪在他们面前，就像一个个听话的小孩子，叫它走就走，叫它停就停，被当地人称为"歙岭古道上的赶猪把式"。

歙岭赶猪人，一般是夫妻搭档或父子搭档，两个人一前一后，中间是一群小猪，一边吆喝一边走，这是歙岭古道上特有的风景。

据说，一群小猪在家喂个六分饱，赶猪人身缠猪食诱猪而行。为了防止蚂蟥叮咬，小猪身体上还要涂抹石灰浆，才开始上路。赶猪老把式走在前，哼着领路曲；副把式走在后，嚷着赶猪调。

"咻咻咻，呦呵呵呵——呦呵！呦呵呵呵——呦呦！呦呦幼——

呦约……"动听的赶猪曲儿,在大山密林中回荡。

经过蚂蟥特别多的路段,老把式一边抓一把石灰一边在路上撒,别有一番奇异场景。那些不长眼睛珠子的吸血鬼,遇到石灰只好蜷缩退避,任由小猪兴高采烈地突围,无可奈何。

这种赶猪的风俗,与湘西赶尸同样有着不可思议的神秘性。然而,歙岭赶猪是真实存在的民间秘技,至今还有传承人。而湘西赶尸只是一种传说,并没有得到科学界的证实。

再往上走,蜿蜒的古道进入针叶林。虬龙般的松树,老态龙钟,墨绿色的针叶,打团成簇,形态矮壮,颇有黄山松的劲姿。

前路翻过一道岗,又拐入一个垮。古道右侧有一处"寡妇金泉",好心人早已利用毛竹将泉水引至路侧,过往的人只要凑上张开的口,就

林间古道

可以享用冰爽解渴的清泉。

茂盛的针叶林中,夹生着很多木荷树。粗壮者胸径过抱,估摸都是百年老树。当然,除了木荷树之外,还有很多不知名的树种,它们以瘦而高的身形突破邻树的重围,将自己的梢头伸向天空,享受阳光的抚慰。

上半截的古道,基本上是沿着山脊走。虽然山势极其陡峭,但由于密集而高大的落叶林密布于山体,两侧的陡坡并不会让人产生畏惧之感。周遭几乎只有两种树,一种是高乔,胸径10~50厘米,高15~20米,树干光滑、灰褐色,有白色斑点,浅竖裂纹。(笔者叫不出它的名字,之后问了山下的村民,说是沙楸树,也不知道正确与否);另一种是灌木,就是高山杜鹃。在这个时节,落叶树仅仅初发叶芽,满山满冈的林子,稀疏又玲珑,枯黄的树叶厚厚地铺在它们的脚下,那些树宛如千军万马站在红色的地毯上,等候春风的洗礼。

途中突兀着一道岩石,白灰岩面,形同山子。高约3米,长约6米,上

朱元璋躲风石

篆朱漆大字"朱元璋躲风石"。相传明太祖朱元璋在元朝末年，为了抗击劲敌陈友谅，曾经带兵过此，偶遇狂风暴雨，临时避风于石后。笔者窃以为此事乃后人杜撰，至于事件的真实性已无从考证。时隔600余年，事实早已被时间淹没，口口相传的故事大多归结于传说。

最后登顶的路，已经脱离了古道。约莫300米的土路，陡峭难行。对于一个登山者来说，应该到了考验体力和毅力的最终时刻。不过峰顶就在眼前，再怎么不争气的腿脚，也会精神抖擞，因为成功的果实，已经唾手可得。

植被到了这里，就成了混交林。密集而丛生，低矮且芜杂。这些在低山丘陵看不到的植物，在这里凛冽着寒风，显得既苍老又萎靡。因为它们受到恶劣环境的制约，挺不起笔直的腰杆，绽不出自如的笑脸。

没想到欻岭顶是一个秃头，稀稀拉拉的草甸应付到了前额，就应付不到后脑，以致成片风化的沙地寸草不生。

站在欻岭顶，苍茫的群山皆在脚下。山高人为峰，一览众山小，给

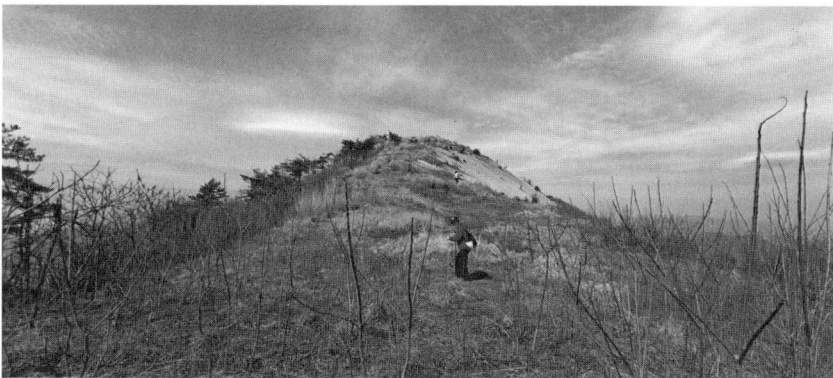

欻岭顶

人以君临天下的感觉,自豪感油然而生。

同行的郑庭喜、何来忠和"大红鹰",围着歙岭顶的标志牌欢呼跳跃,他们将手杖指向天空拍照留念,喜悦的心情写在脸上,来途的疲惫已经抛至九霄云外。

歙岭顶是徽浙两省的界山,往北鸟瞰是歙县的长陔乡,民舍清晰可见。向南俯视,是淳安的姜家区域,村庄迷茫在沟壑之间。能够在这一脚踏两省踩三县的制高点上,一睹千山万水,与苍穹来一番近距离的灵魂对话,未尝不是一件人生快事。人生毕竟短暂,作为过客,很有必要用脚履抬升自己的高度,用一种征服的心态,加持自己对生活的信心以及对美好未来的期许。

歙岭峰高三千尺,摩天裁云冲九霄。

平生应怀登临志,纵非好汉亦英豪。

二

在歙南街源山区,流传着一句古老民谣:"歙南街口入街源,只见青山不见田。水路弯弯六十里,炊烟混在云雾间。"

这句民谣,很形象地说明了这一地区的风土人情。在街源,山高而水长。峡谷幽深,少有坪地,大多的村落都建在半山腰里,袅袅的炊烟,与云雾连成一片。

事实上,"街源"古称"陔源"。因为歙南方言中的"陔"与"街"是同音。街源河发源于长陔，从地理属性的角度去分析，应该称其为"陔源"，这样更为贴切和合理。

不过，当地老百姓早已习惯地称"街源"。还有此源的出口叫"街口"，估摸都是音讹所致。

从长陔到街口，陔源水路六十里，是新安江的重要支流之一。两岸山清水秀，土特物产丰富。"长陔山宝""街口金橘"，早已闻名遐迩。

在长陔乡，有一条重要的古道叫"歙岭古道"，在交通不发达的年代，这条古道是徽浙两地的重要通衢，俗称"官道"，从交通的意义上来讲，这条古道不亚于当下的国道。

生于街源、长于街源的人对歙岭倒不陌生，因为它是本地区毗邻浙江的最高山峰。据考证，歙岭古道是古徽州境内唯一以县域"歙"字来命名的古官道。

东汉建安十三年（208），东吴威武大将军贺齐领兵击歙、黝山越，析歙之东乡建新都郡，置始新（淳安）、新定（遂安）二县。1958年，因建新安江水库，遂安县并入淳安县。

歙岭古道，乃古徽州通往遂安（今淳安）的重要官道之一。该古道北起歙县长陔乡南源村，横跨白际山脉中部，南至淳安县姜家镇沈畈村叶祀自然村，全程约16千米，最高点"歙岭顶"海拔1266米。古道开凿年月已无从考据，据现有史料记载及残存建筑推测，至今已存千年以上。另外，因本地方言中"歙与雪"同音，故"歙岭"又被当地村民称为"雪岭"。

为了探访歙岭北麓之古道，癸卯年春，笔者约了璜田乡南源口村

歙岭古道南源入口

的毕先生，在一个雨后初晴的日子里，走了我们淳安山那边的歙岭古道。之所以要走这条本不属于淳安境内的古道，是因为这条古道是歙岭古道的重要组成部分，很多历史故事发生在这里，如果笔墨不着，就让《歙岭古道》这篇文章存有遗憾，缺乏应该有的完整性。

前夕刚下过一场大雨，路上残留的水凼还映照着灰色的天空。山里的空气湿漉漉的，高耸的白际山脉被接天连地的雾气包裹着，黄墙黑瓦的土楼星星点点地洒落在苍翠的大山里，和眼前这些被雨水濯洗过的青葱嫩绿构成一幅层次分明的山水画卷。

在南源口与毕先生会合之后，笔者弃车于南源口。萦绕于梦中的歙岭古道，在眼前却难觅踪影。因为在歙岭古道的起始处，已修建了南源水库，原有的古道已被淹没。毕先生说，如今要走歙岭古道，首先要

青石板古道

通过南源水库大坝的坝顶,然后沿库岸线的便道南行,直至穿过一片茶园地,转过第二个山垄,就能看到铺有青石板的蹬道从库区水面上爬升出来,然后沿着山坡向东上岭。

由于有毕先生领路,笔者很快就来到了歙岭古道的入口处。因为走的人太少,古道上长满了杂草,路两侧荆棘纵横。倘若没有古旧青石板的指引,古道的入口就连熟知此道的毕先生也难寻其踪。

古道沿着山坳上行。因无人打理,疯长的灌木柴草,遮掩途中,近半路段需弓腰前行。时值雨后不久,柴草树叶上残留的雨水很快湿透我们的衣裤。路面长满苔藓、青草,一米多宽的青石台阶仅露出几十厘米,雨后行走,十分湿滑。

不过上山途中,一路有溪水潺潺,鸟儿啾啾作鸣,野花朵朵绽放,野果挂满枝头。曲径通幽，移步换景，清新的空气，令人神爽。

上行约半小时，来到两条山涧汇合处。一座单孔石拱桥连接两边山体。桥拱上方的石额已长满爬藤，字迹无法辨认。桥头路亭遗址，也仅剩下半截石墙。过桥不久，古道开始向山脊攀高，路面石板却不知所踪，窄窄的土路在陡峭的山坡上以Z字形盘旋而上，沿路尽是杂草、藤蔓、树枝、积水和泥淖，还有随时可能弹到身上的山蚂蝗。

为了防止山蚂蝗的袭击，我们把裤腿塞进了袜筒。然后全身上下喷了一遍花露水和风油精。这两种刺鼻的气味，用来对付山蚂蝗，可以说是一剂猛药。

一路走走停停，走到海拔630米的第一层山脊，耗时约2小时。此时乌云已渐散去，孱弱的阳光透过云层，播洒在铺满枯叶的古道上，及时的山风也迎面扑来，陡增凉意。过了山脊，古道宽敞了许多，宽约1.5米的石板路，不规则地向上延伸。

前行约15分钟，到达一处路亭残址。其后的古道，路面石板基本无存。这种路况，不禁让我心生疑惑：这条原先全程"硬化"的官道，其缺失的青石板到底去哪儿了呢？直至走了一个多小时后，我们来到所谓的"古城墙"，才发现了青石板失踪的端倪。

古城墙位于海拔1030米处，古道处为"歙岭寨"。这道"古城墙"，是一道石砌的壁垒。据传为大明开国皇帝朱元璋所建。在建国之前，朱元璋曾一度转战徽州，屯兵歙南山区，为了防御外敌来侵，朱元璋令兵士修筑了石城墙。

据毕先生介绍，这道石城墙总长约20千米，沿山脊下修建，墙基约

3米,墙高约4米,墙脊约2米。因植被茂盛,无法深入两端察看现有城墙的全貌。从现存的部分残墙来判断,估摸多处已经损坏,缺乏了原有的连续性。

石城墙在歙岭古道处,设有寨门。门宽约2米,两边残墙高近3米,寨门顶部已塌落,失去了往日兵寨雄关的气势。城墙中设有多处射击孔,如今仍然依稀可见。经过寨门,不远处存有石屋遗址,据传是当年的"兵营",也或是"作战指挥所"。只可惜早已坍塌,留下了一堆被加工过的石料,仿佛还在叙述着那久远的历史故事。

城墙内平坦空旷,当年的练兵场已成草甸,且松树林立。此处松树远观与黄山松无异,松针短小密集,松果硕大,枝干粗壮,势如虬龙,但近看却有天壤之别,其树干灰褐色,光滑,无鳞片状树皮,是我不曾见过的新树种。

歙岭寨遗址

毕先生介绍说，歙岭北麓原有南源寺，寺庙近处有燕石岩，有宋代大儒朱熹的摩崖石刻，乃一处国宝级文物古迹。

据载，南北朝时皇帝兼文学家萧衍(梁武帝)对另一位文学家候任新安郡太守徐摛说："新安大好山水，任昉等并经为之，卿为我卧治此郡。"

又据1935年版《歙县志》记载："南源古寺，在二十六都南源石井坑，唐太和三年建，祀梁武帝暨宝。志有古碑存寺，寺后五峰插天，前三瀑布飞泻而下汇为潭，名钵盂潭。有燕石岩，朱文公读书寺中，手书'新安大好山水'，镌于岩壁，现颓废为园地。"当年朱熹自遂安走歙岭官道，到达歙县长陔，寄宿南源古寺，因钟情这一路山水，夜读经书之暇，突然想起当年梁武帝御赐的"新安大好山水"，于是即兴挥毫这六个大字。寺僧如获至宝，将其镌刻在附近的"燕石岩"上。"燕石岩"即南源村后山的"老鹰石"，但毕先生曾多次探寻，均未获崖刻真迹。

老鹰石

从古到今，大儒朱熹的墨宝都是弥足珍贵的，南源寺僧获此题赠应会镌刻在显著位置，以弘新安山水之灵气。古歙地域囊括今休宁、屯溪、徽州区、绩溪、淳安以及婺源、黄山风景区部分，境内高峰大岭耸峙，唯有此山以"歙"为名。据徽州博物馆程乔先生考据，记载中的"南源古寺"位于今长陔乡南源村程家自然村，距歙岭古道不远，如朱子墨宝镌于歙岭，也算实至名归。

　　过了松树林，直接登顶歙岭。这处徽州境内唯一以县域命名的山岭，竟是一处已沙化的山脊，除几丛矮小的灌木，没有任何一点人类文明的痕迹。宛如一位高大的美男子，突然让人看到他那光溜溜的"聪明绝顶"一般，令人失望至极。

　　不过还好，到了顶峰，视野开阔了，心就敞亮了。立于歙岭顶峰，北望黄山，诸峰若隐若现，南瞰千岛，绿波影影绰绰。交错纵横的白际山脉，浓缩进视野的就是脚下这条蜿蜒起伏的山脊线，犹如虬龙盘踞在

歙岭顶上映山红

皖浙之间，守护着这片青山绿水。

与歙岭顶遥相呼应的是东面山峰上成片的映山红，红艳艳的，一直延伸十几座山峰，无边无际，灿若红霞坠落人间。当我们沿着山脊线一下一上，攀上对面山峰，置身连绵的花丛中，一路而来的阴霾在一瞬间就被这红灿灿的花海淹没了。

高山映山红，学名杜鹃。相传，古有杜鹃鸟，日夜哀鸣致咯血，而染红满山花朵，故名。它因开花迟，花期长，常根植于山峰峭壁，能忍受贫瘠干旱、风霜雨雪，故与黄山松齐名。

歙岭的映山红倔强地生长在这片裸露贫瘠的岩石沙砾上，每一根枝条都渗透着千年的沧桑，每一个花瓣都盎然绽放着不屈不挠的艳丽。鲜艳的红点缀着大山的绿，这不正是大自然镌刻在歙岭上的"新安大好山水"吗？

万岁岭古道

　　万岁岭古道,位于浙皖交界处。起点为浙江省淳安县鸠坑乡翠峰村万岁桥,终点为安徽省歙县璜田乡璜蔚村,全长16.5千米,是旧时歙县与淳安之间一条陆路交通要道。

　　相传,万岁岭在明朝以前称"谷雨岭"。山岭之上遍植茶叶,是名茶鸠坑种的发源地。唐朝时期，鸠坑茶被选为"贡茶"。官府为了保证贡茶品质，规定每年谷雨之日才可以开园采茶，因此叫作"谷雨岭"。至于后来改称"万岁岭"，其来历与明太祖洪武帝朱元璋曾屯兵谷雨岭有关。

元朝末期，朝廷腐败，地方官府残酷剥削，民不聊生，各地贫民纷纷聚众反抗。安徽凤阳的朱元璋，此时正在太平县招兵买马，准备兴兵起义，惊动了朝廷，派陈友谅攻打，朱元璋败。朱元璋率幸存兵马，从安徽太平南下浙江，经淳歙交界的谷雨岭时，军师朱升见此地势险峻，遍山树木，便于隐蔽，能攻能守，建议就地休整。

此事被当时黄江潭的一个官员得知，调遣一批元兵，企图一举消灭朱元璋的军队。朱元璋得知元兵要来追杀，与军师商量对策。朱升说："凭谷雨岭地势，抵挡几千元军不在话下。"朱元璋下令修筑"打天岩""打铁岩""牧马岩"三个寨。打天岩供官员商议军机大事，打铁岩用来锻造兵器；牧马岩用作屯草放马。朱元璋亲自领兵，天天在打天岩操兵练阵。

没几天，元兵果真追杀到谷雨岭。岭上只有一条通道，朱元璋用树段、石头切断元兵退路。当元兵接近练兵场时，突然战鼓雷鸣，埋伏在四面的义军勇猛出击，万箭怒发，刀劈剑戳，元军死伤无数，溃不成军。此仗元兵尸横遍野，无一生逃。朱元璋的战马，在这次战斗中也被元军的乱箭射死，很是令他心痛。

朱元璋在谷雨岭重整旗鼓，旗开得胜，从此节节胜利，扭转战局，推翻元朝，成为明朝开国皇帝。登基后，朱元璋经常想起谷雨岭这块圣地和他的战马，就派人去厚葬战马，并封赐谷雨岭为"万岁岭"。

癸卯年春,笔者准备前往鸠坑乡,对万岁岭周边的一些村庄进行一次比较全面的采访,使那些散落于民间的人文故事有一个比较完整的归纳,为《万岁岭古道》这篇文章积累一些真实的素材。

　　为了多走几个地方,我起了一个大早。4月4日早上5点,天色仍然处于一片黑暗之中,我就发动了汽车引擎。车到鸠坑乡金塔村,时针刚好指在6点。路边的村民,有的正在吃早饭,有的已经背上茶篓上山了。因为在这个时节,鸠坑人全心全意地只关注一个字——茶。

　　在金塔村脚,路旁有一座古石桥,名曰"集义桥"。顾名思义,此桥的建造资金来自众多仁人义士所捐。集义桥,桥长20米,宽4米,高6米,乃双孔石拱桥。古桥两侧设有栏杆,莲花柱上雕有暗八仙图案,非常精美。桥头建有石质新亭一座,名叫"集义亭"。亭联云:"集来众户成输大,义含千人迎路昭。"

　　这座建于清朝光绪年间的古桥,如今已被闲置。然而,在我看来,在没有公路交通的古代,这座桥一定是鸠坑源的必经之桥。万岁岭上过来的行人,也要通过这里,才能前往更远的远方。

　　金塔村头,耸立着一座以河卵石砌筑而成的大房子,门头上书"鸠坑茶博馆",乃中国工程院院士、中国农业科学院茶叶研究所研究员、博士生导师陈宗懋先生的手笔。建筑右后立有"中华茶文化发祥地"风车标志,建筑左前建有"茶乡古道"雕塑。茶博馆右侧即鸠坑源溪流,沿着溪流西向延伸着一条古道,一个采茶女正在这条古道上行走,她的背景越来越小,直至消失在茶山之中。

　　无论是山坡,还是田中,沿途都是茶园。嫩绿的新芽在深绿的茶丛之上,盎然着春天的气息。

车到邵家,"万岁岭""鸠坑茶"六个鲜红的大字,在一座厂房之上非常醒目。走近一看,正是淳安县鸠坑万岁岭茶叶专业合作社的生产厂房。此时天已大亮,但厂房内依然灯火通明。

既然品牌号称"万岁岭",就有必要采访一下。早就看过通讯员章建胜写过的一篇题曰《一生许茶》的报道,讲得就是这个合作社的当家人章成花的故事。在一个茶叶推广会上,我还结识了这位女强人,她以新茶相赠,使我至今难忘。她的茶人之路,也走得极其艰辛。

章成花,自高中毕业就进入了淳安县郭村遂绿茶厂工作,在遂绿茶厂一干就是16年,积累了丰富的制茶经验和茶叶营销本领。1996年,一个偶然的机会,在千岛湖茶叶市场遇到前来销售鸠坑茶的金塔村支部书记汪贵华。交谈中,汪贵华倾吐了鸠坑茶销路不畅的苦衷,恳求章成花帮村里跑跑销售业务。章成花凭借手头上的客户资源,帮助金塔村联系了多家客商。由于章成花多年来的诚信经营和鸠坑茶的优良品质,金塔村的鸠坑毛尖销售一路看好,短时间内销往杭州、临安、上海的订单接踵而至,单上海一个订单就上百吨。

鸠坑乡通过招商引资,将章成花诚招到鸠坑乡办茶企业,1997年,章成花在鸠坑乡成立了自己的茶厂,开始在鸠坑乡收购和加工茶叶,为鸠坑乡的茶农带来了源源不断的订单。后来,乡里希望章成花能成立一个茶叶专业合作社,带动茶农共同致富。于是,2007年成立了鸠坑万岁岭茶叶专业合作社,为鸠坑乡茶农提供"统一培管、统一标准、统一采摘、统一加工、统一包装、统一销售"的一条龙服务。以往,茶农除了要种茶,还要采茶、制茶、卖茶,而茶叶专业合作社建立后,茶农只要把茶园经营好,将鲜叶采来卖给合作社就可以了,真正实现了"采茶不制茶,制茶不采茶"的目标。合作社经营管理采取"合作社+农户+基地"的运作模式,促进了"茶叶增效,茶农增收",振兴了"鸠坑茶",带动了鸠坑乡的茶产业发展。

鸠坑万岁岭茶叶专业合作社成立之前,茶农家家户户做干茶,一家人从早上四五点钟就上山采摘茶叶,直至晚上五六点钟回家,晚上还要连夜赶制茶叶,几乎忙得没时间睡觉,早上天还没亮就得翻山越岭赶船坐车到县城卖茶叶。即使这样,一家人一季茶也只有两三千元的收入。而如今,即使是家中有年迈的剩余劳动力,每天轻松采茶,就有两三百元的鲜叶收入。

作为鸠坑万岁岭茶叶专业合作社总经理的章成花,成了大忙人,从鸠坑乡到淳安县城有55千米的山路,早年,环湖公路未开通,还得坐船过渡,她一年到头,基本上是鸠坑至县城两头跑,一边抓质量,一边管销售。每到采茶旺季,总有几个月吃住在厂里,她一头扎进车间,严把每一道制茶工序,尽管现在有了机械化的制茶工艺,但她仍然不掉以轻心,每道工序亲自监控,唯恐哪里出差错。她常跟制茶工说:"质量是茶叶的生命线,有了质量不怕销不出去。"她抓质量,从茶叶源头的茶园开始严格把关,茶园实行绿色防控,不打农药,不施化肥,采取人工锄草等传统耕作模式,茶叶专业合作社免费提供有机肥,派专人为茶农安装杀虫灯和黄板纸,并将茶叶每年送检五六次,确保茶叶食品安全。

近年来，"万岁岭"鸠坑茶在国际国内茶评中斩获了众多荣誉。"万岁岭"鸠坑毛尖、千岛湖红茶"国红金毫"在第十、第十一、第十二届国际名茶评比中分别荣获金奖和"特别金奖"。"万岁岭"鸠坑茶在2016年浙江省著名商标认定中，鸠坑万岁岭茶叶专业合作社榜上有名。如今，茶农与茶叶合作社达成合作的鸠坑茶园共有3800余亩，茶叶年产量以15%的速度递增，而章成花则把好几百万元的身家都投入厂房和制茶设备的升级上。现在除了合作社120余户固有成员，还辐射带动了周边村800余户4000余茶农制茶销茶。

章成花常年在茶园奔忙，没时间顾上修饰一下自己的衣着，一副脸膛黝黑、憨厚可掬的模样，亲朋好友劝她应该好好歇息一下了，都拼搏半辈子了，还精气神十足。她很实诚地说："我一辈子就跟茶有缘，做茶30多年了，我就是想帮茶农们把茶叶销出去，增加他们的收入，也增加自己的收入。"在鸠坑乡无人不识章成花，群众有口皆碑，茶农心悦诚服，常常夸奖她、感激她："多亏了章成花这位女老板啊！"

章成花最大的人生追求，就是把茶叶事业做好，让鸠坑茶的品牌打响，让"万岁岭"鸠坑茶这张金名片，熠熠生辉。

时隔多年，今天又在她的厂里见到了这位女强人。她还是一如我之前见到的模样，不修边幅，茶尘满肩，在厂房里忙来忙去，令我肃然起敬。

她笑着说，我这一生就许配给茶了，辛苦是非常辛苦，收获的快乐也不少。目前，茶叶专业合作社拥有有机认证茶园1210亩，杭州市农业标准化典型示范面积500亩，辐射面积3500亩，先后获得了无公害产地证书、有机认证、农产品地理标志证书。合作社拥有名茶生产车间1500平方米，拥有一套自动化名茶生产线，高峰期日加工6吨茶鲜叶，年产名茶80多吨，外销眉茶500吨。"万岁岭"鸠坑茶产品远销东南亚及欧洲等国家和地区，国外茶商纷至沓来实地考察并订购鸠坑茶。

没想到，万岁岭，一条古道的名字，在章成花手里已经转化成了一个金疙瘩。

到了翠峰村，才算到了万岁岭实际意义上的起点。

万岁桥，位于翠峰村中，横跨于溪流之上。古桥为单孔石拱桥，桥额上"万岁桥"依稀可辨。相传，元代以前，此桥为木桥。明太祖朱元璋在谷雨岭屯兵时，经常路过此桥。朱元璋称帝后，改木桥为石桥，取名"万岁桥"。遗憾的是，1998年，桥面浇筑混凝土加固，致使古桥桥面被覆盖，失去了古桥的古韵。

正在我站在桥上叹息不已的时候，桥头走来一位胡姓的老人。我向他打听万岁岭古道的路径。他说，古道基本上已经被公路覆盖，从这里到老林坞，已经找不到古道了，真正的古道在老林坞村后起岭，经过柴坦自然村，直至岭顶，全程都是土路，因为很少有人走，估计荒芜的路段比较多，建议你开车上去，看到有古道的地方，走几步感受一下就行，走全程，已经不太可能了。

现在的翠峰村，由原来的翠峰、塘联、凤山三村合并而成，辖胡家、余家、老林坞、柴坦、程家山、胡琴坞、塘坪山、杨家山共8个自然村。姓氏以徐氏、严氏、胡氏、余氏居多，其他王、管、鲍、陆、方、查等姓氏人口很少。

翠峰村除了胡家、余家地处鸠坑大源谷底，其余的村落均分布在大山里。隐匿在古木森荣的小山村，常年静谧在云雾之间，如果我们不是专程去探访，也许一辈子都不会见到它们的真容。

翠峰村头进去不远，路有分叉，水分两源。从左源可至塘坪山，这个村庄位于半山腰里，因村形似汤瓶，俗称"汤瓶山"。著名的"鸠坑茶树王"，就生长在这里。

这棵古老茶树，属于丛生灌木，树龄高达800余年，高5米，最大冠幅12米，覆盖地面30余平方米，是浙江省树龄最长、冠幅面积最大的茶树，有茶树"活化石"之称。被认定为国家级鸠坑原种茶，在中国茶界享有"鸠坑茶祖"的称号。

鸠坑种、鸠坑茶是我国唯一用"鸠坑"地名命名的茶树良种，荣获

鸠坑茶树王

国家农产品地理标志保护认证的有性系国种茶叶、荣获双"国字号"种茶,是浙江省茶树中唯一有性系品种、浙江省的当家品种,在全省各地区推广种植。云南、安徽、江苏、湖南、湖北、山东、四川、甘肃等省份均有大面积栽培,是我国推广种植面积最广的茶树品种之一,曾被日本、苏联、印度、越南等10余个国家引种并获得成功。2003年,鸠坑茶种乘神舟五号遨游太空进行航天育种,引起全世界关注。鸠坑茶在中国出口茶中素有"绿茶之味精"的美誉,鸠坑种已成为中国乃至世界各地茶叶的源头,蜚声五洲。"国茶"西湖龙井18棵御茶树及百年树龄以上的"群体种"就是"鸠坑种",是龙井茶种的鼻祖。

鸠坑茶早在唐代就被列为"贡茶"。《唐志》中有"睦州贡鸠坑茶"的记载,茶圣陆羽的《茶经》及以后的《唐国史补》《茶谱》《翰墨全书》《新唐书》《全芳备祖》《本草纲目》《淳安县志》《严州府志》等史书均有"睦州鸠坑茶"的记载。

鸠坑出贡茶,引得历代文人墨客慕名前往品茗,并用诗词大加赞誉。北宋文学家范仲淹任睦州太守时有诗赞道:"潇洒桐庐郡,春山半是茶。轻雷还好事,惊起雨前芽。"故鸠坑原种贡茶以其深厚的文化底蕴被茶界誉为"中国文化名茶"。20世纪20年代初期,上海造币厂铸制"中国文化名茶茶树王彩色五福钱"一枚,在全国公开发售。

鸠坑大源中段的毛坪村,洪姓村民居多。据《洪氏宗谱》载:大明正德年间(1506—1521),豫章郡洪姓祖先尚麟公由朱田(今黄柏山村)乔居桂坪。住地山坪有桂花树,故称"桂坪",又名"毛坪",沿用至今。其境内的顶谷坪就是鸠坑名茶原产地,唐朝鸠坑贡茶即产于此地。当地有安庆人乔居此地开山种茶得神灶的传说,也有古宅基遗迹和以传统人物名字命名的地名。新中国成立后,顶谷坪被重新开垦,种植茶叶158亩,年产名茶20余担。

鸠坑茶品质优异,这与鸠坑的独特自然环境分不开。俗话说:名山名水育名茶。明许次纾在《茶疏》中说:"天下名山,必产灵草。江南地暖,故独宜茶。"鸠坑地处白际山东麓,东临新安江水库,境内山岭连绵,峰峦起伏,溪坑分绕,实有"地临峭壁,山环深溪,壁生云海,溪连雾天"之势。鸠坑茶树大多生长在山坞坡地和溪畔谷地。茶树是耐阴植物,适宜在漫射光下生长。它能有效利用漫射光中的蓝紫光,形成多种氨基酸和芳香物质。海拔超过600米的顶谷坪、四季坪、万岁岭、鸠岭、白阳坪等向阳坡地上,林竹密布,土壤肥沃,终日云雾笼罩,漫射光多,所产之茶品质特佳。

鸠坑茶区属亚热带季风气候,四季分明,温和湿润,雨量充沛,光照充足,加上水库小气候影响,气候条件比同纬度茶区优越。尤其是春季,气温由低逐渐升高,降雨多,时晴时雨,空气湿度大,土壤含水量高,茶树生长旺盛,咖啡碱和含氮芳香物质多,所以春茶品质比夏茶好,大多名茶也在春季采制。

鸠坑茶一芽二叶时,鲜叶含茶多酚约20.93%,氨基酸约3.42%,酚氨比约6.12%,这是该品种适制绿茶类的生化基础。用鸠坑茶制作的眉茶和珠茶,色、香、味、形俱佳,多次在国际上获奖;以鸠坑茶芽叶为原料创制的鸠坑毛尖、千岛玉叶等名茶,形美质优,多次被评为省、部级名茶。

时至今日，鸠坑茶种被选为全国十大名优茶种之一，已被日本、苏联、马里、摩洛哥、越南等10多个国家引种。浙江省近50%的茶园种植的是鸠坑茶，面积达108.27万亩。1984年，鸠坑毛尖被农牧渔业部评为全国优质名茶。2002年，鸠坑毛尖获中国精品名茶博览会金奖。中华全国新闻工作者协会名誉主席、著名书法家邵华泽和茶界泰斗、浙江茶叶学会名誉理事长庄晚芳教授欣然为之题名。中国茶叶学会名誉理事长王泽农教授曾赋诗云：奇茗鸠坑毓秀甜。著名书法家郭仲选题词曰：三月嘉禾起，品茗有鸠坑。

放眼今日之鸠坑，满山满垅，满片满坡，处处茶园碧翠。阳春三月，问茶鸠源，可观、可采、可品，可上顶谷坪看贡茶产地，可到汤瓶山访一株茶树，可采20多千克青叶的茶树王，可领略深山谷地之幽静，可撮玩山间溪水之清洌，心旷神怡，其乐无穷。

塘坪山，不仅孕育了茶树王，其自然景观也是十分可观。《徐氏宗谱》载有清朝嘉庆年间龙溪徐氏47世孙徐润魁所作的塘坪山七律八景诗云：

龙洞嘘云

苍龙济旱兆丰年，嘘气成云景物研。

涧外滋培新雨露，洞中呼吸旧霞烟。

看来石罅堪藏剑，听罢雷声讵伏渊。

卸却尘埃当变化，得时飞上九重天。

凤岗映日

突起高岗镇故乡,恰如丹凤对朝阳。

一轮晓日当空射,五彩来仪觉审翔。

云绚霞蒸传物色,花开林茂灿文章。

因知天地钟灵异,秀气常临画锦堂。

青林秋燕

遍山果植已森森,历尽炎凉岁月深。

黄熟终殊梅溅齿,青丛良胜杏垂林。

提篮探去男儿咏,敲板听来妇女吟。

万物养人人爱护,逢时沽价抵黄金。

绿野春耕

偏观四野绿盈盈,到处流莺上下鸣。

妇女闺中才熟茧,农民忙里正催耕。

一犁春雨郊原足,千亩嘉禾乐岁成。

寄语丁男休懒怠,各专执业涤闲情。

斗潭印月

澄潭注水斗相符,月印圆如太极图。

雾散云开沉宝镜,波清风静拥明珠。

蟾宫掩映光千尺,龙窟深藏桂一株。

料是嫦娥身欲白，更于中夜浴冰壶。

罗星捍门

谁将一石镇东流，屈指年来数百秋。

捍卫门阑疑虎伏，包罗水口若龟浮。

曾经仙客频回首，几伴高人暗点头。

万壑云烟遥霭霭，财星锁匙喜长留。

黄金凸秀

地灵钟秀在人间，地取黄金岂等闲。

且类珍珠藏宝匣，还知凸陇镇尘寰。

层层翠丽供登览，面面青葱任蹑攀。

不谓高原饶胜概，更从何处觅仙关。

瀑布泉清

当窗谁是挂珠帘，信有匡庐百丈泉。

涧吼应从风雨骤，波腾恰似石矶悬。

斜阳影射虹垂地，霜气横秋剑倚天。

却异水晶宫里样，探源直上白云巅。

　　探右源而入，途经翠峰水库。再往前走，山势更为逼仄，峡谷更为幽深。附近有天龙瀑和卧龙瀑，瀑布悬空而下，极尽观瞻。

天龙瀑,坐落在老林坞村口对面,从龙门上方巨石中直泻而下,落差70余米。远看似白练悬空,近看水珠飞溅落入下方潭中,宛若碧玉落盘,铿锵有声,甚为动听。

卧龙瀑,坐落于老林坞村口石场里边的小龙门中。此处两山夹水,小龙门呈45度角缓缓而上。一条瀑布顺着小龙门中间石缝倾泻而出,好似一条玉龙卧在小龙门上,摇首摆尾,其状撩人。

两处飞瀑,上半年春夏多雨时,其状更为壮观,人在远处即闻其声,近处其声如雷鸣虎啸,震耳欲聋。下半年枯水期,则声如弹琴奏乐,舒缓雅静,令人神怡。

车到老林坞,村庄里没有遇到一个人,所有的房屋全部是铁将军把门,无法找一个山民了解一点与古道有关的事。还好路边立有一块景点介绍牌,指向一座无碑坟,刊载着"囡妮坟"的故事。

相传,朱元璋屯兵谷雨岭时,在谷雨岭休整了好几个月。在打败元兵的一次围剿后,从谷雨岭出兵南下,行至谷雨岭脚老林坞时,只见古树参天,山势险峻,山高雾重,像走进了迷魂阵。这时,朱元璋的女儿马失前蹄,从马背上摔进了山涧水潭中。朱元璋见女儿落马下水,心想,我刚出兵,就遇此事,属不吉之兆,莫非我带女出征,兵机不利?于是勃然大怒,一气之下竟把自己的爱女杀了。当地百姓深感怜悯,就用石头为朱元璋的女儿做了一座坟,人称"囡妮坟"。

离开老林坞,车子上了盘山公路。这条公路开通没有多久,是一条宽敞的新路。然而,道路是在陡峭的岩壁上凿穿而成的,上覆林莽,下临深渊,非常险绝。如果不是设有铁质护栏,城里的司机会吓破胆的。

盘旋了多道弯后，来到柴坦村。这是建在悬崖上的村庄，远远望去，宛若建在空中的楼阁。

相传，当年朱元璋为了避免元军追杀，带领队伍越过谷雨岭，来到柴坦村。见这里地势险峻，遍山树木，便于隐蔽，能攻能守。朱元璋决定在此扎营，休整数日。

不料扎营的消息，被黄江潭的一员大官得知，欲调遣一批元兵一举消灭朱元璋的军队。朱元璋与军师商量对策，朱升说："凭谷雨岭这样的地势，抵挡几千个元兵不在话下。"于是，就在这里筑起了"打天岩""打铁岩""牧马岩"三个寨。"打天岩"，供商议军机大事；"打铁岩"，用来锻造兵器；"牧马岩"，作屯草放马用。朱元璋亲自领兵在打天岩前的平地上操兵练阵。没几天，元兵果真追杀上来，岭上只有一条通道，朱元璋派人等元兵过了山岔之后用树段、石头切断他们的退路。当元兵快接近练兵场时，突然战鼓雷鸣，埋伏在四面的义军勇猛出击，刀劈剑戳，杀得元军死伤无数，溃不成军。

当年战马嘶鸣的柴坦，今日一派祥和之景。一户农家的对联这样写着："当年洪武征战地，如今脱贫致富村。"在村庄里走了一圈，还是没有遇到一个人，甚至连鸡鸣犬吠之声也没有。

古道如同一个绳子，一头系着岭脚的老林坞，一头就系在了万岁岭顶。由于万岁岭上半山比较平缓，当地村民早已开辟成了茶园。视野比较开阔，古道的路径尽在一望之中，于是开车直接到了岭顶。

岭顶建有万岁岭纪念碑，还有"浙皖第一村"组合小品。站在岭顶回望，来路像一条巨龙蜿蜒于崇山峻岭之间，深邃而修长。

万岁岭标志

　　没想到，过了万岁岭就下起了雨。豆子般的雨点打在前挡风玻璃上，溅起来的水花与云雾混成一片，我不得不放慢了车速。

　　下行不久就到了安徽歙县璜田乡的三岗村，以黄土夯筑而成的土楼，东一栋西一栋地分布在茶坡上，其村落布局方式与淳安村落大相径庭，这种异域特色让我大开眼界。

　　走进村子，遇到一位拄着拐杖的大娘，她静静地倚靠在门框边上，鲜红的对联上，"岁月"二字紧挨着她的耳际，仿佛为她那张饱经沧桑的脸庞进行了简明的解读！由于她一口徽腔，我们无法以语言与其交流，我只得打道下岭。岭脚就是街源的源头村。

　　源头村，名不虚传，一条沟涧把数十栋民居排挤到了两岸。清澈的溪流，哗啦哗啦地从高处跌落，形成数十级微型瀑布。沟中尽是石菖蒲，一丛一丛，绿意纷呈。醒人眼目的火腿，高高地挂在屋檐之下，泛着金黄的肉色，令人馋涎欲滴。

村子里同样没有人，及至祠堂对面，才见到一个蹲守在家收茶青的中年男子。他说，这个季节，只要是一个活人，都上山采茶去了。

递烟攀谈之后，得知该村主要有张、雷二姓，另有江、胡二姓分住于上源丰、下源丰、里源华、外源华等处，其他姓氏极少。元至正十七年（1357），朱元璋率兵南下，途经璜蔚，曾屯驻于此半年之久。1932年红军独立营闽浙赣省委选取此地为革命根据地，革命烈士江美开、雷诚珠、雷诚旺、雷旺宜等人在与敌人斗争中壮烈牺牲。

中年男子姓雷，也是一个故事精。他说小的时候就听村里的老人讲过一则"老鼠吃麦穗"的故事：

谷雨岭上有一片20多亩的平坦地，那年朱元璋带着疲惫的人马来到这里，他见高山深壑中居然有这么一片平旷之地，正适合休整练兵、重整旗鼓，他紧锁的双眉稍稍松开。

有一天，朱元璋腹中胀闷，便找个僻静地方"解手"。忽听草丛中一阵窸窣之声，他仔细一看，原来是只大老鼠正朝他爬过来，两只贼兮兮的眼睛明明看见他了，却没有停止的意思。

原来在他不远处有根两尺来长的麦穗，被农夫漏割了，直挺挺地立在那儿。老鼠来到麦穗前，腾空跃起，没有够着，又跃起，又没够着，一连腾跃了二三十次，就是够不着麦穗，每次都把自己摔得东倒西歪，一次比一次摔得重。但老鼠不气馁，稍事休息后爬到麦穗一侧，突然就地朝麦穗滚去。朱元璋心里为老鼠叫好，对！就这样滚倒麦秆，才能吃到麦穗。老鼠滚过麦秆，可惜身子太轻，滚过去之后，麦秆又弹了起来。试了两次都是如此。老鼠立在那又想了想，急速后退，弓着腰猛然跃起，依然够不着麦穗。又失败了，跳得高摔得重，老鼠半晌爬不起来。如此反复，它又颤颤抖抖地爬起来，在麦秆四周打起转来，突然朝着麦秆狠狠地咬了一口，麦秆被咬伤了半边，沉重的麦穗向着一边倾斜，老鼠再跳起，终于吃到了麦穗。

朱元璋十分振奋，竟然为之鼓起掌来。他从老鼠吃麦穗中得到了三点启示：一是败不馁，百战不挠；二是总结教训，改变战略；三是断其根本，擒王破贼。

他立即让人在平坦地上堆起108个土堆，当作敌人城池营垒，让将士扮作敌我双方"交战"，以训练攻坚、埋伏、奔袭等战术，这些在以后的实战中发挥了重要作用。朱元璋在谷雨岭屯兵休整操练，招贤纳才，得民拥戴，从谷雨岭发兵到鸠坑攻打威坪镇及淳安县城和桐庐县城，再战金华，攻下杭州，建都南京。

做了明朝开国皇帝后，他常想起谷雨岭和被射死的战马，特派人来厚葬战马，并把这谷雨岭改名为"万岁岭"。

相传，军师朱升在练兵场堆108个土堆，把一面金锣埋在其中一个土堆下。如果谁能一口气数出108个土堆就会得到那面金锣。如今万岁岭演兵场上108个土堆还清晰可见，所埋金锣也许正等着你来拿呢！

没想到，在这样一个山坞角落里，同样有着能说会道的高人。一代又一代的人，就凭借口口相传，使这些荡气回肠的故事历久弥新。

离开源头村，古道沿着溪流往东走，不出十里地，就是璜蔚村。

柿木坪

璜蔚村历史悠久,早在唐总章元年(668)就有燕氏、李氏、苏氏等先人在这片土地上繁衍生息。北宋嘉祐七年(1062),胡氏一世祖常待公自咸阳,经婺源、绩溪大石门转徽州迁定潭居璜田。南宋绍兴十四年(1144),第二十八世思文公迁居璜蔚,为璜蔚村胡氏始祖。

璜蔚村名先前有蔚川、蔚水、街川等称法,民国四年(1915)《璜蔚胡氏宗谱》载"黄郁从璜蔚记",将村名统一为"璜蔚"。

璜蔚山川秀丽。古人胡文叙赞璜蔚"无不若蓬莱之远,又何异盘谷之幽乎",融塘钱先生一首《佳溪集序》概为:峡谷之幽,一条佳溪南北贯穿,白际山脉围绕璜蔚东南西,以脉脊作为村界。此向毗邻古镇街口,从水路通向歙县。群山环抱着璜蔚古村,满山零星点缀着农家小屋。

到了璜蔚村，我已经饥肠辘辘。饥饿的眼睛没有放过每一个店铺。然而，这个原本是乡政府所在地的村庄，由于并入了璜田乡之后，区域市场已经式微，居然没有一家小吃店。当我经过一个装修豪华的徽派建筑时，不禁停下了脚步。正在端详门头之际，大门内走出一个一脸胡茬、精神饱满的花甲汉子。他见我东张西望，就主动过来询问。我简短说明来意之后，他满脸堆笑地把我请进了门。

　　这是一幢经过翻新过的古宅，庭前设有假山鱼池、奇花异草之类，屋子里挂满了描金对联。精致的木雕，仿古的家具，在暖光灯的照射下，显得既大气又温馨。

　　互报家门之后，得知老汉姓纪，乃古法榨油的传承人。他十分健谈，我与他一见如故。他一边泡茶一边递烟，俨然招待一个老友一般，让我受宠若惊。

　　当他听说我在探访万岁岭古道，立马来了兴致。他说："除了万岁岭外，这里还有一条璜蔚古道，又称'洪武古道'，也是当年朱元璋部队过兵的山岭。朱元璋是安徽凤阳人，元至正十二年（1352）参加郭子兴率领的红巾军起义，在韩林儿称帝时任副元帅。元至正十六年（1356），朱元璋率领部队攻下南京，称'吴国'，废除苛政，实行屯田，接受徽州歙县石门人朱升'高筑墙，广积粮，缓称王'的建议，并聘其为军师，先后战胜陈友谅、张士诚的割据势力，明洪武元年（1368）建都南京，国号明，年号洪武。同年攻克大都（今北京），推翻元朝统治，逐步统一了天下。"

　　我竖起大拇指，赞道："老纪，你也是一个文化人哪，知道的东西真多！"

老纪笑道:"哪里哪里,都是听老辈人讲的,我的记性好而已。"他接着讲,"洪武古道是元至正十七年(1357)朱元璋从徽州府征战浙江杭州的一条南下路线,跨越两省、三县、两乡。朱元璋从新安江沿线南下,前往街口古镇的三港。为避开元军,军师朱升决定绕道而行,'趁月光,入深山,翻上大岭再歇兵'。军队从月亮湾入深山,上座卡,山腰海拔约800米,群山雾漫,月色迷蒙,真有人间天堂意境,朱升赞道:'天堂啊,美哉!'军队人马疲惫不堪,朱元璋就下令:'今住天堂。'次日越至怪卡岭,顺源出口前往严州。该源称为'巨源',口子上称'巨川'。后人为纪念朱元璋越过此岭而改名朱岭,朱元璋登基后,为避讳,将朱岭改为巨岭。军队行至璜蔚口,是沿大河而进,还是朝'琴溪峡谷'而入,出于军事需要,最后选择了走小源街川跋山涉水、攀岩登山。他们一路行军,一路发现'琴溪峡谷'怪石奇观,'一品石''八怪潭''仙女潭''卧龙照镜'等星罗棋布。朱元璋对秀丽山川赞不绝口:'大好河山何日统一? 吾等必南下征战,完成祖国统一大业啊!'此时陈友谅正带领一批元军朝璜田翻牛岭拦截他们,一场鏖战在前坦岭岭脚展开。朱元璋部英勇善战,但因寡不敌众,被元军打散。朱元璋被追杀得落荒而逃,一气逃到璜坑口,看见一座汪公大帝庙,便躲到庙内汪公大帝像后面,庙内蜘蛛立即结好网,如同原样。元兵追到庙内,只见汪公大帝雕像旁蛛网完整,两旁判官、小鬼相貌狰狞,似怒斥他们一般,吓得只好扫兴而去。人们都以为菩萨保佑朱元璋,说他是个真命天子。朱元璋得救后,与其他散兵集聚璜蔚,然后整编好队伍,在村中停驻了数日,村人献粮捐钱,许多青壮年踊跃参军。"

我说："不是说朱元璋当年走的是谷雨岭吗？"

老纪接着说："当年朱元璋兵分两路，一路走谷雨岭，一路走天堂岭。天堂岭就是今天所称的洪武古道。这条古道从解愁坞入口，经过天堂山，翻过去就是你们淳安鸠坑的严家村。由于无人走动，荒废已久。我的侄儿还为这条古道的修复，自掏腰包砸下了数百万元的钱。现在由于资金链出了问题，这个项目处于停工待建之中。"

我一听，更是喜出望外。央求他带我走一走。他说，不急，吃了饭再去。于是，喊住了正欲出门采茶的老嫂子，命她快快下厨。

老纪真是古道热肠，一见面就这么投缘，让我十分诧异。他说，你们淳安啊，我不要太熟了，当年我做油坊修榨师傅的时候，几乎跑遍了淳安，结识了很多淳安人。你们淳安人厚道，我喜欢交往。

他又说，你要了解万岁岭古道的事，我向你推荐一个人。他是退休干部，名叫朱祝新，是我们这里的文化名人，也是我的同班同学。说完，他到房间里拿出一本《璜蔚志》递到我手上："呶，这就是他编的。"

我打开书，翻了一番，内容很丰富，文字很饱满，备载璜蔚一境的历史人文，其中涉及万岁岭的笔墨也不少。

我说："老纪，可不可以安排我见上朱祝新老师一面？"他说："这有何难！"于是就拨通了对方的电话。只听话筒那头传来："我现在在歙县，今天有上海摄影界的朋友来璜田拍徽班演出，我正在张罗。如果要见面，你就叫淳安的朋友到璜田来，等我们这边演出完了，就可以见面了。"

我一听就乐了，徽班？唱戏？这不是我正需要了解的古道文化吗？我忙不迭地说："老纪，真是千载难逢，我们下午去看戏！"

早就了解到徽州街源一带是有名的"戏窝"。

徽剧是明清时期产生并流传于皖南的地方戏曲，主要范围在徽州府的歙县黟县、休宁、婺源、绩溪、祁门和安庆府一带。明末清初，其沿革源于"徽池雅调"，即"徽州腔"和"池州腔"的合称，在此基础上吸取赣北的弋阳腔和江苏昆山腔、浙江余姚腔、海盐腔等诸多优秀戏曲营养，形成了昆弋腔、四平腔等。后流传到安徽枞阳、石牌、安庆一带，又受到北方的梆子、西皮、乱弹等影响，产生了"吹腔""拨子""二簧"等腔调，经过长期不断地融入、磨合、演变，徽剧成为唱腔丰富、剧目繁多、表演自成特色的剧种。当地群众称之为"徽班戏"或"老徽调"，新中国成立后正式定名为"徽剧"。

璜田庆升班徽剧表演

古时徽州城乡，无论逢年过节，迎神赛会，或是大户人家婚嫁寿庆，都要唱徽剧"堂会"。这样就出现大量的徽剧戏班，自清乾隆年间（1736—1795）至民国初年，活跃于徽州舞台的徽班即有60个之多。最早的记载是"祥麟班""詹关班"于乾隆十七年（1752）在婺源的"阳春"戏台演出。之后徽州各地徽班林立，尤以休宁、歙县的徽班最多、最负盛名，如休宁有大阳春、二阳春、三阳春、大舞台、小舞台、凤舞台，歙县有老庆升、新庆升、彩庆班、同庆班、柯长春、大寿春等。其中规模最大、历史最悠久、活动范围最广的是"庆升""彩庆""同庆""阳春"四个徽班，徽州群众称之为"京外四大徽班"。

我和老纪谈这谈那，时间就偷偷地溜走了一个小时。他的老伴过来喊，饭菜上桌了，你们快来吃呀。两荤两素，色香味俱佳，我也不客气，就像到了自己家里，狼吞虎咽起来。末了老嫂子还烙了两张野葱馅的煎饼，那个香啊，简直无法形容。

抹了嘴，把老纪请上了车。不出一刻钟，就到了古道入口。圆圆的磨盘上，刻着朱祝新先生题的字，"洪武古道"四个篆体大字，还真有点先秦之风。

古道以大块的河卵石铺筑而成，一块接着一块，沿着溪流边缘，向山谷里延伸。沿途有壮士墓、圣水洞、龙王庙、兵营、石凉亭等人文景点。我忙不迭地往前走，老纪跟不上，就在后面喊："鲁老弟，别走了！走远了，返回来，就看不到戏了！"

途经歙县源丰绩银绿茶厂，老纪说："停一下，进去看看茶叶。"我说："茶叶有什么好看？现在到处都有。"老纪说："是吧？你就不懂了

洪武古道

吧？这里的茶叶，是天堂山中心坑的毛峰，富硒的好东西，鲜香味特别持久，在你们淳安是买不到的。"

进了厂，厂长就从团笆中取了一小撮刚刚烘制出来的茶叶来，给我和老纪分别泡了一杯。银青色的茶索，顷刻间在杯中绽放，琥珀色的茶汤就浓郁起来。我闻了一闻，嗯，好香！喝了一口，嗯，甘甜！问了价格，260元一斤，来，给我包个5斤！这是洪武古道上的茶，走过路过不能错过！

驱车来到璜田村，老纪径直把我领到村中的古戏台。

这是一座建于清朝康熙四十七年(1708)，被列入安徽省第七批省级文物保护单位。戏台坐南朝北，前有广场。开间15米，进深10米，脊高10米，檐高8米，台高1.7米。台基前部竖以料石。台口呈八字形，八字墙外壁做成假门,门柱、门楣饰以双龙抢珠精细木雕。左右副台的壶门、隔扇,上部都有细腻雕作。檐口大梁正中悬一"和声鸣盛"横匾,古韵十足,后台通间为化妆室。

朱祝新带的庆升徽班早已经在古戏台通间化妆。一群来自上海的摄影者,拿着手中的"长枪短炮",对着演员宛若饿虎扑食,咔嚓咔嚓拍个不停。我也拿起相机挤了进去,毕竟对于我们来说,这京剧的老祖宗——徽班,太让人好奇了!

下午4时,锣鼓声骤起,徽班正式登场。先来一个《利市三跳》。接着第一场是《水淹七军》片段,讲的是关云长放水大败曹军的故事;第二场是《贵妃醉酒》,讲的是杨玉环狂饮大醉的故事;第三场是《状元接母》片段,唱的是目连戏的老调。台下虽然没有多少人,但演员演得很

璜田古戏台

认真。老徽班的底色，展现得淋漓尽致。

等到"偃旗息鼓"，才有机会认识大名鼎鼎的朱祝新老师。他高挑的个子，发际线退至后脑勺，非常像毛主席。我和老纪把他拉上车，又回到了老纪家中。

老纪早已经叮嘱老伴准备了丰盛的晚餐，我们三个人就侃起了大山。朱祝新是一个淳安通，对淳安竹马颇有研究：

你们淳安的鸠坑跳竹马，是睦剧的前身，起源于翠峰村。而真正的缘起，还是我们璜蔚的陈台降。据传，朱元璋屯兵淳安鸠坑源的谷雨岭（现称"万岁岭"），曾遗下战马一匹，因战马思念主人，日夜嘶叫于山冈，然乡民觅而不得，遂以"神马作祟"为惧。为了纪念朱元璋的战马，村民每年都要举行跳竹马活动。

跳竹马至今已有几百年历史。从元末到明初，变化不大，以祭祀为主。当时，谷雨岭岭脚的茅坪、姜家、潘家店、青苗岭、毛岭上等村每年都要跳竹马。所跳的竹马都是用竹扎纸糊的，内燃红烛。一般在农历腊月二十四（当地称"过小年"）糊马，正月初一出门跳，正月十七焚马。焚马时先由一人扮着道士模样在祠堂门口，一马、二马地念彩词，念完一段，跑一马出门，名曰"收马"。然后，将糊在马壳上的彩纸撕下，连同讨来的红包纸一起烧掉，一片纸屑都不能剩，同时让跑马演员扮成钟馗、吕洞宾、王道士、关公等赶来吊神。凡跳马得来的红包钱均用于来年买纸糊马。

清朝初期，淳安竹马只是跳舞，表演者不念白、不唱曲，形式单调。到了康熙年间（1662—1722），淳安竹马才有新的改进和发展。这时的跳竹马已不再是单纯地跳舞了,跳竹马时表演者经常念一些词白(利市话),如"竹马跳,跳竹马,竹马跳进村,风调雨顺保平安;竹马跳,跳竹马,竹马跳归堂,福禄寿喜家兴旺;竹马跳,跳竹马,竹马跳三圈,幸福生活万万年;竹马跳,跳竹马,竹马跳个够,活到九十九"。每当此时,围观的男女老少都大声叫好,有的还会一边放鞭炮,一边撒糖果和铜钱,待竹马跳完后,东家要给表演者红包,讨个彩头,图个吉利。

至道光年间(1821—1850),淳安竹马的表演形式又向前迈进了一大步。这时的竹马开始与二脚戏(三脚戏的前身)结合,即由一旦一丑两个角色同台合演一出小戏,故称"二脚戏竹马班"。"二脚戏竹马班"的产生,不仅为淳安睦剧的产生和发展奠定了基础,而且改变了淳安竹马散、乱、杂的状况,使淳安竹马逐渐形成一个有组织的演出团体,以表演为主,以祭祀为辅,发生了质的变化。

到了清朝末年,"二脚戏竹马班"发展为"三脚戏竹马班"。作为"二脚戏竹马班"的延伸,"三脚戏竹马班"是演戏夹带着跳竹马,由生、旦、丑三角同台演出,故称"三脚戏竹马班"。

汉族民间传统的跳竹马通常由三男两女或两男三女组成,竹马分红、黄、绿、白、黑五种,表演者均以古装戏人物打扮。头马为红马,由戏剧须生扮跳,沉着稳健;二马为黄马,由戏剧青衣扮跳,冷静庄重;三马为绿马,由戏剧小生扮跳,潇洒风流;四马为白马,由戏剧花旦扮跳,婀娜多姿;五马为黑马,由戏剧小丑扮跳,彪悍勇猛。人物的服装有刘备、关羽、张飞偕刘的两位夫人的装束;为了方便,竹马小戏演出不改装而直接穿戴剧中人的服饰。新中国成立后,特别是近几年来,淳安县人民政府和文化主管部门加大了淳安竹马的普及与推陈出新的力度，把淳安竹马作为特色文化的一大品牌来抓，广大群众及文艺工作者对竹马进行了大胆的改革和创新，发展为今天的大型广场竹马舞。表演人员少则几十人，多则上百人，气势宏大，舞姿多彩，场面壮观，气氛热烈，乡土气息浓郁，这一具有地方特色的汉族民间艺术焕发了新的光彩。自1999年首次赴北京在第二届中国七大古都民间文化艺术节上登台亮相后，淳安竹马多次应邀参加全国性的民间艺术表演活动。2000年10月，淳安竹马在全国首届民间广场歌舞大赛和杭州首届民间艺术"桂花奖"的比赛中一举摘得"山花奖"和"桂花奖"金奖两项大奖。

聊完了竹马，我们又聊到了鸠坑茶。朱祝新老师说，现在你们"鸠坑贡茶"品牌做大了，茶叶不够卖，他们都过来收茶叶了。明末清初，徽商鼎盛时期，璜蔚有不少以经营茶木业为主的商人走南闯北。"老焕茶号"在清末就有了茶叶精制厂，所制茶叶销往山东、天津等地。"永济生堂""则贵茶行""玉泰茶行"是璜蔚巨商的代表，他们修祠建庙、铺路修亭，构筑一寺六庙六洞七亭十八桥，将璜蔚古村装点成"小桥流水人家"。璜蔚古村以其秀美和"街源烘青""江南第一茶市"的名气享誉全国。

因为我要开车，所以没有喝酒，而老纪和朱祝新已经微醺了。我起身告辞，朱祝新提出要合影留念。三人肩并肩站在一起，露出了亲密无间的笑容。

乘着夜色，我驾车出街源，前方是我回家的路，后方是此生难忘的情！

豪岭古道

豪岭古道,南起旗山长垄脚观音殿,北至歙县何家村,全长2500米(5里),宽约1.5米,沿途均以青石板铺筑而成。半途有大石塔、马脚坳等景观,长垄中段有土地庙(今改为观音殿)。岭顶隘口的豪岭亭,具有"一夫当关,万夫莫开"之势。坐在亭内的长条石凳上,看着前人用衣袂摩擦而成黝黑发亮的凳石边缘,怀古之情油然而生!

旗山村的北部与安徽接壤,豪岭古道乃古代浙皖两省的重要陆路交通。因此,豪岭成了历代兵家的必经之地。

元至正十二年(1352),安徽歙县爆发农民起义,战事迅速蔓延到淳安威坪。刚刚于上一年考中进士的鲁渊,官授松江(今上海市)华亭县丞,还没有来得及前往华亭上任,就接到省里的行文,命令鲁渊带领乡兵前往应战。夏六月,破长岭寨。没有多久,杭省失守,宪佥阿纳公命鲁渊屯兵豪岭。鲁渊组织乡兵竭力备御,阻挡了刀锋,维持了淳安一境的平安。

在豪岭山顶建有豪岭关隘,俗称"豪岭亭"。这是一座以采石砌筑的拱券形顶建筑,南北向洞开两门。南门首刻有"豁达"二字,喻"登斯亭也,阔人心胸"之意;北门首刻有"临江"二字,喻"过此亭也,茌临江浙"之意。亭内东壁上设有方形神龛一个,今已无供奉之神。南北门两

豪岭亭

侧立有四通石碑(现存三通),主碑上刻有"善与人同",备载民国时期修路始末以及捐输名录。碑文录于下,以飨读者:

重修豪岭大路碑记:豪岭居淳歙之间,岭之东即淳之西,岭之西即歙之南。故为淳歙相通之捷径,又即徽严往来之孔道焉。粤稽起点拔木,通道不知始于何年。第往昔虽有鸟道可通,而嵯峨倾倒,逼窄泥泞,行者苦之。纵由昔至今,亦屡有信善补苴甃砌,但不过节修段补,未曾大加整理,或此处成行,彼处又就坍塌,终无周道之期。民国甲子岁,元有等有感于此,因创首劝捐解囊输助,筹有巨款,即鸠工以伐石,并手偕作,越数年而路成。东自岭脚荷花凸处起,西至岭脚外处止,统计千余丈,费银数千百余元。其间窄处则开之使宽,仄处则划之稍平,旁筑石边,以防颓圮,中甃石板,以利步逐。竟使数千年来崎岖不便攀跻之山径,行者尽歌大道而咏康庄焉。既藏功,徐子元有来问记。余曰:"善之欲人知,必非真善。事成而记之,是即善与之知也,不几变真善为假善乎?窃谓不如不记为是。"徐子应之曰:"不然!此事如集千狐之腋以成裘,实非一手一足之烈。其中劳心力以赞襄者几何人?解囊橐以输助者数百辈?己之小劳固不足录,而他人之功可没乎哉?且犹有说世间凡百事物,时久必坏,坏无纪念则难复整路又何?独不然是路今虽更新,此后人行牛践,雨打水淋,不出数十年必有破坏坍圮之患,苟无记以作其好善之心,谁即继此而整理?惟有碑在,后人见此路颓坍倾圮,读碑伤感,善念顿生,自然勇于担当,而即行续葺。寻且多多寡寡悉勒于碑,更可籍以考,资费之繁简与办事之方针,而易于策画,记亦不可少乎哉？"余闻徐子之言有理，因书之以为记。时中华民国十七年岁次戊辰冬葭月上浣之吉谷旦。钟埠前清邑廪生 徐际熙 拜撰。

据传，元朝末年，朱元璋带兵经过豪岭，战马经过马脚坳时，突然四蹄跪地，任凭鞭笞不肯起身。朱元璋叹曰："战马嘶鸣乱糟糟，千军难过马脚坳。"于是决定改道横塘，另走阳岭。谁知战马听说改道，立马起身，直奔阳岭。

无独有偶，1949年国民党残部游兵，自皖南一路败退，兵马经过豪岭，行至马脚坳时，战马同样停滞不前，也是改道阳岭，从此马脚坳名不见经传，成了神异之地。有诗云："六里豪岭五里亭，雄关当道苦行军。七丈八尺马脚坳，折返战马过阳岭。"

事实上，据我分析，战马不行的传说当属讹传。估摸当年兵马途经豪岭，行至马脚坳才能看到大五都源房舍稠密的村庄。对于要回避元朝官兵的朱元璋以及要突围的国民党残部来说，当然不敢贸然下行到大五都境内，以致遇到阻挠。绕道五里横塘莽荒山路，迂回行军才是最佳选择。然而，老百姓往往不知就里，宁愿以"战马不行"的传说来诠释。

明朝著名清官海瑞与旗山村也结下了不解之缘。

嘉靖三十八年（1558）淳安大旱，旗山村民因争水发生了械斗事件。时任淳安知县的海瑞闻讯后立即赶赴兹村，进行田头办案。原来旗山村有两个田畈，一个是东边阳山的"黄泥坪"，一个是西边阴山的"后岭下"，两个田畈共用一个水源。风调雨顺的年份，是谁先到谁放水，相安无事。这年大旱之际，水源奇缺，因此引发"抢水"风波。海瑞请来石匠，打凿了一个分水石盘。石盘上开凿两条四六不等分的水槽,以对应两个田畈的亩分用水,还立下用水规矩,永远遵照施行,从而杜绝了因争水而引发的民间纠纷,留下了"分水息斗"的经典故事。

嘉靖四十一年(1562)春,海瑞因查案乘船到歙县,回程或遇狂风暴雨,江上船筏无法通行。海瑞只得改走山路,途经豪岭。他看到沿途皆为土路,坑坑洼洼,泥泞难行。他想,豪岭乃浙皖两省要道,为什么不修建一条石板路呢? 于是召集乡绅商议,张贴募捐布告,使有钱的出钱,无钱的出力。就这样,自威坪通往豪岭的石板路,五里一桥,十里一亭,就在海瑞的督办下动工了。

豪岭古道

这一年的六月,海瑞接到了调任兴国知县的行文,匆匆地离开了淳安。这个时候,豪岭石板路正在修建中,叮叮当当的采石声,仍在山中回响。海瑞在离任前做了一件功德无量的事,一直被五都一带的老百姓传为美谈。

旗山村,因村北有"旗山尖"而得名。然而,自明世宗嘉靖二十九年(1550)陆棡、陆栝两兄弟于锦沙迁居于此,陆氏就成了这个村的大姓。村中建有陆氏宗祠亲睦堂,厥后子孙尊奉亲睦之道,大五都陆家就成了繁衍十五世的义居乐土。

有先贤这样评价豪岭旗山："锦沙西去七十五里有豪岭,其山环绕如城,奇峰耸翠,烟树晴岚,廉泉让水,四方八景,大有奇观。"

又有里人赋诗一首云："闲来漫步小村前,缥缈层云绕似烟。鲍谷溪边观锦鲤,木兰桥下听流泉。风吹古树琴声远,雨打芭蕉鼓点连。春岸繁花愉极目,秋山红叶入诗篇。"

第一次走访陆家还是十几年前的事。那时的淳安农村为了改善居住条件,大行"拆旧建新"之风,很多明清时期的徽派古民居遭此浩劫。当时我正与上海的一家园林公司合作,从事古民居异地保护工作。2007年夏天,接到一个旧木料老板的电话,说是大五都陆家有一幢"官厅"要在近期内拆除,请我们前去估价,商讨拆迁事宜。

到了陆家"官厅"门前,我就被这幢气派肃庄的古建筑震撼到了。该建筑横开三间,前立面中间设贴壁砖雕牌楼式撇八字大门,两侧设牖窗。窗栅为铁质,从这一点特征可以看出,老宅乃民国时期的建筑,因为淳安古民居在民国以前,窗栅基本上为木质,铁质极为少见。

牌楼式大门,设一明两暗圆洞门。大门圆洞乃青石打制而成,右侧内陷,可能是根据风水要求做过调向处理。开闭的木门装有铜质辅首,精致而大气。门板施贴麻黑漆,古朴而庄严。两个暗门洞,以苏砖贴砌而成,中间施有砖雕辅首,远而观之,似门洞无异。门头上方横书"为人民服务"五个土红大字,显然是后人所涂,原有横批文字全部被覆盖,已无从得知。

进入大门即前厅,入门处设有玄关。不过玄关的屏风已经被拆除,只剩下木质门槛。前厅两侧各有厢房一间,跨过门槛约两米就是天井。天井中间纵向铺五块石板,架石桥以通后堂。石桥两侧乃两个活水鱼池,池深约莫五尺。鱼池周边围有石质勾栏,勾栏四角立有莲花柱。其中两柱顶端雕有石狮子一对,造型古拙,形态可爱。这样的活水鱼池,在淳安古建筑中堪称孤例。水从右侧屋外引入,又从左侧屋外排出,常年不腐,可谓匠心独运。可惜的是鱼池早已淤塞,已无祥鳞游弋。

大堂高畅而大度,设三间两楹,梁柱间施有木雕挂落,美观而典雅。堂后设楼梯间,以通二楼。大堂上方设船篷轩,船篷轩外有跨三间大梁,大梁底部雕有双龙戏珠图,工艺精湛,龙纹鹤图栩栩如生。大梁分间处饰有和合二仙一对,兼具圆雕透雕,造型逼真,憨态可掬。

扑面而来的古宅信息告诉我,这幢房子的来历肯定不简单!果然,问了一下村中的老人,才知道该房的创建者乃大名鼎鼎的辛亥革命参与者——陆钟麟!

陆钟麟这个人,可以说是一个传奇式的人物。清光绪二年(1876)出生于淳安威坪陆家村。父亲陆盛货生了五个儿子,他是长子。由于二伯陆盛杰膝下无子,陆钟麟就过继为嗣。光绪二十一年(1895)除夕,因债务之事遭到严父打骂,陆钟麟负气出走。由于他练就一手好毛笔字,在严州公署做了誊录员。光绪二十三年(1897)考入梅峰书院,毕业后被富阳许翁认作义子。与许翁长子伴读于杭州武备学堂,衣食费用皆由许翁周济。武备学堂毕业后,留任该校教员。光绪二十七年(1901)分水县土匪猖獗,浙江抚台张贴布告招"领兵剿匪首选"。陆钟麟揭榜应招,率清兵夜袭匪巢,竟生擒匪首,以功获五品蓝翎。光绪二十八年

（1902）奉抚宪命出洋考察，足迹遍及日本、朝鲜及中国台湾等处，阅历大增。光绪三十二年（1906）回国。宣统二年（1910）任陆军讲武堂教官，总理校事。其间热心革命，曾偕蒋伯器、童伯吹诸先生，共谋光复浙江。宣统三年（1911）辛亥革命成功，推翻帝制，陆钟麟荣任都督府副官长。民国元年（1912），陆钟麟出任绍兴知事，革故鼎新，政绩斐然。民国四年（1915）任国民政府浙江省咨议，其间创办及总理金、衢、严、处四府公学。民国十六年（1927）任国民革命军第八路东北先遣军总司令，参加北伐，受到上司器重，并委以重任。浙江省都督蒋尊赠匾曰："兄弟干城。"后来陆钟麟发现各省军阀拥兵自重，自思道不同而不足与谋，遂毅然退隐江南，寓居于杭州。后被选为浙江建宪会议员。民国二十六年（1937）病故于杭州。

陆钟麟自从离家出走，一直忙碌于自己的生计和事业，居然没有回过威坪老家。他是一个重情重义的人，进可以爱国，退仍然爱家。回乡后斥巨资在陆家新建了这幢美轮美奂的宅子。他平易近人，没有官架子，乡里乡亲登门拜访，不分贵贱，他都会热情接待，被人尊称为"陆议员""陆先生"。

陆钟麟有古大将风，不仅能武，而且善文。尤其是书法造诣很高，他喜习郑文公碑，书法以魏碑、行楷见长。他还喜欢收藏名人书画，民国二十三年（1934）珍藏了林则徐的一副十字对联："心晞慕古谦受益宜家室；经德履善敬摄心庆后人。"陆钟麟如获至宝，并以文题记。其行楷笔墨劲遒，欹侧多姿，藏露含蓄，笔致随意，堪称神品。

想不到陆家这个深山小村，能够出这样一个文武全才。陆钟麟故居,引泉入室,设计高妙,其文物价值不同凡响。鉴于此,我当时就力劝两户房主予以保留,不宜拆除。后来,这幢老宅果然完整地保存了下来,并被列为淳安县历史建筑保护单位。

淳安五都,都分大小二源。大五都在左,其源比较开阔。溯横塘溪而入,有株林、五丰、横塘、琴坑、旗山五个村。小五都在右,其源略显狭隘。逆蔗川水而行,仅有青山、联合、蔗川三个村。一大一小两条源,合并为一个都,自有设置的缘由。两源仅一山之隔,山川地貌平行并列。如并肩之兄弟,齐驱并进,几无参差错落之形势。而两个源头归结于一山,山场连成一体,还有古道互通其间,可谓"隔山共枕,亲密无间"。且两源之水同向南流,至水口又合二为一,共赴蜀溪,可谓"身处两源,共注一水"。

旗山村位于豪岭南麓、大五都的源头,由豪岭脚、陆家、徐家坞三个自然村组成。在2007年村庄规模没有调整之前,陆家与徐家各自为政,分别为两个行政村。

是的,旗山一个源头小村,山美水美自不必说,还有这么多人文故事的加持,自然有它独一无二的迷人之处。历史长河中积攒了无数个光点,折射出一个绚丽璀璨的光环,沐浴着生于斯长于斯的村民。他们日出而作,日落而息,用粗粝的手编织出一个又一个充满诗意的日子。

豪岭上那条古道,如今少有人来往。而那些静卧在草丛中的青石板,仍然散发着前人鞋履磨砺出来的幽光。一块块石板,犹如一张张书页,写满了酸甜苦乐,在峥嵘岁月中连缀出的故事,弘粹而邃美,令人遐想无穷。

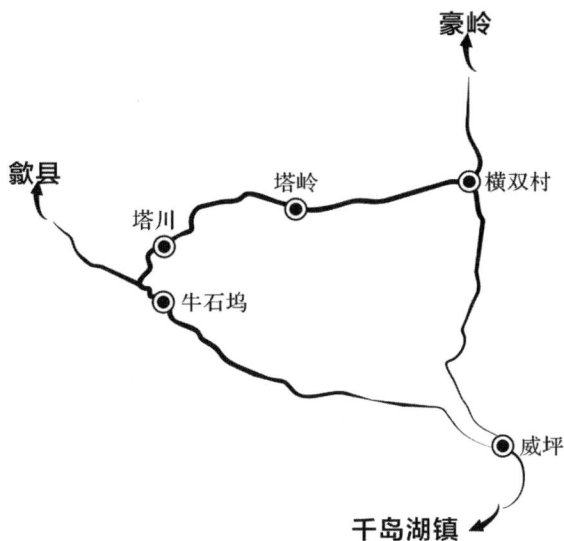

塔岭古道

　　塔岭古道位于百桂尖东南麓,起点为淳安县威坪镇横塘村,终点为歙县新溪口乡塔坑村,全长6千米,岭顶海拔580米,是古时淳歙两地人民翻山越岭往来的一条重要古道。

　　横塘村,因村中有塘横流绕村而得名。原为横双乡人民政府所在地,现有人口2500余人,辖横塘、稠林、江山凸三个自然村,是威坪镇的一个大村。

横塘村中,街巷纵横,回旋往复,宛若迷宫。中街入口处,有始建于明朝嘉靖三十七年(1558)的文魁楼,亭阁式建筑古色古香,上有"父子文魁""兄弟进士"匾额,彰显着横塘先贤的不朽功名。

密集的民居中,至今仍然保存着大量的徽派建筑。行走于村巷内,宗祠、厅堂、古戏台、牌坊等各种风格的古建筑,不经意间就会撞入眼帘,令人平添好古之情。村中有古八景,历代文人多有吟咏。因此,素有"要嬉嬉横塘,何必去苏杭"的民谚美誉。

自古以来,横塘就是大五都源内的重要村落。因此,这里作为通往徽歙的古道起始点,自然有他重要的地理位置因素。

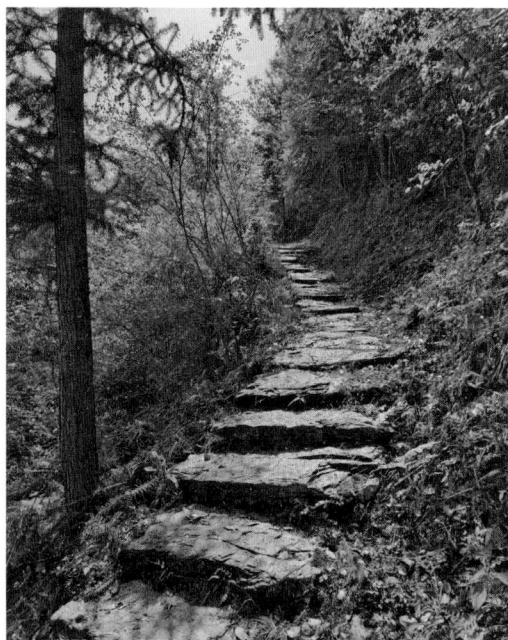
塔岭古道

2022年4月4日,清明前一日,我临时决定走一走塔岭古道。由于突然的决定,没有约到同伴。之前有意向的驴友,也因杂事缠身,未能成行。于是,我就稀里糊涂加上冒冒失失,壮了壮胆,第一次独闯这条传说中的塔岭古道。

古道的进山入口，位于横塘村脚的第一弄。入坞不远处有分岔，往左穿行于田野之间，过石桥起岭上行。

古道以大小不一的块石铺筑而成，光面朝上，钝面落土，依山势陡缓，合理设阶，坡度大约为45°，抬步不甚吃力。

上山1.5千米处，有一个羊角洞。相传古时有一只修炼成精的山羊，经常到田畈中糟蹋庄稼。村民将其包围捉拿，山羊突逃至此。见村民追至，山羊急忙钻入山体。在慌乱中，村民只抓住山羊的两只角，可是山羊的身体已经没入土中。羊角腐烂之后，就变成了两只羊角洞。

越过第一个山冈，白花檵木夹道而生。这时正值阳春三月，白色的碎花盛放在枝头，毛茸茸的一片，煞是好看。穿过白花檵木林荫小径，前方是一片小茶园，有几个村姑在此采茶。她们见我一个陌生人孤零零地登山，甚感奇怪。于是问东问西，把我当作犯人一样，审来审去。等我"彻底交代"后，其中一位村姑戏谑道："你一人上山要当心，岭头凉亭内有一只狐狸精。"我笑着回道："如果真的有狐狸精更好，我就在山上做一个神仙女婿，省得再次返回红尘。"

虽然彼此开了一个玩笑，但在我的心里还是埋下了一个梗。心下想，这个兆头不是很好，抑或此行真的会遇到一些小麻烦。

茶园尽头是一道溪涧，溪涧中有小瀑布数叠，清泉石上流，堪称小景一处。溪涧东侧，有一石砌凉亭，三面立墙，前面敞口，俗称"苦麻亭子"。如今凉亭的屋面无存，空留着一座亭基。

再上行，就是一片杉木林，古道一直是之字形盘旋，新旧不一的石块,呈现着不同时期的历史包浆。枯落的杉毛刺,铺满幽幽的古道,人行其中,窸窣作声,貌似行走于红色地毯之上,给人以舒适的感觉。

穿过杉木林,又越过一个山冈。这里却是一片阴森的木荷林。新发的嫩叶,紫红的叶芽点缀在墨绿的老叶间,有一种盎然之气。

再往上,古道两侧则是松柏杉枫混交林,林间到处都是倒伏的松木,有些松木横陈于古道之上,挡住去路。这个时候,需要我们低下尊贵的头颅,洞穿而过。此时的枫树,刚刚绽出细芽,光溜溜的树干,直插云天,给沉闷的密林,腾出一隙透光的空间。

从山脚到岭顶凉亭,行程3.48千米,这是我随身携带的冰河卫星定位导航仪给出的数据。

岭顶凉亭,没有名字,乃采石砌成的石拱亭子,当地人叫作"塔岭亭"。它的形制,与单孔石拱桥无异。东西向设卷拱门,两侧设长条坐凳。亭内北壁上设有神龛,有几个橘子摆放其中。想必就是龛内供有菩萨,这些橘子应该是山下信徒献上的贡品。

山风吹来,亭内还是略呈凉意。环顾四周,没有看到采茶村姑所说的狐狸精。也许狐狸精就那么一个,早有先人捷足先登,想必他们早已结缘而去。我又不是什么混世魔王,也不必徒生"我来迟了"之叹。

石壁上,有游人留下"风景在路上"的文字,不知是对沿途美景的回味,还是对苍凉古道的感慨。不过,还有一句石头划就的留言特别有豪情:"吴小凤,我爱你。"这位不知名的小哥,居然把表白写在了山巅之上,白云之间!

塔岭亭

　　爬上青草丛生的亭顶,往东远眺,五都、六都的山峦起伏,稍远处,威坪镇的城郭犹如海市蜃楼。可叹曰:"万峰皆来朝,唯我立最高。试问古蜀阜,何处是虹桥。"向西俯瞰,是歙县境内的新安江,半山腰间,东一堂、西一间的民居隐约可见。真可谓:"万山勿许一江奔,拦住巨龙不向前。山间自有神仙屋,四时不饶白云闲。"

　　塔岭亭,一亭镇两省。洞开的两个门,好比两张贪婪的巨嘴,不是今天吞了浙江的雾,就是明天吐了安徽的云。

　　古道到了安徽歙县这边,就有些寒碜了。且不要说齐齐整整的石板路,就连像样的土路也没有。沿着南向延伸的羊肠小道,前行不到几百米,路径就消失在林莽之中。上上下下、反反复复地寻找,还是找不到曾经的古道。想联系一下曾经走过此道的人,只见手机上的信号栏,已经是空白一片。

神经不得不自动绷紧，身上的鸡皮疙瘩迅速蔓延。想不到采茶村姑口中的狐狸精，在这里摆下了迷魂阵。难道她不与我谈情，却要摄我的魂？

点上一支香烟，席坐在藤蔓下静一静，舒缓一下直冲脑门的血液。凭借往日在户外积累的一点经验，一旦在林中迷了路，就必须遵循两种选择。一种是沿溪壑走最低处，一种是沿山冈走最高处。而现在地处山峰上部，没有溪壑，只有山冈。于是，妥妥地处理完烟头，就向山冈方向摸索。循着野兽的足迹，在灌木丛中穿行了半个小时，终于在山冈上找到了所谓的古道。这种路并不是"走的人多了就成了的路"，而是"野兽曾经偶尔走过的路"。然而，有路总比没路好。我知道，只要沿着山冈下行，每走一步，就会离我要去的塔坑近一步。

不过，这种美好的想法，没过多久就成了吓人的惊恐！

突然间，密布的蕨其中冒出一个圆形的小洞。根据经验，这种小洞是猎人设置的陷阱，专门掩埋铁夹暗器，用来捕捉野猪、黄麂之类的野兽。这让我危机感顿生，倘若在这没有手机信号的大山中，被这种暗器所伤，那岂不是要命丧于此？何况，我是一个失去了相互照顾的独行人！

经验又开始告诉我，猎人为了提升陷阱的命中率，往往设置在路心。这样一来，我就选择走路边。然后找一个枯树枝，杵一步，走一步。虽然走起来很慢，但是相对安全。

从山巅走到山脚，2500米（5里）的路，我整整走了两个小时！可怜我那件保罗衬衣,被荆棘拉出无数条纤毛,乍一看,活脱像一个跳狮子的人。拍拍身上的尘土,长舒一口气,虚惊一场,得到的快乐体验就更为丰满。

到了塔坑村,白色的粉尘几乎笼罩着整个村庄。碎石机,隆隆作响,工程车,往来穿行。中铁十二局承建的黄千高速正处于紧张的施工当中。这里刚好是塔岭隧道和白杨岭隧道的对接口,数以万吨的混凝土需要在此搅拌,然后分送至长达数千米的隧道中。

塔坑,是一个位于新安江东岸半山中的小村庄,几十栋民舍,构建于山坡之上。远远望去,层层叠叠,有一种"呼啸山庄"的感觉。

再往下走,拐过几道弯,就来到新安江边。这里有一条沿江沥青路,溯流而上是歙县深渡港,顺流而下,是我的家乡千岛湖。

走古道,应该是一种述写故事的生活。你踏过的一块块石板,就是一张张书页,合在一起,就是一本精致的书。

第二辑

达府
市际古道

人文淳安
RENWEN CHUNAN
XILIE CONGSHU

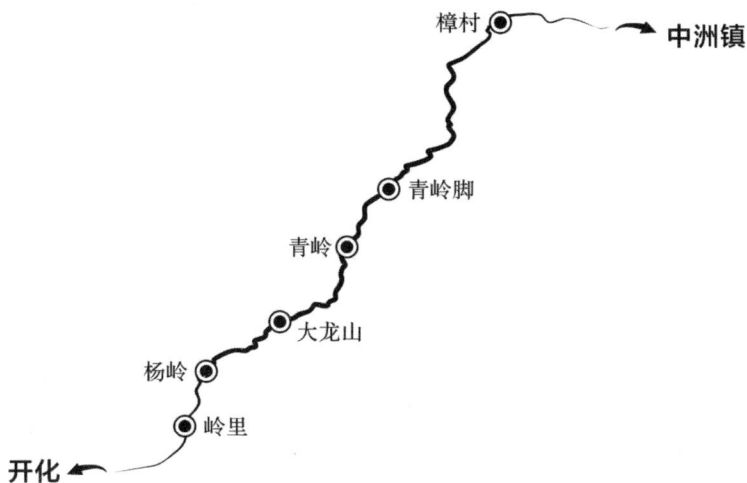

中洲镇

樟村

青岭脚

青岭

大龙山

杨岭

岭里

开化

青岭古道

2015年9月5日,我们决定走青岭。

方长建在中洲镇政府工作了很多年。他对中洲文化的热爱程度,可以用"痴迷"来形容。很早之前,在我们的圈子里,就听到很多关于他如何为中洲文化的挖掘、保护和整理所做的努力。譬如他研究考证洪绍古墓遗址、古遂安县城旧址、札源九相公以及茶山红色文化等,诸如此类,无一不是亲力亲为,穷根究底地寻找蛛丝马迹,可谓"踏遍中洲山和水,事无巨细皆用心"。

上午9时许,根据事前设计的路线,我们一行四人(余昌顺、方长建、笔者,还有一位也是中洲镇政府工作的小徐)乘车直奔开化县齐溪镇官台村。按计划我们在官台村稍作停留,大致了解一下古道终点的一些情况,然后,继续乘车到大龙村下车开始步行。

杨家是"休遂开古道"(又称"徽开古道")的终点,今天成了我们"走青岭"的起点。这个村庄只有几栋房子、十家之村而已。村庄位于峡谷深处,齐溪之水从村前蜿蜒而流。虽然205国道依村而过,但由于人烟稀少,尽显古地苍凉之意。

令人欣喜的是,古道从起点到半山公路处的这一段,依然完整保留着原汁原味的青石板古道路面。

古道路面宽约1.5米,从杨家村后拾阶而上,路很陡。路旁是层层梯田,稻子已经过了扬花期,沉甸甸的谷穗弓着腰。玉米已被收获,剩下一株株枯黄的秸秆凌乱地杵在地里。古道上的石板,被千万双鞋底碾磨得光滑如镜,在露水的宣润下熠熠生辉。看来,历史的印痕,不仅刻在人们的记忆里,就连威力无穷的大自然也无法在短时间内将其抹去。

今日的起点是昨日的终点。可以想象,有多少古人,从百里之遥的徽州,不畏山路崎岖,不惧风雨雷电,不怕豺狼虎豹,不辞长途跋涉,带着希冀,带着梦想,带着亲情,带着友情,来到这里,踏上通往开化的坦途,伸一伸发胀的骨头,轻嘘一口,长啸一声,将有何等的喜悦,将有何等的快意。

在杨家村后古道上,一涧之隔的半山之间,云雾缭绕之处,是曾经的官台村(现已移民下山),据说这个村的先民是从福建迁徙而来的,他们从福建带来了很多闽楠木苗,栽在村前屋后,现在已经繁殖成一片面积为数十亩的古楠木群,为浙地所罕见。官台村为何名叫"官台",我没有去考证。在我看来,官台村叫作"观台"更为形象而贴切。从峡谷深处陡峭而上的山体,到了半山之上,抱出一平台,宛若天台。从台上俯瞰,齐溪峡谷近揽眼底,由近及远,观山看水,视野极为开阔。建村于其上,想必与先民逃离乱世有关,据险守台,保村卫民,极具"一夫当关,万夫莫开"之势。

据当地人介绍,当年红军北上抗日先遣队红十军团从茶山出发,路经青岭古道,在大龙村外与国民党陆军二十一旅四十团发生遭遇战,敌军占据官台险要地形,用重机枪向红军先头部队猛烈阻击。红军由于地形不利,无法向外突围,很多红军战士在这里壮烈牺牲。军团首长派出一个连的兵力,增调轻、重机枪实施增援,并巧妙地绕到敌军火力点后面,使其腹背受敌,最终拔除了敌军火力点,消灭敌人30余人,缴获机枪一挺,战斗从中午开始,一直持续到傍晚才结束。敌军退守岭里,占据峡谷高地封锁红军行军路线。红军撤回青岭,并改变行军路线,分两路到芭百蕉会合。

官台之战,给古道抹上红色的一笔。据说在大龙山村里,还有当年掩埋阵亡战士的红军墓,当地的老百姓每逢清明节,都会自发地前去祭拜。

齐溪镇大龙村，位于官台之上，青岭之腰，海拔500余米，可以称为"云雾里的村庄"。发源于千金塔和青岭之间山谷中的四条水系汇聚于村中，使得大龙村形成四水落明堂的风水格局。溪流自北向南流淌，从官台右侧倾泻而下，注入齐溪。据说大龙村的风水很好，村庄虽处高山之巅，然村民安居乐业，一派兴旺之象，莫非验证着这种说法？清代诗人夏咸则赞曰：

碧溪衍派源流远，宕漾村心似带环。
谷浪潆时如绶屈，锦涛汇处类左弯。
汀前组曳渐清濑，渚外绅拖泻绿漪。
秀水一条机活泼，绵延亘古绕邱山。

在大龙村，大部分古道已经被水泥路面所替代。唯独福坛庙附近，铺满青石板的古道，古韵依然。

福坛庙位于大龙溪北岸，依山势骑古道而建。前为过路凉亭，后为坛主神殿，供奉瓜一公老爷。古庙东西设上圆下方横门，临水一面设满月圆门，西门上首镶嵌青石横额一通，上镌"水绕山环"四字行书。外墙上爬满了凌霄藤，使得古庙古韵十足。走出东门，左侧为民居，右侧有古树一株，树干上挂满攀附的藤蔓，颇有"枯藤老树昏鸦"的意境。再往前，左侧是一长溜木制的牛栏，悠闲的老黄牛卧在栏里吃草。右侧是一间水碓，两只碓头被绳索系在梁上，显然已是摆设了。

福坛庙

　　有一首佚名的七律题名叫作《云林烟雨》，写的是大龙村堪比武陵，胜似桃源的景致。诗曰：

探奇疑向武陵游，柳绿桃红万象幽。

日齐偏疑微雨度，春晴时觉碧烟浮。

云阴一路青如画，山色千重翠欲流。

归去夕阳迷望眼，隔林遥指雾幽幽。

　　大龙村是开化龙顶茶的发源地，栽茶制茶的历史悠久，茶叶是村民的主要收入来源。2014年村里建了一堵文化墙，以书画的形式全方位展示了大龙村龙顶茶文化其中"茶源"二字乃庐陵翰公所题，笔意清秀高洁，颇具书法功底。

村中开设一间茶馆,名其为"大龙茶馆"。大门两侧挂有楹联一副：茶乡胜境半岭云层半山雾；源上人家一楼春色一壶天。走进茶馆,见翻越青岭而来的枫林坞向导已在此等候多时。我们几个姗姗来迟的客人在八仙桌上坐定,热情的大龙村村民忙不迭地走上前来,又是递烟,又是倒茶,尽显山里人纯朴的待客之风。

名为茶馆,实为大龙村文化展示厅,兼作游客接待中心使用。东面墙上还保留着"文革"时期遗留下来的毛主席语录,白墙红字,格外醒目。西面墙上悬挂着大龙村大幅风景照片,其中有一幅题为《春如笑》的摄影作品,一树桃花开在栽满油菜花的山坡上,在云雾里露着春天的笑容。极具视觉冲击力,令我观看了很久。

茶馆东侧沿溪建有仿古长廊,吴王靠上坐满了村中的老人,悠然自得的神情,那种慵懒的生活方式,着实令人羡慕不已。

明朝方沃一首《龙山环翠》写得好,把大龙山的山形地貌概括得精到无遗。诗云：

泉泉香云覆隐轩,龙山西下势蝉联。

四维突兀千峰列,一带清幽万木连。

荡荡翠微钟秀地,腾腾紫气护幽詹。

他年招隐来蒲壁,为念苍山起谢安。

由于必须在午饭饭点之前赶到枫林坞,因此,我们不能在大龙村逗留太久。我们一行四人加上一个向导老伯,凑成五人一队,匆匆告别大龙村村民,立马向青岭出发。

从大龙村到青岭头的古道比较舒缓,走起来不太费劲。我们一路走,一路聊。沿途有很多中草药的植物,诸如车前子、五倍子、寸金、地东风之类,品种之多,数不胜数。我们一行你指一种,他指一种,然后互报药名。随行的小徐,也听得入迷。

由于大龙村在通往青岭的古道上修建了机耕路,古道大多被铲除。即使没有被铲除的古道,荒弃在灌木丛中,荆棘凌乱,茅草杂陈,也已无法通行。

离青岭头不远的山坡上,是一片密密麻麻的杉树林,树林间铺满黄绿斑驳的青苔,地面像刚刚用水洗过一般,干净得很。在这样疏密相间的树林里穿行,很是悦目舒心。

我们走走停停,不到一个小时就到达了青岭顶,青岭顶是一个V形豁口,路边立有一块界碑。朝北的一面刻着杭州二字,朝南的一面刻着衢州二字。落款是中华人民共和国国务院,1997年。界碑高约半米,厚约12厘米,上端平整如凳。可谓:"肩扛遂开两日,脚踏杭衢二州。"有人用手机自拍,然后上传于微信朋友圈,博得点赞如潮。

界碑西侧不远处,有一处简易的用石头垒成的山神庙,面积不过一米见方,早已废弃无人打理,殊不知古代先民敬畏神灵,感恩大自然,在如此的峻岭之上,也会设龛供奉山神,培育善根,祈祷风调雨顺,生灵平安。

界碑东侧的山垅上,每隔5米,就有一个统洞战壕,一直延伸到山巅之上,据老方猜测,这些战壕很可能是当年红军的防御工事,乃革命斗争历史遗存,有待挖掘考证。他说,西侧的山尖上还有一处炮台,也是当年红军的军事遗址,我们跟随向导向上爬了数十米,至山尖处,看到一处直径约20米左右的圆形平台,我仔细观察了一下地形,只见平台四周略高,中间略低,低洼处积有很多炭渣,我大胆地猜测道:"这个平台应该不是炮台,想当年红军北上先遣队来到遂安,试图建立革命根据地,部队装备很差。而且,国民党军队四处围剿,红军为了进退自如,一般都是轻装行军,不可能携带重型大炮,更不可能将大炮设置到海拔560米之高的青岭之上。青岭北依遂安,南望开化,乃军事防御要冲,设立烽火台的可能性比较大,从这个平台的形状来看,应该属于烽火台。"同行的人都觉得我的分析很有道理。

从青岭脚到开化大龙山的这段古道,位于徽开古道连接遂安和开化的重要节点上。所以,此地自古就是兵家必争之要冲。

据青岭脚村的一位老人介绍,当年方志敏的部队就在这里遭到了国民党军队的伏击。老人说,小时候他和村里的小伙伴还在青岭上捡到过子弹壳。老人见我们对这个话题很感兴趣,于是滔滔不绝地给我们讲述方志敏这次遭遇战的经过。

当年,方志敏的部队在准备翻越青岭时,国民党军队早已获悉方志敏部队将要经过此地的情报。于是事先在青岭上设好埋伏,并将古道上的青石板拆下来,堆砌成一道道石墙,作为临时军事掩体。战斗打响后,国民党军队一方面借助居高临下的有利地形;另一方面也得益于这些古道石板堆砌而成的临时掩体,方志敏的部队伤亡惨重。被阻拦在青岭南麓的红军战士为了抗拒敌人、减少伤亡,也急忙取来青岭南麓的古道石板,堆砌垒筑成临时掩体。

不知是巧合,还是历史真相原本就如这位老人所讲述的故事那样。总之,有一个事实是真真切切存在的! 那就是:青岭顶端及南麓上段的古道上确实未看到青石板,而青岭北麓半山腰以上路段的古道上石板保存完好,但半山腰以下路段的古道上石板也已不复存在。

这时,天空中飘起了蒙蒙细雨,我们携带的雨伞,在树林里派不上用场,任由雨打薄衫。见青岭并没有留客的诚意,我们只得匆匆上路。下行的路比较陡,所幸古道筑经于形木林中,有林木的道挡,并无险绝可言。林中古道保留着一段长百余米的石板路,杉树的落叶铺撒在青石之上,既松软又吃脚,人走在上面,有很舒适的感觉。下山毕竟比上山快。随行的小徐没有登山经验,连跑带跳,兴奋不已。我制止道:"俗话说上山容易下山难。下山太快,脚关节承受的撞击力太大。你必须一步一步慢慢来,切不可由着性子乱蹦乱跳,要不然,你的双脚明天早上就下不了床了。"经我这么一说,她

青岭古道

立马放慢了脚步，回一句："原来这样啊，幸亏你提醒一下。"我说："我经常参加驴友户外徒步，这是登山活动的基本常识。"

出了杉树林，周遭全是一人多高的甘茅，油光发亮的叶片无意间显示着山地的肥力。方长建说，早些年这里都是玉米地，现在的山民条件好了，已经没有人在这么高的山地上种庄稼了。

古道旁，到处都是野麻草，绿油油的，鲜嫩无比。方长建说，在早先这种草是用来喂猪的，时下的城里人喜欢吃野菜，这种野麻草，居然成为餐桌上的佳肴。随行的美女听到这就是餐桌上经常吃到的野菜，马上掏出随身携带的方便袋，挑了那些最鲜嫩的，采了满满一大袋。脸上洋溢出的喜悦，估计比在菜市场去买菜更来得开心和欢愉。从青岭头到青岭脚，我们仅仅走了半个小时。沿途的山坡上遍植毛竹，无限绿意周遭纷呈。古道沿着水沟的东岸而行，一路泉水叮咚作伴。

青岭脚出去就是中洲镇枫林坞村，一个典型的山区小村，由三个自然村合并在一起，人口仅有478人，村民以毛竹为主要经济来源。海拔800多米的千金塔顶位于村庄之后，据村民介绍说，千金塔顶人迹罕至，常年锁在云雾里，时有珍稀野生动物出没其间。

在枫林坞用完中餐之后，我们要求村书记带我们走访一下村里的老人，最好能看上一眼当地的家谱，以便在历史的记载中找寻到一些关于古道的蛛丝马迹。

俗话说，功夫不负有心人。在一户吴姓的农户家里，一位目不识丁的老大爷从中堂背后的楼梯间里翻出一个腐蚀不堪的木箱子，箱子上的铁锁由于多年未曾开启，已经锈得找不到锁眼。老大爷说，这个箱子已经有几十年没有打开过了，里面是吴氏家谱。

在场的人看到这个宝贝，兴奋得不得了，老方举着相机要记录下开箱的精彩一瞬。我说，箱子几十年没打开过，里面的家谱没有进行翻晒防霉保存，情况不容乐观。果不其然，当锤子散开铁锁之后，箱子里厚厚的一叠家谱，已经被白蚁的排泄物粘成一团，难以逐册分开，经过小心翼翼地拉扯，仅能分出上层的几册。为了家谱不至于二次损坏，我建议不要强行分离。有待交给专业人员来处理，或许还能保证家谱的完整性。

这套家谱叫作《枫川吴氏宗谱》，共16卷，修于大清乾隆三十七年（1772），当年的收藏人是吴衍达和吴衍齐等人。其中卷七中有枫川八景律诗八首，乃清代诗人启璋所作，现摘录两首，以飨读者。

中山列翠

脉络南来体势雄，峋嶙寒嶂似飘蓬。

谺开晓嶂春芳秀，横插晴岚夏水隆。

倚伏层峦无兀突，紫纡两涧抱苍葱，

居人争美山容富，叹取天成敦艮中。

竹坞烟笼

垒壁卷阿火气填，笼花罩柳雨余天。

有箖颖篲三竿下，隐见新篁一抹前。

仿佛如霾离复合，依稀肖雾断还连。

居无令俗老苏啸,不道迷漫拂曙烟。

这里插述这么一大段关于吴氏家谱的文字,似乎有些跑题了。其实不然,枫林坞是古道的必经之处,吴氏自大明正德九年(1514)迁徙到此,在此间繁衍生息了500余年,在这漫长的历史岁月里,枫林坞人与这条古道密切相关,其间诸如捐资修路一类的故事也不知道有多少个,只是我们没有时间去收集而已。

枫林坞村外那株高大的珊瑚朴树,被青藤缠了一层又一层,它那么苍老的样子,树龄远不止500年。当年吴志昂风尘仆仆地来到这里,也许这里还是一片荒凉,珊瑚朴树看着这位坚忍不拔的吴氏先人开荒种地,繁衍子孙。以一己之微力,创一村之繁荣,也是这条古道上一位顶天立地的人物。如今吴志昂随历史远去,吴志昂的裔孙们仍然在古道旁继续着先人的梦想,珊瑚朴树看在眼里,却无法用语言叙述,它的沉默并非毫无意义,它顽强地矗立在古道旁,用它的身躯年轮见证了古道的岁月,用枝叶钩沉出古道的质朴意象。

如果我们走在古道上,过村看不到一栋古民居,沿途看不到一株古树,遇人听不到一则故事,那是一件多么令人失落、令人孤寂的事情。当我们离开枫林坞的时候,已近傍晚,我特意再一次回眸看了一眼青岭,青岭隐在薄暮里,原本翠绿的山色变成了湛青色。青岭名称的来由,或许因山色湛青而来吧。我窃想,或许不是如我所想,那么青岭一名的来历又是怎么一回事呢?

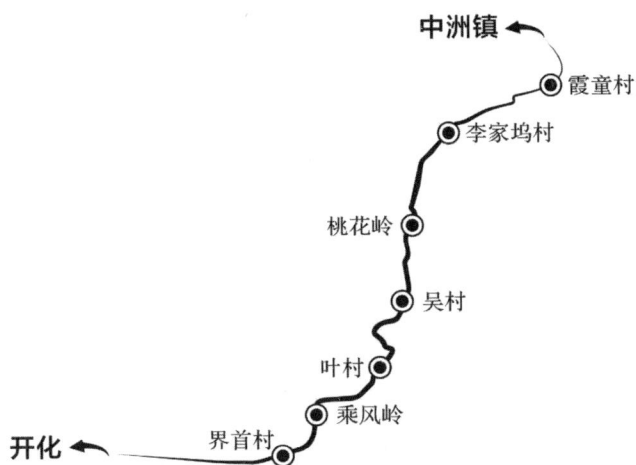

中洲镇 ←
霞童村
李家坞村
桃花岭
吴村
叶村
乘风岭
界首村
开化 ←

中界古道

　　中界古道,由两条山岭组成,一条是桃花岭,另一条是乘风岭。起始于中洲镇霞山村店门前自然村,讫于开化县马金镇界首村。遂开未通公路前,一直延伸到开化县马金镇。

　　2015年11月5日,我们决定反走这条古道。中洲镇副镇长方长建一如既往,全程作陪。为了增添路途上的热闹气氛,我们特别邀请了淳安县作协会员中卢艳敏和洪美娟两位资深美女作家随行。后来发现这样的安排十分奏效,一路上多了许多欢声笑语,徒步古道的疲劳有减无增。

一行五人(余昌顺、方长建、我、卢艳敏、洪美娟)乘车绕道汾口镇,来到淳安、开化两县交界的马金镇界首村。

走进这个村庄,还能看到很多建筑于明清时期的古民居。村头几株参天蔽日的古樟树下,有一个古庙,白墙黑瓦,古风犹存。村中来往的人很少,穿过两条弄堂,才遇见一位老妪。据她描述,古庙中供奉了好几尊菩萨,她只认识其中的一尊:南海观世音菩萨。由于庙门紧闭,铁将军把门,我们无法一探究竟。据我猜测,古庙建于村头,应该属于坛主庙性质,除了供奉观世音,应该还有坛神,至于坛神是谁,各地供奉不一,不了解界首村的历史文化,亦不可妄加定论。

宽敞油亮的淳开公路,从汾口镇交界村缓坡上来,越过界首村这个山口,顺势向马金镇蓝田村缓坡下去,呈东北而西南走向,是一条车龙不断的坦途。如今的人们,哪里还会在意,就在界首村北面的山坡上,静静地躺着一条历经数千年的山岭古道?随着岁月的流逝,这条古道还会有几个人去行走,还会有几个人惦记在心?

余昌顺和方长建都曾走过这条古道,几年没来,他们两个已经无法找到古道的入口。无奈之下,询问先前遇到的那位老妪,她的回答差点让我们打起了退堂鼓。她说,由于很久没人行走,古道早已被荆棘和杂草淹没,你们这些细皮嫩肉的城里人,怎么能够走得过去?

幸亏方镇长事先做了功课,通知叶村的村干部安排劳力对古道进行了一次简单的砍劈。

古道从村后的田野向山坡上延伸,到了山坳,古道逆着水沟而上。在田野和荒山的交界边缘,铺天盖地的甘茅把整个山坳填得严严实实,古道路径突然消失。

余昌顺走在头里,他扒开甘茅,发现一个幽暗的"茅草隧道"。原来劈路的人,无力对付古道上大量的甘茅草,只是从茂密的甘茅丛中"挖"出一个仅容一人侧身通过的小径。

这下可苦了两位同行的女人。甘茅的边缘,全是锋利而狰狞的锯齿,在小脸蛋上割上几条血痕真当无须故意而为。她们只好脱下外套、取下围巾,把头包裹起来,仅露出一双乌亮的大眼睛。这一招还真管用,从茅草隧道里"突围"出来,居然容颜未改,毫发无伤。

古道沿着山坡北向而上,路旁大多是落叶灌木林,橡子树、南方桦、杜鹃、檵木之类应有尽有。苍翠的马尾松杂生于其间,树

中界古道

冠并不是很大。山腰处还有一片茶油林，林中夹杂着荆棘和荒草，很显然这片油作物经济林已经无人打理。由此看来，这条古道荒废的时间并不是很久。余昌顺说，20世纪八九十年代，来往于这条古道的人还是很多的，就在他青少年的时代，也是这条古道的常客。如今，交通便捷了，走古道的人越来越少，人们生活条件好了，上山种地的人也没有了。古道再也没有往日的繁华，已经悄无声息地退出历史舞台。

山岭西面耸立着一座高山，叫作"高乔山"，是遂开的界山，也是一座名山，在县志上有记载。

乘风岭顶是一个锅形山口，杂草丛中貌似有类同于关隘、凉亭之类建筑的基础，路旁散落着很多古砖和瓦砾，想必是这些建筑倾覆之后的遗物。

乘风岭并不高，从界首村到乘风岭顶，仅半个小时的路程。下得岭来，同样是甘茅铺天盖地，从一长溜、一长溜地块石垒成的挡土墙可以看出，这里曾经是梯形旱地。老方介绍说，早些年，这里种着整埚整埚的玉米。现在的农村，年轻人都去了城里谋生，村里只有留守老人和儿童，旱地没人种了，这些养育了数代人的旱地就这样荒芜了。

来到埚心，右侧有一个简易的前后双披水凉亭，砖石混砌的旧墙上，原先的抹灰已经剥落殆尽。亭后的树枝倾覆下来，占据了大半个屋顶，由于墙体早已渗水，墙面上已经长满了杂草，一派荒凉之景。亭子的西侧，有一处泉眼，四周青苔密布，扒开淤积在泉眼里的枯叶，清澈的泉水仍有盈余。凉亭内壁上，到处都是以炭为笔的涂鸦，内容俗不可耐，令人啼笑皆非。

走到垮底，是一层层梯田。古道沿水沟向下舒展，水沟之上还保留着两座古石桥，桥上布满爬藤，古韵十足。

再往下就到了连村公路，古道已被公路所替代。前来迎接我们的面包车早已在此等候。我们上了车，往叶村方向走。古道经过叶村。叶村村口的东山上，耸立着大半截古塔，人们称之为"雁塔"。古道看着雁塔诞生，看着雁塔威风八面，又看着雁塔老去。一如古道看着芸芸众生，任由时光夺去万丈豪情。古道虽古，但静默无语。有人走，我就扛，没人走，我就荒。从不邀功，从不沮丧。古道的处世方式，是否能够给人有所启迪？

叶村，是一个大村，拥有770户，2700多个人口，由叶一、叶二、叶三、溪滩、银坑源五个村合并组成。它是遂开古道上环境最优、人口最多的村庄。叶村原本是叶姓聚居地，北宋时叶豪，不满王安石新法，避地于

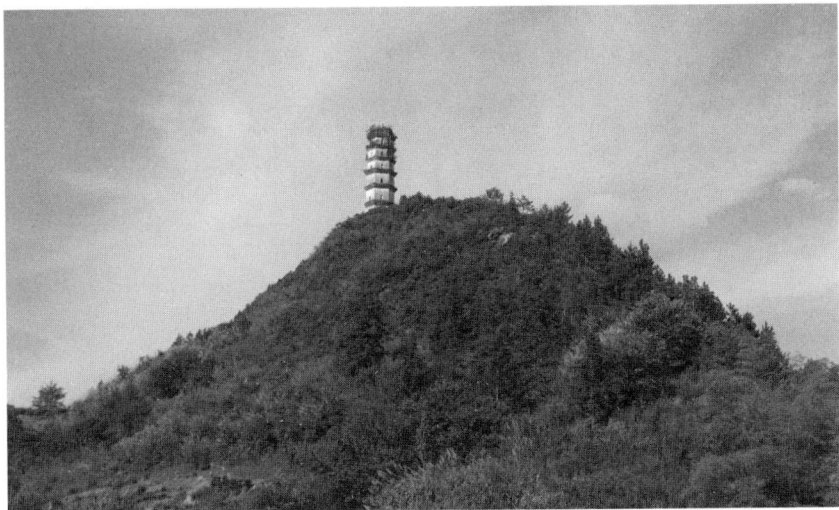

叶村雁塔

此,遂名叶村。宋末元初时,余姓由大屋基迁徙到叶村,成为凤山望族。如今走进村庄里,仍然可以看到近十座明清时期的古厅堂,余氏之兴旺可见一斑。

小溪挨着村中的古道一路东流,到了村口,溪水折向北去。古道边,溪岸旁,十几棵大樟树,叶茂枝繁。叶村朝山东麓有一座骑路凉亭,古时乃来往客旅必经之处。而今,亭外建有通村公路,凉亭失去了往日的功用,亭内堆满了稻桶、秸秆之类的杂物,两头洞开的圆门,空荡荡的,顺流而下两里地是吴村,现已合并到苏家畈村,人口仅有200余人,任由南北清风贯穿其间。

村庄依山傍水,村前一片沃土。古道从吴村中间的弄堂穿行,迎面是幢雕梁画栋的吴氏宗祠。宗祠旁边有一口古井,上面压着一块巨石,很显然这口古井已经弃之不用,巨石乃因安全起见而设。吴村村后有一堵约莫2米高3米宽的石墙,估计是营造村庄风水的风塍,上面种植数十株柏木,这些柏木看上去年轮已不小了,风塍中段开了一个缺口,通往另一个秘境,那就是传说中的"洪村",现在这里是一片空地,据传这里曾经是一个人丁兴旺的洪氏聚居地。然而,这个村庄始建于何时,又为何荡然无存,当地的人谁也说不完整,成了千古之谜。我很好奇,沿着村庄附近的山地,试图找寻得到洪氏先人的墓碑,几经折腾,最终还是无功而返。

离开所谓的"洪村",我们沿着村旁的沟渠走,北面的山岭就是"中界古道"上第一座山岭,名叫"桃花岭"。

方长建说,这座山岭,还有一个雅称,叫作"小峨眉",翻过这条岭就是李家坞村。岭这边山势较陡，岭那边较为平缓。他还说，岭顶有一个凉亭，有一块巨石长得非常奇异。

我问桃花岭以及小峨眉两个名称的来由，在场的人都无以回答。更遗憾的是，这条山岭早已无人问津，路到坳心，就无径可循。古道上已是柴芜丛生，荆棘横陈。站在岭下，我们无计可施，只能望岭兴叹！余昌顺心有不甘。他说，我们即使走不了桃花岭，还可以从中洲镇绕回李家坞，一睹桃花岭的容颜。

于是一行五人上了面包车，绕道而行。原以为可以直接乘车到李家坞，谁知从中洲镇到李家坞的道路正在封闭施工，车子禁止入内。我们决定步行，来到古道的起点——店门前村。店门前是紧挨着中洲镇的一个临溪的村庄，村前的古石桥通往中洲，石桥还在，路已断头。店门前，顾名思义，这个位于古道开端的小村庄，昔日一定是商铺云集，热闹非凡。而今，虽然很多崭新的楼房改变了古村的村貌，但是在一字排开的古街上，仍然有几栋遗存下来的古建筑。其中有一栋古建筑的门楼上，嵌有非常精致的砖雕图案，可以管见该村昔日的繁华。逆流而上，右侧不远处的山丘下，密集地建有一个叫作"项家卫"的小村庄，拔地而起十数栋三四层楼的现代化民居。

沿山傍水往里走，很快就到了林家坞村，村庄隐秘在山坳里，村口也建有遍植古木的风塍。由于时间有限，我们没有走到村子里面去，只是在村口张望了一下，继续往里走。一拐弯，就到了一个叫"碓里"的小村。再往里走，地形分作左右两源。右边进去就是洪塘，据说东晋尚书洪绍的古墓就在那里。左边进去才是过桃花岭必经之处的李家坞。李家坞村四面环山,中间是个小平原。村口如瓶颈,宽约十数米,非常紧密。左右山麓如龙似虎,形胜非同寻常。李家坞古称松山,以满山遍植古松而得名。据传聚居在这里的后裔,皆为唐太宗李世民的后代。宋代富全曾在这里隐居,留下很多脍炙人口的田园诗。

"中界古道"穿村而过。村中有一幢老祠堂,可惜仅存半幢。祠堂过廊尽头,有一扇侧门。侧门之上嵌有一块青石匾额,上书"一路福星"四字狂草。据我猜测,这道侧门,也是"中界古道"的必经之处。一路福星,祝愿来往于古道上的客旅,一路顺风,福星相随。可见李家坞的先人宅心仁厚,其好客之情,一览无遗。

祠堂前方西北角,有一栋岌岌可危的破旧民居。同行的友人告诉

李家坞村

我，这就是大名鼎鼎的诗人孤岛先生的老家。孤岛先生远在新疆工作，著作等身，被文学界誉为"心灵的圣徒"。李家坞这样一个偏僻小村，出了这么一个大家，不仅是李家坞的骄傲，同样是"遂开古道"上盛开的一朵奇葩。

穿过密集的民居，终于来到李家坞的村头。天色渐渐暗淡下来，桃花岭下的山谷，阡陌层叠。灰蒙蒙的天空下，通往岭顶的古道若隐若现，晚归的农人，正从这条古道上走回村里。当我再次举起相机，想拍一张桃花岭的暮景，却发现液晶屏幕上显示着一条提示：电池已耗尽，请更换新的电池！

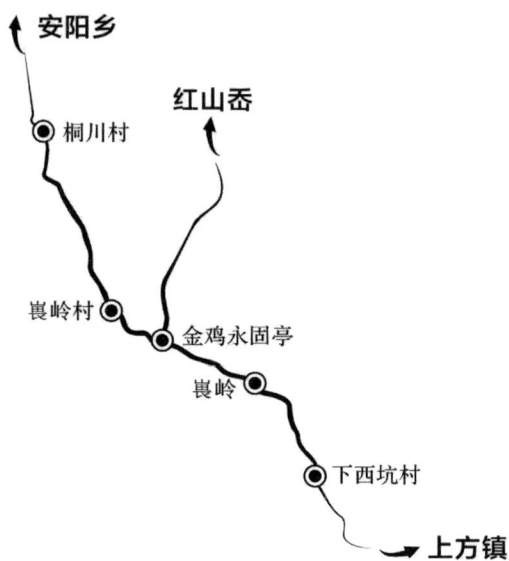

崀岭古道

　　崀岭，一称"畏岭"，亦称"嵬岭"，又称"猥岭"。音同字不同，释义也完全不同。那么这些叫法相同写法不同的名称有什么来由呢。

　　据明天启《衢州府志》记载："畏岭，衢睦两州孔道也。传洪武帝略地经此，山势崔巍，兵马几阻于行，视为畏途。"

岭顶有嵼岭亭,现存碑刻云:"嵼岭亭大清道光己亥年狮山蹑云余良卿仝男多庆陞庆建。"意思是在清朝道光十九年(1839),遂安狮山蹑云村的一个叫余良卿的人,携同余多庆、余陞庆两个儿子,共同建造了这座嵼岭亭。

《民国遂安县志·岭岩洞石附》记载:"猥岭,县南五十里,旧志。"又《交通·道路》载:"出南门,经相公岭(十五里)、胡家(二十里)、三台村(二十五里)、陈家店(三十里)、茅坪(四十里),过猥岭入衢县界。"两条信息皆称"猥岭"。

而"崷岭"一名,并没有查阅到历史记载,估摸是后人所起的名称。查《汉语字典》,崷,从山部,释义为山名,山貌,山高不平。

综上所叙,畏、嵼、猥、崷,皆指此岭,只是不同时期的叫法不同而已。如今崷岭北麓有崷岭村,崷岭南麓有畏坑村,仍有字面差异。笔者窃以为"崷岭"一词,寓意山岭高而不平,其义较为贴切,姑且权宜称之。

关于崷岭古道的传说很多。走访了古道沿途的村民,收集到以下几条:

传说之一:金鸡凉亭传说

相传元末朱元璋率领农民起义军攻占衢州失利,败退至崷岭古道金鸡凉亭处,已是人困马乏。至半夜,冥冥之中被金鸡长鸣声惊醒,疑恐元兵追至,急速带兵撤离。果然不久,元兵追到。幸有金鸡报警,使朱元璋摆脱了元兵的追击。明朝建立后,开国皇帝朱元璋念金鸡报警之功,御赐"金鸡永固亭"匾额。据当地老百姓描述,20世纪80年代末,村民在山上砍柴时还遇见过金鸡。金鸡飞过,顿时晴空万里,金色一片。

金鸡永固亭

传说之二：崀岭的由来

传说很久以前，畏岭没有现在这样高，也没有现在这样险。衢州那边有一个靠挑货做生意的人，经常从衢州挑货到遂安来做生意。家道日益殷实，做人、做生意却越来越不厚道。有一天途经五里亭时遇上一老者，老者问："挑货辛苦不辛苦？"挑货郎说："左一肩，右一肩，不怕畏岭高上天！"老者听挑货郎这样说，摇了摇头就消失了。后来，挑货郎再次挑货经过畏岭时，迟迟到不了畏岭顶，终于累死在半山腰。后来人发现畏岭高了很多，也险了很多，就在"畏"字上面加了一个"山"字，称为"崀岭"了。

传说之三：田塍路传说

自崀岭村走崀岭，距离金鸡永固亭不到200米处，两山之间有一条像人工筑建的山路，形似田塍，故名"田塍路"。传说此路几百年来，无论刮风下雨、人踩马踏，甚至人为地故意损坏，过一夜便会自动修复如初。民谣云："畏岭原无路，神仙筑田塍。任尔犁锄破，还原至永恒。"

传说之四：德公仙印

德公，余姓，名象其，大墅儒洪人。早年是挑夫，经常走崀岭古道到衢州。一日，路遇一商人模样的人，说是打包裹时不小心把老婆的一只鞋子带来了，求其帮忙顺路带回去。德公答应了，一路打听着找过去，并没有商人模样人说的村庄和房子，但发现了荒野中有另一只同样的鞋子。提起鞋子一看，鞋子下是无数的金银财宝。知道是仙人相助，回家后就用这些金银财宝在家乡积德行善，包括崀岭古道的修缮。德公死后成仙，路过崀岭古道，在金鸡凉亭前不到100米处的石头上留下了两个脚印，称"德公仙印"。

传说之五：夫妻树的来历

相传清朝乾隆年间，崀岭南麓下西坑村的一位林姓男子与崀岭北麓桐川村的王姓女子在崀岭古道上不期相遇，两人一见钟情，就互赠杉针私定终身。谁知王姓女子的父亲嫌林姓男子家贫，将女儿许配给狮城的富家子弟。但此女一诺千金，矢志要嫁给林郎。乘父不备，在出嫁前夜翻过崀岭在半山腰处与林郎相会，抱头痛哭至天明。女子见父亲派人追踪而至，即与情郎互撞头颅而死。其父无奈，只得将二人就地掩埋。若干年后，埋尸之处就长出了一株连根分支的两株巨杉，相依相偎，高耸云天。被世人称为"夫妻树"，成

夫妻树

了�古道上象征着矢志不渝、坚贞爱情的一道风景。

传说之六：响水泉的来历

自下西坑村上崀岭，五里处原有"五里亭"，供行人歇脚纳凉。说是清朝某年间，山下大东坞的一位年轻人见古道上人来人往，就到五里亭去免费施茶，顺便卖一些东西赚点钱补贴家用。然而，五里亭这个地方附近没有水源，每天需要从山脚挑水上山煮茶，非常辛苦。某一天傍晚，古道上来了一个衣裳破旧的乞丐，向年轻人讨茶喝。然而年轻人为一天准备的茶水已经用完，无奈之下就将售卖的米酒，赠送给乞丐喝，乞丐甚为感激。临行时，乞丐对年轻人说，此地并不是没有泉水，而是乱石堆积，水在石下暗流，没有泉眼而已。于是将手中的拐杖往山体上一戳，顿时泉水如注，发出哗啦啦的泉水声，然后乞丐消失无踪。年轻人方知乞丐并非凡人，乃神仙所化。此后，五里亭处就有了"响水泉"。

传说之七：神仙扇山传说

相传，清朝康熙年间，衢县上方有一个大户人家，依靠崀岭古道做食盐生意发家致富，于是决定回报社会，捐资修筑崀岭古道。当时，崀岭山中没有石料，铺筑岭道的石块全部需要从山脚肩挑背扛上去，耗时又费工，施工了一年有余，道路还没有修到五里亭。有一天，古道上来了一个光着脚丫、敞胸露腹、摇着蒲扇的人，见修路的人十分辛苦，就说道："你们这些人怎么这么笨，山上那么多石块不用，却到山脚下去抬？"修路的人反问道："山上只有高不可攀的大岩石，哪有铺路可用的石块？"那人说："石块是有，只是你们这帮懒惰的人看不见。"修路人说："我们天天抬石头，累得要死，怎么是懒惰呢？"那人又说："我赤着脚走到这里也累个半死了，如果你们不懒惰，就把我抬到岭顶上去。"众人听了，面面相觑。其中有一个年纪大一点的人，觉得来人气度不凡，就说道："抬你上去容易，只是你说的石块在哪里？"那人说："石块在山中，俗眼不见处。"老者听了将信将疑，不管三七二十一，就地砍了两根毛竹，扎成一个临时担架，安排了两个壮汉把那人抬到了岭顶。那人笑眯眯地对两个壮汉说："天色也不早了，你们下山就收工吧，到了明天，山中就有用不完的石块。"等修路的人全部下山，回头一看，那人已经站在一朵云上，将一把巨扇往山头上一扇，顷刻间山摇地动，轰隆作声，山尖上的大岩石纷纷破碎倾泻而下，填满了整个山谷。从此，崀岭南麓就有了取之不尽、用之不竭的石块，修路只需就地取材。

传说之八：嵋岭亭的来历

据传，大清道光年间，家住遂安狮山蹑云村的一个叫作余良卿的人，长子多庆、次子陛庆两个儿子均结婚数年，而两个媳妇的肚子不争气，没有生育一男半女，愁煞了余家父子两代人。一天，余良卿路经嵋岭，时值炎夏，登顶时余良卿身疲腿软，就想歇息一下再走。谁知嵋岭顶上全是稀松灌木，没有一个躲荫之处，只好折一些树枝，撑在头上勉强蔽日。由于疲乏过度，不知不觉就沉沉入睡了。梦中忽见送子观音对他说："汝膝下无孙，乃福报不足，可在此处建造凉亭，以修功德。"余良卿醒后，梦境清晰可辨。回家后，就与两个儿子商量，决计兴建嵋岭亭。工程历时半年，耗费白银五百两，终于大功告成，说来也怪，嵋岭亭建成之后，两个儿媳双双怀了孕，不出数年，余家人丁兴旺，成了狮山蹑云村非常有名望的大户人家。

峨岭亭石碑

　　一条山岭,稍微收集一下,就有这么多传说故事,可见它的历史底蕴不同凡响。然而,传说毕竟是传说,如果不去亲历一番,岂不是有失所望?

　　2023年4月1日,时值周末,笔者就有了崀岭之行。从千岛湖镇出发,导航显示行程36千米,耗时刚好1小时,我的好奇之心,就被爱车驮到了崀岭脚下的崀岭村。

　　途经桐川水口的时候,见道路右侧有一座古老的石拱桥,桥的两头均有高大的香樟树,枝繁叶茂,隐天蔽日,营造出"古道西风瘦马"的古朴意境。我不禁驻车停留了一小会儿,拨开藤蔓,发现桥额上镌有"獬麟桥"三字,顿觉此名颇有古意,寓意深刻。恰巧偶遇一位王姓老人,问及桥名来历。他说:"据长辈相传,此处左边是麒麟山,右边是獬豸山,两山狭处建桥,名叫獬麟。"

　　獬豸,双角神兽,能辨曲直,见有人争斗,即用角顶之。麒麟,祥瑞之兽,性情仁厚,为世人爱之。站在古桥上,遐想连篇。獬豸守村,有不屈之勇。麒麟护村,有吉祥之兆。相比当下诸如"红旗桥""团结桥"之类,直呼其意,俗气横秋,少有文化内涵。不得不佩服古人的智慧,寓意深远,用词含蓄,老有文化的样子。

站在獬麟桥上,见桥下来自崀岭山中的溪水,在阳光的照射之下,奔流着绿油油的波光,使人产生"一行到此水西流"的联想,也给了我的崀岭之行镀上了一层诗性的禅意。

崀岭古道的起点,就在崀岭行政村枫坪自然村后。入口处,立有三间式铁艺牌坊,横梁上书"畏岭古道",联云:"西起淳安县安阳乡畏岭村,东至衢州市上方镇下西坑。"旁立景区介绍牌、运动健康小知识、古道路线图、户外徒步注意事项以及防火温馨提示牌等。据村民介绍,前几年安阳乡政府还投入重金,对古道进行了全线修缮,可见当地政府对这条古道的重视。

崀岭古道

古道起岭后,沿山垄蜿蜒爬升,途经1000余米的毛竹林。修篁林立,光影斑驳,人行其中,惬意无比。用卵石铺筑的古道,宽约1.5米,圆圆的石块,一块挤着一块,如同一条鱼鳞路。虽没有石板路那般高级,但也独具特色。

初始上山的路，并不陡峭，相对比较平缓。穿过毛竹林，古道在灌木林中上延。在这个仲春之末、暮春之初的清明前期，低山上的野樱花早已凋谢，而火红的杜鹃花恰恰初露芳菲，更有一种紫色的杜鹃花正在迎风怒放。山风吹来，花香阵阵，大口大口地呼吸着富含负氧离子的空气，令人神清气爽。

前行不久，路左有一个木制的草亭。看新旧程度，很明显是近年间新建的。草亭无名，我看了一下码表，此亭距离起点刚好1.5千米，姑且称为"三里亭"吧。于是思忖一番，戏撰联云："修篁一路随三里，高垄两侧竖千峰。"

过了传说中的"田塍路"，前方就是金鸡永固亭。古亭建在三岔路口，左行为土路，可至红山岙，右行仍为卵石路，直至崀岭顶，下行即来路。

金鸡永固亭，以采石砌筑而成，乃窑式建筑。依山坐落，坐东朝西。穿过圆洞门，进入窑洞凉亭。幽暗的光线下，目测面积有30余平方米，可容数十人。中间有篝火堆，墙角有杉毛枯枝之类，以备寒冬之际行人生火取暖。贴墙一周，设有石砌矮凳，供行人歇脚。几乎密闭的空间，堪称遮风避雨之佳所。

洞厅正墙上设有神龛，上嵌碑额，书"感应"二字；下嵌一碑，镌"供奉金鸡太王神座"八个正楷阳雕大字。右侧另有一碑，上镌《重修金鸡永固亭碑记》，其文云："金鸡亭者，六都琅川余天叙公所始建也。其子耿周公、孙夏鸿公、曾孙照贵公屡次修整，历年所致今坍塌。予经过此岭，叹行路之难，无从休息，意欲即行重建。但此山系开启祖业，因浼五都吴汝舟妹丈、六都余建之弟七都余建中，亲向伊商酌，邀通合修。开启云：'此系光祖美举，虽欲矢志修复，奈绵力不及，何愿让予？'乃择吉兴工，开扩旧基，重为改造，告竣之日，建碑以叙颠末，以垂不朽云。是为记。咸丰十年庚申三月吉日，儒洪余启之立石，房弟余大章书，石司汪春元刊。"

根据上述碑文可知，金鸡亭不仅是一座凉亭，还是一座神殿，内供金鸡太王，与民间传说洪武帝赐金鸡永固亭匾不无关系。不然，古遂旧邑供奉金鸡为神的并无他例，估摸仅此而已。金鸡亭初创人为琅川（安阳畈西部的南水古村，今已淹没于千岛湖底）余天叙。历经四代人维护后，到余启开这一代，因无力修缮，至咸丰十年（1860）前坍塌。据推算，金鸡亭的始建年代，大约在乾隆年间。这次是儒洪村的余启之出面，领头重建了金鸡亭。

时至今日，建亭修亭的古人早已化作历史云烟，而金鸡亭却巍然耸立，其"永固"二字，得到了时间的考验。

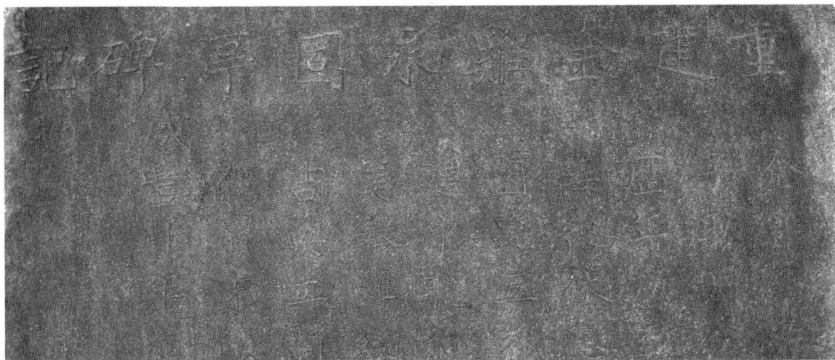

咸丰十年重建金鸡永固亭碑记

告别金鸡亭，前行不远就到了千里岗北向延展的陡峭山岭。古道偏离山脊，右向切坡而上。由于山势嶙峋，古道的宽度也随之缩减到80厘米。正在我踌躇之际，猛然间右侧树林中嚯嚯地腾起一鸟，通身金羽，嘎嘎而飞。这突如其来的遭遇，令我极度恐惧。难不成这就是传说中的金鸡吗？惊魂甫定之际，再仔细观察那鸟，只不过是一只锦鸡而已。殊不料之前白云皑皑的天空，居然烟飘云散，留下万里无云的一天穹隆，蓝得出奇！

我暗忖，倘若不是我一人独闯崀岭，嘈杂的脚步声早已把宿鸟惊醒。这种貌似神异的际遇，与金鸡的传说并无些许关联，只不过是巧合罢了。

继续前行，就到了“剑叶泉”。此泉并非突冒泉眼，而是一道沟壑，汩汩的清泉自石壁倾泻而下，成为崀岭接近顶部的唯一取水之处。沟壑两侧的山体上，长满了裹粽子的箬叶，估计“剑叶泉”的名字便由此而来。

再往上，白白的野樱花、红红的野桃花以及晃晃的腊瓣花开得正艳。这里毕竟是海拔800米以上的高度，植物带也有了仙凡之分。高大的树已不多见，只有那些萎靡不振的灌木，尚没有获得春的消息，仍然以萧条的树枝，显现着“春眠不觉晓”的懒惰睡姿。

及至崀岭顶垭口，狂劲的风就不打一处来。崀岭亭寂寞在路的左侧，不知是谁乱扯的彩条布，早已被风撕成了碎条，在猎猎的风中，舞动着破败的旗帜。

站在崀岭亭前，我稍作平息。

峨岭亭

    峨岭亭,形制与金鸡永固亭一模一样,也是窑式石砌建筑。走进亭内,杂乱无章的生活用品散落一地。有桌,有凳,有床,有柜,甚至有冰箱。很显然,这是一个曾经有人住宿的地方!

    我打开手机灯,只见幽暗的后壁上,同样嵌有石碑。中间为门式石碑,额书"峨岭亭"三字,阳雕阴刻,繁体楷书。联云:"日月高悬千古镜;雨□□握四时衡。"左右两侧各立一碑,碑文大致相同:"大清道光己亥年狮山蹑云余良卿全男多庆陛庆建。"可见此亭建造人,唯恐日后一碑遗失,重复竖立了三通,以免年湮成谜。

    有必要批评一下借宿此亭的老哥,你千不该万不该将凌乱的物件抛弃在亭中,让这座拥有180余年历史的古亭大煞风景,蒙受不洁之厄。所幸,古亭因建筑考究,风貌依然。要不然贵君独占己有,全然不顾路

岭顶风光

人偶尔到此,需要入亭歇脚,岂不是违背了善人余良卿的初心?

岭顶垭口海拔1086米,凭高北望,层峦叠嶂,古遂大地尽收眼底。转身南瞰,群山莽莽,三衢村落依稀可见。

亭前立有界碑,南面书"衢州",北面书"杭州"。站在岭顶,哪怕是凡夫俗子,也是"一脚踏两州"的英雄好汉!

指路牌上,密密麻麻地钉有铝质导向牌,箭头均指向西部山冈。依次是千里岗、彭家庄、衢州上流坑村、皂角岭、淳安桃林源村、衢州皂角源村、黄泥岭、衢州上坪田村、黄茅尖、衢州大麦源、白马乳洞山等。没想到崀岭顶还是一个交通要塞,沿着山脊向南行,可以到达十几个鲜为人知的目的地。

这就是大山的做派! 它在云雾之间滋养林莽,醴出清泉使得万壑竞流。水到之处,草长莺飞,人间烟火因而蔓延。

南面下山的路,出奇地陡峭。石砌的古道,均以台阶式梯降。衢县民谣云:"巍巍畏岭冈,高高在天上。天梯四千级,要拐六十弯。"据统计,自衢州下西坑沿崀岭古道攀登至崀岭顶，共计有4092步台阶，61道弯，由此可见畏岭南面古道的艰险程度。

据说，崀岭是一尊佛陀的化身。它面朝遂安，背对衢县。遂安方向是肚子，因此相对较缓。衢县方向是背脊，所以既陡又险。

古道一直在乱石塄中呈之字形下降，双脚别无选择，只得一步一个台阶慢慢地走。沿途皆是树龄百年的杉木林，枯黄的杉毛刺落在古道上，宛若一只只变形的蜈蚣，爬满一地。

半山腰处，有一株连根双枝的古杉，树径估摸有两米，相依相偎，挺拔而立。想必就是传说中的"夫妻树"吧？古树的根部，依稀可见锈迹斑斑的铁楔子，仿佛有砍伐过的痕迹。相传，这株古杉，由于粗大古老，被人认为是做棺材的上等材料。因此，衢县那边的村民，总是想向业主购买而伐之。遂安这边有一个客商，得知此事后，花重金向业主买下此树，并张贴告示加以保护。但还是有一些不法之徒，趁黑夜前来偷伐。谁知他们使用斧头砍到一半，嵌入铁楔子，在砍另一半的时候，先前砍的一半就恢复如初，铁楔子想拔也拔不出来。事后，附近村民觉得此树有灵，从此不敢轻举妄动。

下山的古道虽陡，但台阶铺筑得很好。就在年前，这条古道得到了当地政府的投资，全程进行了修缮。遗憾的是，在古道石块的缝隙里，镶嵌了大量的混凝土。白白的水泥与古旧的石块结合在一起，形成新不新旧不旧的尴尬面貌，使这条古道古韵大减。

更可恶的是，承包此项工程的老板，毫无环保意识。将大量的水泥袋和沙子袋，随处乱扔，致使古道沿途触目皆是刺眼的白色垃圾。这种大煞风景的做法，令我咬牙切齿。

下行到五里亭不远处，古道来到垱心。耳边忽然听到轰隆隆的声响。移目四顾，并无发声之处。带着疑惑下行至响水泉，再贴地仔细聆听，发现响声来自地下。原来，垱心由乱石堆积而成，其下已经形成一条暗河，轰隆隆的声音乃哗啦啦的水声产生的共鸣。第一次遇到这种自然现象，才发现自己少见多怪，真是"行了万里路，仍有不解书"。

五里亭，就在响水泉的前方。古亭早已不复存在，遗址上已经建起了数间木屋。空荡荡的屋子里，并没有管理人员。古道已废弃，鲜有路人来。茶亭依旧在，茶水施向谁？

新建的五里亭

五里亭，也是一个岔路口。往左沿山垄下山，基本上是平路。往右沿沟壑下垱，依然是台阶路。我愿意顺台阶走，大约200米的古道下全是暗流，人行其上，宛如走在交响乐的音乐大厅里，时而高山流水，时而波涛汹涌，真如品鉴一场难得一遇的音乐大餐。

下行的大垱底，右侧山垱的明水与刚才经过的暗流汇成一流。溪涧渐渐开阔起来。宽敞的公路已经修到了这里，经过一道龙门瀑布，不远处就是下西坑村了。

看了一下行程轨迹,全程7千米,耗时4小时。崀岭古道已经被我抛在身后,自豪感油然而生。遂口占打油诗二首,以壮此行。

其一

人言崀岭比天高,举步维艰路迢迢。

而今执杖从容过,捉住金鸡唱啸傲。

其二

只身孤胆闯崀岭,积跬累步往上行。

男儿当怀凌云志,踏破青山谓炼心。

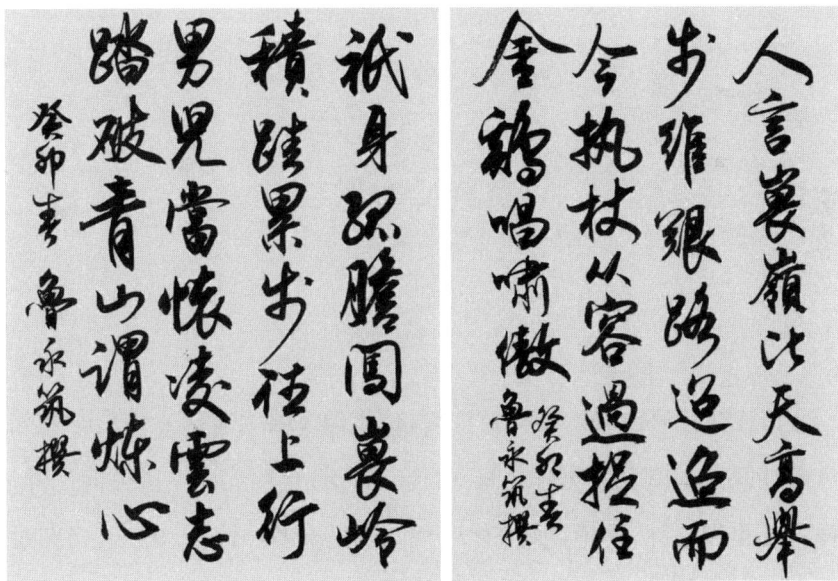

邵红卫书法

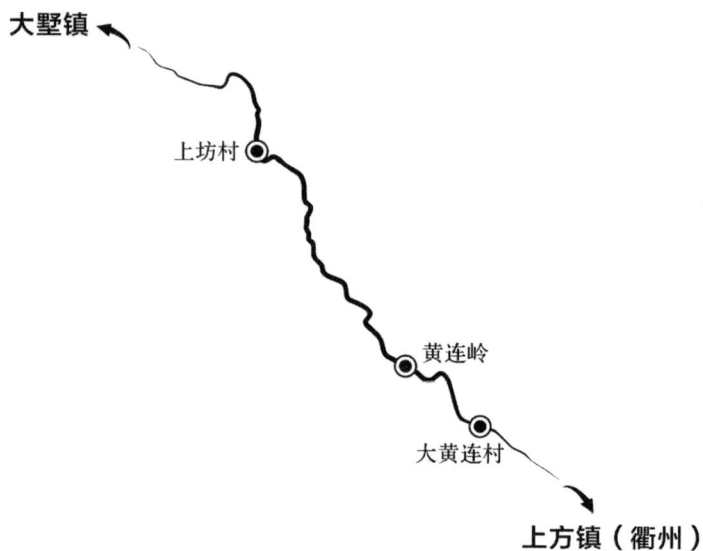

大墅镇

上坊村

黄连岭

大黄连村

上方镇（衢州）

黄连岭古道

　　黄连岭，旧称青岭，讹称黄泥岭，位于淳安县大墅镇上坊村与衢州市衢江区上方镇大黄连村之间。黄连岭古道，自西北朝东南方向延伸，横跨千里岗山脉，岭道全程约15千米（30里），岭顶海拔892米，乃旧时遂安七都通往衢州的一条重要山岭陆路。

事实上，黄连岭古道只是"遂衢古道"其中的一段山路。以此岭为纽带延伸出去的古道，北连遂安狮城，南通衢州府城。在公路交通不发达的年代，这条古道可以说是遂衢两地之间的通商大道。

在古遂安，流传着"三都、四都源的畈，五都源的田，六都源的源，七都源的路，八都源里的树"的说法。意思是说，三都、四都的村畈比较开阔；五都的农田比较肥沃；六都的源头比较深远；七都的道路比较平整；八都的树木比较茂盛。也就是说，在旧时遂安，七都人值得炫耀、引以为豪的东西就是既平整又宽敞的石板路。

这条石板路，以长方形青石板铺筑路心，以乱石砌筑路肩，宽1.5~2米。从原山后村王氏孝子牌坊东侧的木桥头开始，途经麟振桥、儒洪村、余家店、黄潭岭、岭东渡桥、田岭宅、半坞坑、老岭，直到上坊村，全长13千米。这是一条受到数代古人呵护的爱心之路，据说只要不下雨，穿着布鞋都好走。

然而，随着现代公路的开拓，大部分古道已经损毁。目前保存较好的路段在黄潭岭一带，自儒洪村入源3千米处始至长坞湾田止，长约800米。

关于这800米的石板路，民间流传着一则传说。

相传，南宋时期，上坊村方氏先祖到狮城办事，返回到黄潭岭时，正值炎炎夏日，口渴难忍，于是就到岭上的冷水泉去喝水。到了冷水泉边，急忙俯下身子去喝水，不料被泉边的草尖戳了前额，于是就伸手抓住那草丛，使劲一拉却带出一个大汤瓶，仔细一看，瓶内全是白花花的银子，就这样意外地发了一笔横财。古人认为发了横财，必须用来做好事,否则对子孙后代不利。黄潭岭一带原来全是黄泥路,每到雨季就泥泞不堪,行人至此,苦不堪言。方氏先祖就用这些银子,雇请工匠,打造了这段石板路。

这则传说,是真是假,已无从考证。但从一个侧面可以反映出一种现象,那就是那些曾经的石板路,都是那些一代又一代极具善心的先贤,自掏腰包,舍私为公,修建而成。

黄连岭古道,起始于上坊村。这个村庄地处七都源的源头,旧称"桂林里居"。据《桂林方氏宗谱》记载,南宋端宗景炎年间(1276—1278),方彦成公自桐庐白云源迁此建村,迄今已有700余年的历史。民国时期,该村出过一个名人,名叫方大猷,曾任遂安县教育会会长,劝学禁赌,留有美名。该村存有柳杉古树,据传为始祖方公手植。

古道自上坊村头起始,沿河道右侧行进,经直坑源村循源而入。遥望山岭,竹林如海,山色青葱。故黄连岭又称青岭。谱载上坊十景之一《青岭流霞》诗云:

岩峣青岭毓青苔,几度凭临扫不开。

石峻渐缘登绝顶,落霞飞鹜与徘徊。

古道上行约5000米处的山坞里,存有银仓湾亭遗址。据传始建于清康熙年间,方氏祖先为方便过往黄连岭的行人在此遮风避雨,捐资所建。亭后石壁上留有藏宝诗云:"只要人有德,银仓堂有义。"不过这个宝藏之谜,至今没有人能够破解。

即至岭顶,亦有界牌亭遗址。界牌亭,又称"金鸡亭",位于黄连岭横幅头与衢县交界处。据说此亭始建于清咸丰年间,上坊方氏祖先所建,原为骑路凉亭,南北洞开两门,亭内设矮座,供行人歇息。毁于民国后期。

站在岭顶,北望古遂大地,天高云淡;南瞰三衢村落,依稀可见。越岭下行约5000米,即至大黄连村。

谱载《秀峰插天》诗云:

千丈岗嶙路万重,层层削出翠芙蓉。

无边秀色凌霄汉,争美东南第一峰。

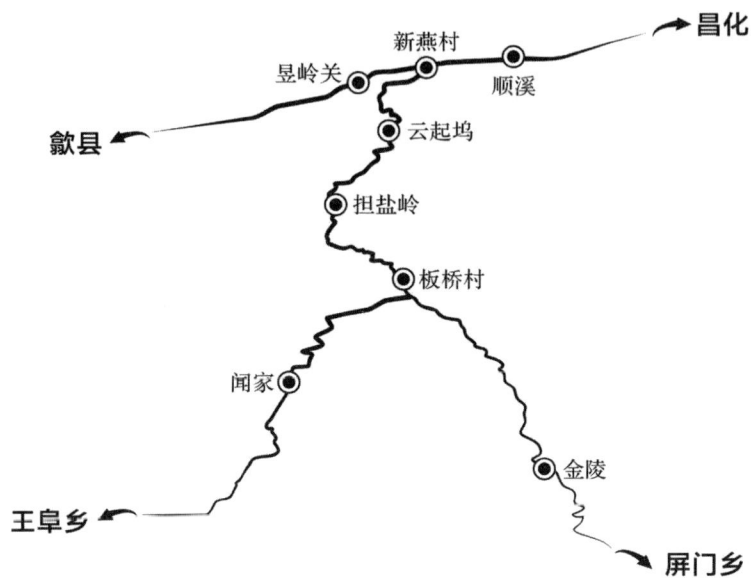

昌化

歙县

新燕村

昱岭关

顺溪

云起坞

担盐岭

板桥村

闻家

金陵

王阜乡

屏门乡

担盐岭古道

在战火纷飞或盐禁严酷的时代,有一条冷僻而神秘的古道,承载着山区生民的活路。由于它山高路险,官兵鞭长莫及,灾民逃难或紧俏物资运输往往通过这里暗度陈仓,它就是著名的担盐岭古道。

在现代人的思维里,由此及彼的行程,往往选择就近从速。而在旧时,或战乱,或酷政,都会影响老百姓的基本生存环境。譬如盐,历朝历代由官府严加管控,属于官府专营物资。一旦发生战乱,交通运输出现问题,维系生命的盐,就成了天价之物。在淳安民间,有"斤米换石(担)盐"和"性命换盐"的说法。由此可见,在今天看来普普通通的盐,在特殊的历史时期,曾经何其金贵。

担盐岭,俗称"担盐降",有案可查的历史可以上溯到唐朝末年。

据传,吴越国开国国君钱镠原是盐贩子出身。唐朝大中六年(864),钱镠出生于临安县石镜乡大官山(现称"功臣山")下的临水里钱坞垅。相传他出生时突现红光,且相貌奇丑,父亲钱宽认为不祥,欲弃于屋后井中,但因祖母怜惜,方得保全性命,因而取乳名"婆留"(阿婆留其命之义)。而这口井后来也被称为"婆留井"。

钱镠自幼学武,擅长射箭、舞槊,对图谶、纬书也有所涉猎。成年后,他组织乡勇成立担盐队,往返于淳、分、昌、徽等地,以贩卖私盐为生。

就在这一时期,钱镠开辟了这条荒僻而险峻的古道。后来,因钱镠曾在此道担盐,故称"担盐岭"。

这条古道,在和平时期几乎是没有人走的。因为它不是一条捷径,而是一条虎狼出没、荒凉漫长的险道。

据《清光绪淳安陆路道里记》载:

干路,路向东北。自贺城东圈门外东庙五里至五龙桥,东南行三里至任村,东北行九里至童坞村,东少北行五里五分至进贤镇,东行折而北复折而东行十二里六分至桥西村。至此转入支路。西北曲曲行十二里八分至显后村,西北行七里至凤乾村,西北行越师姑岭十一里四分至方桥村,东行六里四分至下碓村,西北行十里强至屏门村,又西北行十七里八分至大陵岭麓,西北行折而东北行十六里三分至金竹村,西北行八里七分至下坞岭西(路亭),曲曲北行七里五分至担盐岭,与杭州府昌化县分界。

这条古道,在淳安境内就有133华里。越过担盐岭,北向下岭行八里至云起坞,再北行十里至冷水埠、新燕村,至此与徽杭大路相连。东行六里至顺溪可通临安、杭州,西行八里至昱岭关可达歙县、徽州。

从地理位置上来看,担盐岭位于徽州与杭州之间,主干道上的重要物资,通过担盐岭,秘密地流入淳安腹地,确实是一个独到而高明的选择。

唐朝末年,鲁村(临岐镇吴峰村)的鲁偁或许就在担盐岭与钱镠相遇,并皆为布衣交。乾宁年间,董昌作乱,鲁偁与钱镠并肩作战,大获全胜。之后,钱镠成为吴越国君,鲁偁擢为兵部尚书。事情的起因,就是挑盐挑出来的友谊。

据《吴山鲁氏宗谱》记载:

鲁偁,字俶大,公旺公之长子,吴山鲁氏显祖,与吴越武肃王钱镠为布衣交。唐末乾宁间董昌作乱,延及邻壤。公乃裒乡人屯营于吴山下,互相保卫。闻钱帅摈界,公与二弟曰:"钱与我有旧,此天遗我以佳会也。"躬历高平、长石等乡,语其父老,率其子弟越杭界诣钱军,钱与公握手相欢如初。曰："子来何暮也，将与子合兵讨贼！"公乃帅其部伍直前奋击，大破昌军。昌即诛，功奏于唐，唐以公主镇。天复间，陈珣又叛，公廼构营六十间，屯堡相望，以拒逆珣。钱旌其劳，命摄青溪令兼左卫兵曹参军。复有讨珣之命，因率部将廿二人领镇兵千余击贼，贼皆震慴，遥望镇上草木，疑以为兵。贼皆散走，因而获珣。取八公山草木皆兵之义，名其山曰公山。当是时，朱梁篡唐，藩镇割据，天下豪杰，各归其主。公遂仕于钱，始摄青溪之职，建五圣行祠，碑刻俱存。当时本境析为四乡，今之八都则平门乡，九都则高明乡，十都则长乐乡，十一都则石门乡，章口有镇今之石门径口是也。前此乡镇被帅烧毁，公造营屯寨，又于喻口置长乐铺。公以积功特召入朝，同光年间拜金紫光禄大夫兵部尚书，三十二人并与补官。吴越王亦以礼物宣赐，恩宠优渥，所收手札，至宋犹存。

　　这是白纸黑字载入谱牒的记述，应当相信其言不虚。笔者在幼年的时候，就听族中长辈讲述显祖鲁倩挑盐的故事。说是我们的老祖宗勇猛过人，一条扁担就可以撂倒数十人。他带领的担盐队，威震青溪，经常往返于淳昌之间，就连官兵亦闻风而避之。后来助钱镠立吴越国，官拜兵部尚书，亦非偶然。

　　这条曾让老祖宗发迹的古道，对于笔者来说，没有不去探访的理由。癸卯年春，一个雨后初晴的日子，笔者踏上了前往担盐岭的路。

　　从千岛湖镇到担盐岭（位于王阜乡板桥村），古时抄近道60千米，步行前往需披星戴月，耗时一日。如今公路绕行临岐，行程88千米。前半段路尚好,后半段路由于等级较低,车速几近蜗行。因此,整个行程耗时约需2小时。

车至板桥村,就来到了海拔960米的高山村落。整个山村被云雾缭绕着,虽是季春时节的中午,仍然寒气袭人。

当地盛产片岩,村中的房子基本上以石板作瓦。村口建有石板桥,故以"石板桥"命名。村庄人口不多,仅30户114人,姓氏以詹、罗、闻三姓居多。

板桥村中,有闻名遐迩的福华庵。它位于山谷底部,俗称"石板庵"。这座始建于清朝初期的建筑,不仅是佛门圣地,还是中共淳安县委创始地,有着辉煌的红色革命印记。

福华庵,始建于康熙五十九年(1720),建筑群坐东南朝西北,背靠

板桥村

九座嵯峨连绵的山峰，庵前隔溪坑有圆形小山垅，故呼之为"九龙捧珠"，素有"福华胜境"之美誉。福华庵建筑群，包含大殿、厢房、伙房、库房等4幢，占地面积300多平方米。古庵保存尚好，内有立于清朝嘉庆五年(1800)的"重建福华庵碑记"。1966年"破四旧，立四新"，庵内84尊神像及古文物毁于一旦。1984年，福华庵部分墙体倒塌。是年，村民自筹资金全面修缮庵堂，重塑了观世音菩萨等佛像。

关于福华庵。据传原址并不在此，而是在庵外不远处。传说，庵里养着三只大公鸡，司晨报晓。每日清晨放出，四处奔跑，直到晚上才回鸡舍。后来小和尚好奇，发现三只鸡出庵外玩耍，先要跑到一块大石塔上，昂首高鸣一阵，然后才各自寻食。有一天，小和尚化斋天黑回来，看见大石塔上有红光闪现，就把此事说给老和尚听。老和尚寻思，朝有鸡鸣，夜有光照，纯属宝地显灵啊。于是就把庵堂迁至现址重建，颜其额为"福华胜境"。

从此，庵堂香火日盛。庵内除主供观世音神像外，还添置了十八罗汉、二十四位诸天神等84尊神像。老和尚不但会念经，还有一身了不得的武功。他要求寺僧在功课之余，练习武术。小小的山村，地处担盐岭古道的要冲，强人出没也是时常发生的事，这些武功高超的和尚，也成了石板桥村的"保护神"。

后来，福华庵的和尚越来越多，练武的场地受到了限制。老和尚决定把庵前右侧一座珠形小山头开挖成平地，改为习武操场。不曾想这个小山头是大风水"九龙捧珠"的"珠子"。移除此山，破了风水，从此庵堂香火逐年衰退，庵里的和尚不得不去其他寺庙讨生活。

大清咸丰元年(1851),一位法号叫"月明"的尼姑来到福华庵。她心地善良,且武艺超群。进驻福华庵后,广收社会上的孤苦女童,把和尚庵改成尼姑庵,香火重新鼎盛。新中国成立(1949)以后,尼姑相继还俗成家,庵堂从此清冷。

看过福华庵之后,我才回归到此行的正题。这个时节,石板桥的村民还是忙于茶事,大多的农户都是"铁将军把门"。就在通往担盐岭的路上,我遇到了采茶回来吃中饭的罗先生,于是向他问及担盐岭的情况,并表示要前往走一走的意图。他说:"担盐岭啊,现在没有人走了,已经荒芜多年,古道早已被柴草掩没,如果不安排几十个劳力劈一劈路,怕是无法走了。"我一听,心都凉透了。没想到满怀希望地来,却被无情的荆莽堵在了担盐岭的起点。

既然不能走,我也得了解一番担盐岭的情况。罗先生介绍说:"这条古道,在20世纪90年代以前还是非常通畅的,我们这一带的人为了多一点收入,自产的山核桃、茶叶之类的山货,基本上都要从这条古道挑过去到昌化那边去卖。一天一个来回,能赚个几十块钱。比如山核桃每斤税收只有几分钱。关键还在于价格,那个时候我们这边的山核桃只能卖到三毛多一斤,而挑到昌化那边,就能卖到五毛多,一百斤的担子,就能多出百来元。"

听到这里,我已经明白了担盐岭存在的意义和价值。从唐朝钱镠贩盐到20世纪80年代山民的营生,由于这条古道不设关卡,就有了"可乘之机"。难怪古人与今人,舍近求远,放弃平整大道不走,不计艰辛来走这条"密道"。

罗先生还说："担盐岭顶，有一个石砌凉亭，虽然亭顶无存，但三面石墙仍在。亭子不远处的石阶上，还留有吴越王钱镠的'搭柱疤'，算是一处有历史的古迹。"

这一番话，又勾起了我的兴致。恳求罗先生带我前往，他还是以无法通行予以拒绝。看来，人世间的事情，不是每一件事情都能圆满，总会给人留下一些遗憾。就这样，我唉声叹气地向罗先生作别，把担盐岭的行程，拉回到我魂牵已久的梦中。

第三辑

远足

人文淳安

RENWEN CHUNAN
XILIE CONGSHU

县际古道

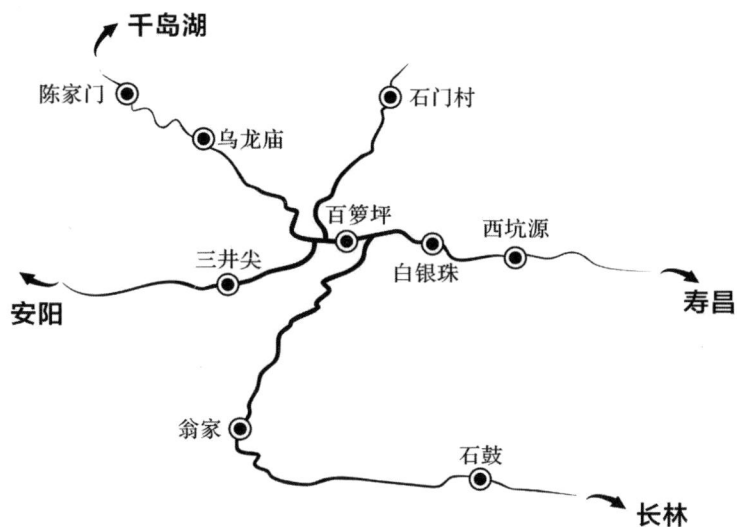

百箩坪古道

　　百箩坪，位于千里岗中段海拔约1100米的山巅，因先民在此种地获粮百箩而得名。岭顶有石砌窑式古凉亭，又称"太华殿"，乃明清时期的古建筑，至今保存完好，古风依然。

　　百箩坪古为淳安、遂安、寿昌三县交通枢纽，北连三井尖，分路可达安阳、狮城、许源、港口、贺城以及石门、里商；南通白银珠、李家以及翁家、石鼓、长林。

据明余敷中《太末集》记载："微平（百箩坪一带千里岗主体群），四面峻峭，重牛享舟，上有平田几千亩。山皆空洞，八洞环到。山麓北为十八洞；南为太真洞、白塔、凉棚、灵龟洞；前为朝阳、葱口诸洞。此胜当甲于东南，杠脚不特一邑已也。"

百箩坪古道初凿于何时，已无从考证。然而，这条古道在旧时曾经走过无数风尘仆仆的古人，如今仍然迎来送往那些衣着光鲜的户外运动爱好者。古道虽然失去了往昔的热闹，但也从不寂寞。那些葳蕤生长的草木，那些按时绽放的花朵，那些宛转悠扬的鸟鸣，以及那些匆匆而过的季风，都会给它带来快乐，使它那苍老的额头上的皱纹，时不时舒展一下，露出欣慰的笑容。

上百箩坪，是压在我心底多年的梦，只是杂务缠身，一直未予成行。2023年4月16日，我拨通了里商乡石门村叶世广书记的电话，告知他我次日要去百箩坪，并请求他帮我找一个带路的人。因为从石门村上百箩坪的路，已经荒废了几十年，原先的路径已经消失，只有熟悉此道的

石门村口摩崖石刻

人,才能将我引入"正途"。

叶世旺,一个55岁的中年男子,他是土生土长的石门村人。早年间,他热衷于捕兽之类,对百笋坪一带的山麓了如指掌。叶世广说:"请他为你带路,是最佳人选。你跟着他走,我一百个放心。"

从千岛湖镇出发,驾车到石门村,约莫一个小时的车程。17日上午9点,在石门村文化礼堂门前,我就见到了腰系柴刀、矮壮俊朗的叶世旺。车子扔在大源与小源交会之处,我们就向"高深莫测"的百笋坪进发。

经过一片人造田之后,古道就进入了河滩里。虽说是古道,已经很难找到古道的路径。因为这条沿河的路,几十年没人修了,任由山洪冲刷,哪里还有什么路?

既然没有路,河滩就是路。叶世旺走在前头,他也是一边目测一边摸索而行。过水的路段,时不时要扔上一块大卵石,当作临时性的石步。就这样一会儿跨到溪流的东岸,一会儿又跨到溪流的西岸。所谓的古道,就由这些数以百计的石步组成。

这样的路,最倒霉的就是脚了。在杂乱无章的乱石堆里跳跃,一会儿前掌落地,一会儿后跟落地,左一扭右一扭的,如果掌握不好平衡,就非常容易落水甚至扭伤。

山谷河滩

这里是一道幽深的山谷,两侧都是高耸入云的崇山峻岭。狭窄的河道里,清澈的水在乱石间肆意地流着。我们的脚步声,惊动了逍遥的鱼和静卧的石鸡,它们四下乱窜,似乎不欢迎我们的到来。

只要是不过水的河床,就长着高大的树。有高大的蜡梅,有挂着花絮的鸡爪木,还有很多叫不出名字的杂树。不过,河床上最多的是山枣树,又高又大,几乎填满了整个河滩。叶世旺说,每到秋冬季节,山枣就会从树上掉下来,摊满一地,那些野猪、山麂之类的动物,就会下山来捡食。在野生动物保护法没有实施之前,我们经常在此设个套,搞一点野味尝尝是一件非常容易的事。

溪中的石蛙

越往里走,河床越发狭窄。枯藤随处倒挂着,潮湿的石块上长满了苔藓。还有那些横七竖八的朽木,随意倒在河滩中。这种意境有点九寨沟的味道,显得既幽静又原始。

这条逆流而上的"路",足足有4千米,耗费了我们一个半小时,可见其艰难程度。然而,这种原生态的环境,与大肆开发过的景点不同,触目之处皆自然,耳听之音皆天籁,没有现代的"俗",只有原始的"古",给人的感觉是求之不得的恬静和安逸。

及至百箩坪山麓脚,水分左右两源,

山谷开始陡起，河床就无法走人了。叶世旺带我来到中垄下，指着一处石坎说，真正上山的路就在这里。

所谓上山的路，还不能说是路，只能说是树林的间隙。貌似古道的路径，也被箬叶丛所覆盖。走了不到百米，路径就消失了。叶世旺说，甭管了，沿着垄脊直接往上爬，到了山顶就有路。

这是新的考验，先前是"跳路"，现在是"登山"。先前考验的是脚板，现在开始考验腿筋了。在这里能够用到的成语，除了"气喘吁吁"，就是"精疲力尽"了。

中垄下部较陡，上部较平缓。沿途看到很多野猪窝。林下的地非常松软，那都是野猪拱过无数遍的食场。及至半山腰，有一处面积大约在一亩的坪地。叶世旺说，20世纪70年代，石门村有一个生产队在这里种玉米，这是当时宿营于此留下的棚基。

坪地上到处都是野猪的粪便，地也是被野猪翻过多遍的。叶世旺说，这是野猪广场。我说，不对，这应该是野猪的集中训练营。

百萝坪高山草甸

越往上，山势越发平缓，一台未完，又来一台。所幸沿途皆是疏林，并没有太多的灌木荒草。就这样在林间穿越了一个小时，终于到达岭顶的横路。叶世旺说，往左走，去建德；往右走，去安阳。我看了一下路，居然是人为修过的，既平坦又顺直。哈哈，这才是古道应有的样子嘛！

站在横路上，看了一下海拔表，显示1036米。向东远眺，万壑千峰皆在脚下，自豪之感油然而生。真是不经历艰险，哪来的风光无限与海阔天空？

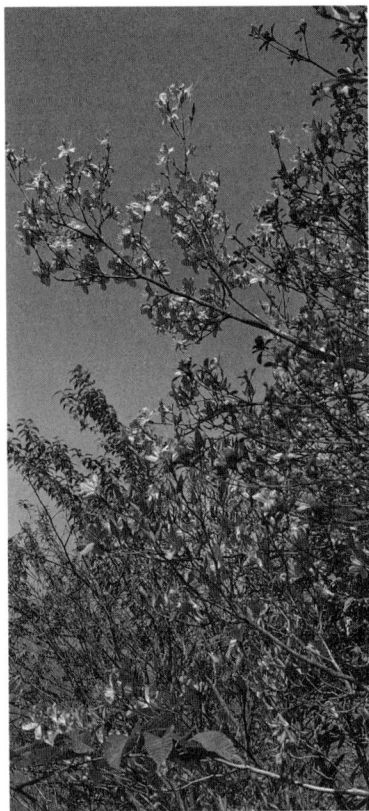
百箩坪上的杜鹃花

按照计划，我们往建德的方向走，沿途的红杜鹃、紫杜鹃开得正艳。林下密密麻麻地长着金针花草，仿佛人工种植的一般，仔细一看，植株矮小，全部属于野生物种。可以想见，当夏季来临，这里一定是野金针花的海洋，一道世俗难见的风景。

岭顶即山巅，果然是大面积的坪地，想必这就是传说中的百箩坪了吧。过冈有一坳，坳里就是百箩亭。依山而建的石砌窑亭，静卧在这里，呈现着古朴掉渣的样子。入内细看，神龛处立有石碑，上书"太华殿"三字。但没有太华殿来由的介绍碑，令我疑惑不解。

关于这个凉亭的来历，因为没有碑刻之类的记载，也就成了一个谜。不过，在建德民间却流传着一则"寡妇造凉亭"的传说。

据传，古时候西坑源外的沙墩头村住着一户农家，丈夫在田里辛勤耕作，妻子在家里操持家务，男勤女俭，小日子过得还算美满。人就是这个样，一旦有了一些积蓄，不是想着买田，就是想着起屋。这对夫妻也是如此。他们就想着要起一幢新屋，好留给还没有出世的儿女们。

某年夏天的一天，丈夫早早起床，从灶间拿了几个苞芦馃，准备到百笋坪去背树。来到山上，只见百笋坪上大树参天，一棵棵都是建造房屋的好材料。丈夫不由分说，从腰后取出柴刀就是一阵猛砍。不多时，已砍够三间新屋的大柱头。然后坐在砍倒的树上，吃完苞芦馃，就背起一根柱头料下山回家。走到半山腰，看到许多山民佝着身子，蹲在路旁，吞咽着炒玉米，晒在火辣的太阳下，实在有点难搪。想想山民们在山上劳作，连个休息的地方也没有，很是辛苦。回家后就和妻子商量，等造好房子，再在山上造一座凉亭，好让上山劳作的山民有个遮风避雨的地方。

不几日，丈夫又上山背树。不料，一场大雨突然而来。由于无处避雨，浑身淋得湿透，加上劳累过度，丈夫不幸患病去世，妻子成了寡妇。妻子安葬好丈夫以后，心里总想着丈夫曾经说起过要造凉亭的事情。为了了却丈夫生前的愿望，妻子就拿出起新屋的钱来，雇人在百笋坪造了一座凉亭。

凉亭修建好了，还多出了一块大石条。有个工匠故意将它摆在凉亭内，并在石条前插了三根柴棍。后来，人们只要经过凉亭，就会在石条前点起香烛顶礼膜拜了,成了一种习俗。当然,人们给石条烧香磕头,主要还是追念当年那对夫妇出钱造凉亭的义举。

传说虽然很美丽,但毕竟是传说。在千米之高的山巅,营建这样一座体量不小的砌石凉亭,并非一件容易的事情。既然找不到建亭的记载,坊间就赋以传说为亭立铭。

不过,与百箩坪有关的故事还是有的。根据建德市委党史和地方志编纂研究室提供的资料,记载了20世纪30年代中共衢遂寿中心县委领导红军游击大队在千里岗山脉百箩坪一带开展斗争的故事。

1936年8月,中共浙皖特委按照皖浙赣省委"在根据地开展游击战争"的方针,在开化县舜山召开地方干部会议,决定组织衢县、遂安、寿昌、开化、常山边区工作团和游击队到五县交界的千里岗山区,以百箩坪为中心建立根据地,开展游击斗争。

会后,原开化县委书记严忠良率领一支90余人、装备了60余支枪的红军游击队在千里岗山区活动。千里岗地方偏僻,盛产毛竹,纸槽工众多。红军游击队在西坑源、大坑源、北坑源等地进行革命宣传,在北坑源首批发展曹龙川、余大斌两人为游击队员。之后曹龙川、余大斌还被发展为当地首批党员。

1936年9月起,红军采用"白天隐蔽山林,晚上出来活动"的策略,积极打击敌人。10月29日,衢遂寿游击大队100余人从遂安陈家门出发,在百箩坪凉亭召开战前会议。当晚翻山到长林石鼓村、李家石门堂村、北坑源缪家和谢家,开展游击活动。11月中旬,红军游击队在西坑源、北坑源建立了中共北坑源谢家支部。至12月底,红军共发展共产党员

28名,建立中共缪家、沙墩头、大坑源等4个支部。12月20日,40余名红军游击队员到寿昌下马桥、儒博村(今大同镇上马村)一带开展游击活动。12月30日,在千里岗以做纸槽工人为掩护的红军负责人朱学鑫,召集党员骨干秘密开会,商议伏击敌军事宜。

1937年元旦,衢遂寿中心县委举行县委扩大会议,部署新形势下的党组织活动和武装斗争,决定实行"隐蔽力量,坚持地下斗争"方针,寻找时机坚决打击围剿之敌。为加强寿西地区党组织的领导,会议还决定成立第六区委,统辖寿西4个支部,任命朱学鑫为区委书记。中午朱学鑫赶回百笭坪和余大斌等人进行战前准备。下午,红军游击大队和区游击队共150余人进发北坑源。1月2日拂晓,红军游击大队120余人赶到杨家口,埋伏在北坑源口宗关庙的后山草丛中;区游击队30余人埋伏在西坑源口的水碓底。朱学鑫负责指挥,余大斌、温六崽负责联络,观察敌人动静。上午10时许,红军游击大队正在吃饭,余大斌赶来报告说敌人来了。原来,负责采购物资的黄顺兴背叛了革命。敌军中队长率领保安队从沙墩头村后上山,占据了高地,居高临下向红军射击。红军受到突袭,在顽强地进行了近两个小时的反击后,主动撤出阵地。红军主力翻过杨家口西山岗到野猪坞驻营,休整3天后,于1月5日经百笭坪返回遂安。

1月20日,衢州、开化、常山、淳安、遂安、寿昌六县县长召开会议,制定方案,决定实行六县封锁"联剿"。2月10日,区委书记朱学鑫、交通员余大斌受命从遂安五都潜回,隐蔽在北坑源野猪坞。他俩已几天未进食,但革命意志坚定不移,千方百计寻机突围。是日,余大斌受命下山寻找粮食。余大斌到老东家葛溪源方塘坞地主陈秋旺处买粮,此时陈秋旺已参加壮丁队,还当了特别班班长。陈秋旺虚情假意招待余大斌吃饭,暗中却向壮丁队通报,又故意做玉米馃和炒玉米,以拖延时间,余大斌因此被捕。在敌人面前,余大斌拒绝回答任何问题。2月13日,壮丁队将余大斌捆绑到石门堂后山高坪里的胡金寿地主坟前残忍杀害。就义前,余大斌坚贞不屈,视死如归。由于叛徒的出卖,千里岗红军遭到国民党反动派的残酷镇压,寿西党组织被破坏。共产党员廖克俭等10余人先后被捕,其中6人被杀害。随后,千里岗红军被迫撤离,有的撤往遂安、开化一带,有的被迫流落到江西。

没想到,百箩坪也是红色革命的摇篮。在艰苦卓绝的岁月里,这座凉亭,成了红军革命的临时议事厅,为共产党最后走向胜利,做出了自己的贡献。

在这个季节,百箩坪映山红开得正艳,几乎染红了整个山头。我不禁想起一段歌词:"为什么战旗美如画?英雄的鲜血染红了它;为什么大地春常在?英雄的生命开鲜花。"

随同的叶世旺,早就双手合十,对着百箩亭的神龛,拜了三拜。这一举动,让我十分意外,难道这就是当地山民世世代代延续的习俗?我也躬身作揖。在我看来,无论是敬人还是敬神,即便是敬畏大自然,也是一种高尚的修为。

别过百箩亭,古道向西走。道路已经被修整一新,虽然还是土路,但拓宽了很多,相当平整,走起来特别舒服。

据说,建德市在2021年实施了浙西千里岗山脉(李家段)户外徒步线路的修复项目,全程21千米。自西向东穿越沙墩头、新联、新桥,共设白银珠、谢家、合珠源、新桥4个休憩点,沿途串联建德最高峰山羊坞尖(海拔1157.8米),以及杭州市最美十大古道之一的遥岭。其中,百箩坪古道是本次修复项目的重点之一。

这就是当地政府的政绩亮点,修复古道,传承历史,这是舍我其谁的项目。你搞了,民心之所向;你不搞,也无妨,老百姓当面不说你,心里就会骂:实事做不了,假事一套套!

古道前行600米处,又有分叉,左拐下白银珠,右拐下翁家。我们还是选了白银珠,只因这边的故事比较精彩。

相传清康熙年间,石门村叶成兰娶本村吴氏为妻。岳父吴德宝虽然富有,但为人却非常吝啬。他从徽州聘请了一位风水先生,为吴家先祖寻找风水宝地,养在家中已有三年,平时并没有好好招待,偶尔还有轻慢之举。风水先生是个有修养的人,好坏自然放在心里。

时近年关,天寒地冻,屋外大雪纷飞。风水先生突然提出要回老家,

白银珠村

想最后试一试东家的诚意。谁知吴德宝不但不给盘缠，就连一句挽留的话也没有，风水先生一气之下就匆匆出门上了路。叶成兰见此情景，也不便责怪岳父的无情，只好尾随风水先生到了村口。他拉住风水先生说道："先生请留步，这么寒冷的天气，去徽州路途这么遥远，你这么大的年纪，怎么受得了？如不嫌弃，请您到我家中过年，待到来年春暖花开，再去不迟。"风水先生平时仔细观察过叶成兰的为人处世，知道他是一个诚恳厚道、心地善良的人，于是就答应了叶成兰的挽留。

叶成兰虽然家贫，但招待客人非常热情。大年三十晚上，叶成兰拿出珍藏多年、仅有一瓶的白酒给先生喝，自己却倒了一碗茶水相陪。风水先生误以为叶成兰喝的是陈年黄酒，怀疑叶成兰也是吝啬之人，顿生不乐之意。叶成兰觉察到先生的不快，借故离开座席。风水先生乘机尝了一口叶成兰的"酒"，方才明白对方喝的是茶。于是立即醒悟，内心十分感动。

饭后，风水先生说道："我在你岳父家三年，并不是碌碌无为。事实上我早已找到一处绝佳的风水宝地，只是择扦这样的大风水会折自己的阳寿，按规矩也不可轻易示人。这三年当中，我观察你岳父吴德宝为人吝啬，德浅而福薄。这样好的风水给了，怕他德不配位，受载不起。我看你厚道善良，不如将风水宝地告知于你，你当好好谋划，安葬先灵，日后必将人丁兴旺，大富大贵。"叶成兰问："不知先生所择的宝地在何处？"先生道："宝地就在你岳父家的凤形，你想法子将此地换来或买来。"次日，叶成兰与岳父商议买地之事。凤形是一块荒地，平时闲置不用。岳父不知就里，既然是女婿开口，也不谈买卖之事，写了一张字据，赠送给了女婿。事后，叶成兰按照风水先生的要求，把上辈的骨骸捡到一处，葬入了凤形。

谁知叶成兰安葬祖坟以后，不但没有大富大贵，而是家运越来越差。在家种庄稼不是被野兽糟蹋，就是被冰雹摧毁；出门做生意不但不赚钱，而是连年亏本。家里穷得叮当响，连一根裤带也买不起。这一年到了年关，债主前来相逼，更是无计可施。他觉得对不起妻子，就与妻子商量。他说："妻子啊，我们家实在是太穷了，连累你受苦了。我想把你卖给建德的富家，一则让你过上衣食无忧的生活，二则可以对付一下债主的逼迫。不是我无情无义，这是没有办法的办法了。"妻子知道丈夫的为人，也只好默默点头。

次日天未亮，夫妻二人就出发了。走到百箩坪石凉亭，过了凉亭就是建德地界了。一对恩爱夫妻被生活所逼，眼看即将分离，就在凉亭里抱头痛哭，情景十分凄惨。

这时有一个卖小猪的老人，恰巧路经此地，见此情景，便上前细问

百箩坪石凉亭

缘由。叶成兰便一五一十地把事情的经过说与老人听。老人听后对叶成兰说道:"我看你们夫妻两个如此恩爱,卖妻还债也是迫不得已,并非恩断义绝。我看你妻子有旺夫之相,眉宇间暗藏七把金钥匙,将来必有后福,万万不能卖掉。我做贩小猪生意,刚好身边还有五十两银子,你们拿去还债度日,日后生活好转,再还给我好了。"叶成兰见老人如此慷慨相助,接过银子,感动得泪流满面。便问恩公贵姓大名,何方人士,以便日后报答。老人道:"鄙人姓赵,家住遂安城东二十里武强溪边,姓赵的只有我一家。"叶成兰夫妻二人跪拜在地,千恩万谢地告别了老人。

回家后不久,妻子就怀了孕。叶成兰为了生计,就到建德李家去打工。一天在山上溜毛竹的时候,其中一根毛竹特别溜得远,居然越过溪涧插入对岸的荒地中。由于插得太深,拔也拔不出来。叶成兰就用锄头挖,挖着挖着居然挖出一坛银子来。叶成兰把银子藏在毛竹筒里,乘人不备背回家中。当妻子得知这种东西是可以买东西的银子时,对丈夫说:"这就是银子啊,我在屋后挖菜地时也发现很多。"带叶成兰到菜地一看,果然也有老大一坛,数了一数足足有一千两。

这时长子叶蕃春已经出生,传说他是财白星降世,给叶家带来了意想不到的财运。叶成兰用这些银子购田买地,田产甚至扩张到建德去,成了远近闻名的财主。之后,次子萌春、三子著春、四子荒春、五子华春、六子冯春、七子芳春相继出生,果真应验了卖猪老人的预言,七个儿子"七把金钥匙",个个才华出众。

叶成兰想起当年的恩公,带上七个儿子到遂安去寻找。遂安县城东门外方圆二十里寻了个遍,也没有找到姓赵的人家。当地人告诉叶成兰:"本地人大多姓余,并没有姓赵的人家。要说姓赵,只有一个赵财神庙。"叶成兰猛然醒悟,原来是财神菩萨暗中帮助了他。从此,叶成兰为人更加稳重,修桥补路,乐善好施。

叶成兰七个儿子中,第五子叶华春尤为出众。他不仅勤学好问,而且力大无穷。他叫石匠打造了一只两百余斤的石墩子,先是挪,后是举,练就一身好武功。乾隆七年(1742)考中武进士,任职步军副尉。乾隆二十年(1755),叶华春奉

叶氏宗谱关于叶成兰第五子叶华春的记载

命带兵参加格登山战役,由于出师不利,加上水土不服,累倒在军营之中。正在迷糊之际,梦见伍子胥传授临阵战法。醒来后布阵迎战,果然大获全胜。在追击达瓦齐途中,又见关帝圣君挡住了达瓦齐的去路,立下了俘获敌酋的赫赫战功。他在京为官数十年,十分清廉,解甲归田时居然没有积蓄。皇帝特为嘉奖,赏银五千两,并赐临时兵丁三百名。叶华春回乡后,利用这些赏银,先在乌龟石上造了伍子胥庙,后在村口官印石边建了关帝庙,又在村中建了叶氏宗祠。还督促三百兵士在村前溪滩改地造田三百亩,造福了石门村的子孙后代。

石门伍子胥庙，俗称"武神庙"。此庙建成以来，保境安民，香火不绝。20世纪70年代初，正值"文革"时期，武神庙墙体开裂，无人敢修，招致庙前右墙角倒塌。1974年正月，武神庙被全部拆除。当年6月，石门村的上半村计36户，大小房子28幢，突遭大火烧个精光。之后连续几年经常出现小型火灾，当时许多老年人纷纷议论，怀疑与武神庙被拆有关。传闻武神庙被拆，乌龟精乘机兴风作浪，招致如此后果。20世纪90年代初，村民自发重建武神庙。2011年村民又集资重新翻修，2012年集资建造了一座通向大庙的泽凤桥。武神庙镇乌龟的传说毕竟是传说，至于与火灾的关系，毕竟有点迷信的成分，我们应该用科学的眼光去分析和看待。但是，武神庙作为一个古建筑，毕竟是民间信仰的载体，作为乡愁记忆的一部分，值得保护。

传说是一朵美丽的花，真实的人物是支撑传说的枝叶，而历史事件应该就是提供传说养分的土壤。

古道下行，沿途不是竹林，就是竹海。怒发的春笋，甚至从古道的中间拔地而起，它们不在乎什么规矩，只知道顺其自然。

就这样在竹林中行走了约1.5千米，岭脚就是白银珠自然村。遗憾的是，村民大多已移民下山，仅剩一户人家柴扉洞开，坚守着一方祖地。

古道在这里戛然而止，接下来就是2.5千米的机耕路，沿着右侧山坡，在毛竹林里穿行，一路无景，直到西坑源村。

徒步了12.5千米，是脚都会喊累了。随意走进一家农户，准备打听一下出租车的信息。没料到这户姓郑的农家，在家的老姐极为好客。先是让座，后是敬茶，然后是上果盘。弄得我们吃也不是，不吃也不是。隔壁一位中年妇女,居然拿过来两个乌鸡煮蛋,说远方的客人来一趟不容易,一边剥壳一边递给我们,那种情形,真叫人"盛情难却"!

出门在外,嘴甜才是硬道理。既然对方这么盛情,你也不必客气。该喝就喝,该吃就吃,这是山里人的一片赤诚,你有什么理由拒绝?

中年妇女获知我们的来意后,就打开了话匣子。她说,百箩坪古道啊,是一条可以赚钱的路。20世纪80年代,那个时候大家太穷了。在古道上背树赚钱,是我们经常做的事。那时候,半夜里就动身,翻过百箩坪到许源才天亮,背上一根杉木,翻过百箩坪,到长林石鼓。每百斤20元,我背50斤,每天就能赚10元。呵呵,那是高收入了,几十里的山路,大伙儿成群结队,也不觉得累。放到现在,不要说背树,就是叫我去许源拿个500元钱,我也懒得去啰。

叶世旺说,你们赚得太少,我们是自己砍一棵树,偷偷地背到石鼓,大的可以卖到100元,小的也能卖个七八十元。比你们专门背树的赚多了哈。

我在一旁听了,眼泪都快挤出来了。我是空着手走,就累趴下了。他们当年是背树,负重而行,几十公里的山路,还说不累。这,这,这,是什么道理呢? 叶世旺说,没有什么道理,人穷力出嘛!

说话间,老姐已经喊来了屋后干活的郑先生。郑先生有出租车的电话,不到半小时车就来到了西坑源。坐上车,脚就舒服了!

没想到开车的司机也是一个话痨,也有一肚子的故事。

他说,百箩坪啊,故事多着呢。听老辈人讲,寿昌江原来的走向是擦下溪边南下,然后折而向东到石桥边,再绕到对面的山脚北上,形成一个半圆，形似月亮。又因每到月出东山，山月一起倒映在江中，所以这一带有一个很好听的名字，叫月亮地。早年，月亮地东边的山上有座庙，叫"合山庙"，庙里供奉的是一个叫"朱伯"的菩萨。其实，朱伯是个人，他还有两个弟弟，一个叫朱仲，一个叫朱叔。朱伯、朱仲和朱叔三兄弟是淳安人。因这三兄弟的心肠非常好，救过三村人的命，所以三村人在村外建庙世代祭祀他们。

朱氏三兄弟在交溪源头的百箩坪种山为生，他们常把自己种的山货挑到大同来卖。有一年，兄弟仨人各自挑着一担山苞罗来到大同街上，正值上马溪发大水，大同对面的三村一带被洪水全部淹没，一片汪洋。村里人全都跳到地势相对较高的大同街上来避难，一个个都饿得脸上发青。兄弟仨人善心大发，把三担山苞罗全都送给村民，并说，他们的山上还有大量的金针花（又名黄花菜）正开得盛，如果不嫌远的话，可以随便去采来吃。村民们听后，都跟随朱氏兄弟一起来到百箩坪，男人们帮助朱氏兄弟干活，妇女们在朱氏兄弟的山上采摘金针花。金针花是每天都要成熟一批的，三村的村民天天都以金针花充饥，终于渡过了难关。为感谢朱氏兄弟的善举，三村人先是在村口为朱氏兄弟建了生祠。朱氏兄弟去世后，三村人把朱氏兄弟的生祠改为合山庙。可惜的是，这座庙现在已经不见了。据说建这座庙时，还有一个插曲。

当年发洪水时，下溪边有一个姓周的地主可高兴了，他以为这下村子里的人都会向他借粮，他可以放高利贷。可是碰上了朱氏兄弟，他的如意算盘落空了，心里非常忌恨朱氏兄弟，但又找不到机会和理由来报复。当村里人都在为朱氏兄弟建生祠时，他就站出来阻挠了，说朱氏兄弟没有什么功名，建生祠有违规制。阻挠无果，他就到寿昌县衙去告状。村里人得知这个姓周的地主去告状，心生一计，连夜把生祠盖好，并在地上、梁上都撒上灰尘，又捉来很多蜘蛛，让它们在屋檐上结网。第二天一早，寿昌县令来到三村巡察，村民们异口同声地说，这座生祠一直以来就有的，不信可以去看。县令来到生祠前，见生祠里到处都是灰尘、蛛网，觉得村民们说得没错，就驳回了周姓地主的诉状。

朱氏生祠改为合山庙后，庙里还形成了一个颇有特色的"三月十六"庙会。每年的农历三月十六日，一些得子心切的人都要到庙里来求子。庙里这一天要做很多的米粉馃，分送给来求子的人。如果求子成功，那么第二年就要挑两桥豆腐、一坛水酒，到庙里还愿。

有感于朱氏兄弟的善心，在建朱氏生祠的同时，三村人还在通往龙游的山路上建了两座凉亭，供往来行人避雨休息。一座建在山下的得月桥边，叫"三里亭"；一座建在山顶，叫"七里亭"。现在三里亭还在，七里亭已经倒塌。

听司机这么一讲，我立马想到一件事。在淳安县左口乡的显后村，也有供奉朱伯的岱山殿，每年的农历九月十九日举行盛大的庙会。但村民至今不知道这位朱伯是谁，只称"朱老伯伯"。还有千岛湖镇斋山村，也有一个朱伯庙，来历同样说不清。我想，这些朱伯，是否与百箩坪上的朱伯属于同一人？

出租车绕道石林镇，回到石门村上午的泊车处，已经是黄昏。路上时不时遇到晚归的采茶女，她们踽踽而行，身后是渐渐暗淡下来的百箩坪山冈。入源的风，吹在我的脸颊上，既湿润又温和。

遥岭古道

　　遥岭古道，又称"辽岭古道"，位于淳安县和建德市寿昌镇交界处。因明朝"三元宰相"商辂求学期间，经常行走这条古道，致仕后，又亲自募集资金予以修筑，因此，被后人誉为"状元古道"。

　　古代严州府管辖建德、寿昌、淳安、遂安、桐庐、分水六县，有"严州六睦"之称。淳安县之东南与寿昌县之西北接壤,是"严州六睦"中两个相邻的县份。辽岭,就成了淳寿两地的交通要道。

据《光绪淳安县》记载:"东南至寿昌县界七十五里,以辽岭为界;自界至寿昌县五十里。"又载:"辽岭在县南七十里淳寿交界处,山高溪峻,悬崖绝壁,无路可通。成化间知府朱皑,通判刘永宽,修筑成坦途,有不可锥凿者,为桥以济之。"《民国寿昌县志》"道路"项记载:路向西北干路支路四,自新桥西北行三里至小桥,西北曲曲行三里四分,至辽岭,与淳安县分界。"山川"项记载:辽岭在县西北五十里,极高峻,北接淳安县境,为商文毅公故里。

由此可见,辽岭地处淳安、寿昌交界。辽岭古道乃官方修建的"官道",始建于明朝成化年间,迄今已有540余年矣。

2011年8月27日,千岛湖野趣群(户外微信群)组织了一次古道徒步活动。目的地选在辽岭古道,起点为淳安县里商乡郎范村,终点为寿昌镇辽岭坑口,单程15千米,来回全程30千米。

清晨6点半,驴友25人在千岛湖广场集合,分乘5辆小车,沿淳汾公路经上江埠大桥,直奔里商乡。

一路上,青山做伴,绿水为邻。7时许,驴队来到里阳村。由于上江埠大桥通车之前,里

遥岭古道

商乡与县城的往来依赖轮渡，交通极为不便，因此里商乡属于淳安县欠发达地区，这里的建筑颇为陈旧落后。里阳村作为乡政府所在地，道路狭小拥挤，店面破败不堪，毫无现代文明的气息。然而，这里的生态保持得很好，森林茂盛，溪水湛清。山间溪畔，民居依山傍水而建，缕缕炊烟，连云接雾，一如世外桃源，令人心旷神怡。

早餐毕，驴队探源而进，途经里商村。里商村乃明朝宰相商辂之故里，现存商辂公祠，建筑古色古香，雕刻精美，气势宏大，近年间被修缮一新。驴队为了避免山间迷路，在郎范村寻了一位向导带路，车辆沿砂石路面逆流而上，前行3千米许，一路坑坑洼洼，直至西岭岭脚，驴队才弃车登山。

《光绪淳安县志》记载："西岭在县南八十里，与寿昌接境。绝顶平夷，石笋森列如人立，洞口因水为碓，所谓：云碓无人，水自舂者也。"从这里的描述可知，辽岭古道途经石林，其间石如林立，洞穴深幽，流泉飞瀑，层林叠翠，风景不同凡响，使驴友游兴倍增。

停车处，周边山高谷深，危岩高耸，溪流逼仄。峡谷间正在兴修拦河大坝，据向导介绍乃修建天池水库，一者用于发电，二者用于漂流。这里的生态资源，一经充分利用，将造福于里商乡民，令人欣慰矣！

由于现代交通发达，古道几乎没有人行走。上山不久，道路迷失在灌木丛中，好在古道用石板和卵石筑就，依稀可辨。向导走在前头，用柴刀斩荆劈刺，循迹而上。山间古木参天，驴友穿行在浓荫之下。流泉奏曲，野鸟低鸣，野花铺路，彩蝶频飞，秋风阵阵，好不惬意！行至半岭，路旁有一处凉亭遗址，石砌墙身犹存，估摸是下岭亭也。再上，沟壑断流,老林似迷宫一般。驴友均是乐观开心之人,一路歌声不断,哪里还计较登山的艰辛。在丛林间穿行了一个多小时,不久来到石林景区,道路宽敞起来。驴友在亭中稍作歇息,直接向辽岭岭头进发。

辽岭岭头是一个垭口,这里的海拔720余米,石砌的"关口"尚存。《民国寿昌县志》载:该亭为寿昌与淳安两县的分界点,亭墙原长6米,高4米,穹顶高4米,形似狗洞,故当地村民称其为"狗洞亭"。笔者估计古人利用"关口"兼作防护和凉亭两种功用。"关口"北侧,后人又修建了一个凉亭,名曰辽岭亭。面积十几平方米,形若簸箕,三面垒石为墙,上搁桁条杉椽,覆盖黄色土瓦。檐板上镌刻着"长林曾珍寿重建辽岭亭,淳寿两县客宾勋美德厚"字样,许多椽子上用墨汁写有"辽岭亭"三字,脊桁上刻有"长林曾珍寿重建辽岭亭上浣吉日"遗憾的是没有书写年号,因此,现存的辽岭亭修建于何时难以考证。

辽岭亭

出垭口往南下岭,古道由右侧向山谷斜行,站在古道上向南遥望,寿昌镇新桥一带的村庄尽收眼底。远山起伏,近壑幽深,蔚成大观矣。下行将至山谷,古道铺筑在乱石堆中,想必这乱石堆,乃明代官府修筑瑶岭官道的采石之处,古迹犹存,令今人遐想也。至谷底,有一凉亭,形制与辽岭亭相仿,名曰"冷水亭",亭前的沟壑中,清泉潺潺而流,探手其中,冰凉彻骨。驴友纷纷取冷水饮之,一如冰镇,来途一身暑气顿消也!

离冷水亭而下,山路一直沿沟底延伸,沟底积沙厚重,泉水潜入地下,地表无水矣。当地村民沿古道拓路至1.5米宽,可通双轮车,以运山间木材也。11时许,驴队到达辽岭脚,据传岭脚古时有下岭亭,今已无址可寻矣。此时,烈日当空,蝉声四起,暑热难当。驴友行至坑口自然村,庇荫于一农户的泥房之内。难得主人好客,奉上凉茶,开启电风扇,驴队在此用了中餐。12时许,驴队踏上返程,驴友冒着烈日而行,个个挥汗如雨,片刻汗湿全身。然驴队于户外,一者探寻野趣,二者强身健体,个个不以艰难险阻为然。4时许,驴队安全返回淳安郎范村,徒步辽岭古道,大功告成。

辽岭古道,蜿蜒曲折,顺山势而上,沿沟壑而下,路面大部分用规整的矩形条石铺砌而成,宽约1米。历经数百年风风雨雨,不失古朴之美。在交通不发达的古代,辽岭古道是淳寿两县的重要通衢,世世代代的人,沿着古道行进,古道的石板,被鞋底磨得熠熠发光。山还是那样的山,水还是那样的水,这条古道,行将湮没,但天作屏障,地造艰难,古人用汗水和智慧修筑的古道,造福了多少代先民,其间留下多少脸炙人口的故事,今人仍旧值得感恩和畅想。

历山川形胜,探古道之幽,其中的乐趣只有亲历才有感触。古道,承载的故事太多,千年沧桑,世态炎凉,自然和生命,既和谐又斗争。古道行,不仅锻炼了我们的筋骨,也会给人生很多启迪。

徒步辽岭古道,感触颇深。古道秋风无瘦马,风景依旧能宜人,层林簇簇凝青翠,山涧幽幽留静谧。篇尾特赋《徒步辽岭古道有感》诗一首以记之:

巧石如林立,清泉似古弦。

击杖一长啸,声回诸峰间。

青山流绿意,沟深出水寒。

驴友二十五,攀登若等闲。

延展阅读:

遥岭古道南端的乌龟洞

乌龟洞,位于建德市李家镇新桥村航头牌的山坡上,洞口朝西南,属于旧石器时代洞穴遗址,距今约5万年至10万年。乃2013年3月5日国务院公布的第七批古遗址类全国重点文物保护单位。

遗址于1962年发现。1974年中国科学院古脊椎动物与古人类研

文保碑

遗址全景

究所等对乌龟洞遗址进行了调查。洞内面积约34平方米,洞内堆积厚
1.35米,其化石堆积分上、下两层,上层紫红色堆积,主要保留在西南
支洞内,发现人类右上犬齿化石一枚及第四纪晚更新世中国南方大熊
猫——剑齿象动物群的猕猴、最后鬣狗、猪獾、大熊猫、中国犀、剑齿象
等11种哺乳动物化石。下层黄红色黏土,采集到猕猴、豪猪、熊、猪獾、
大熊猫、中国犀、东方剑齿象、纳玛象等14种哺乳动物化石以及龟、鳖
等爬行动物化石。遗址中发现哺乳动物化石的时代为晚更新世晚期,
与中国华南的哺乳动物群性质相同。

　　根据比较研究,这枚建德人右上犬齿比北京猿人的上犬齿有着明
显的进步性,属于生活在大约距今5万年前一个30岁左右的成年人,在
人类进化过程中属晚期智人的古人类,称为"建德人"。

　　乌龟洞遗址内涵丰富,其中人牙化石在浙江省首次发现,增加了
智人化石在我国分布的新地点,对研究东亚大陆现代人的演进具有重
要意义。

　　北京有"北京人",南京有"南京人",浙江没有"浙江人",只有"建
德人"。因此,走遥岭古道,不妨去探访一下5万年以前的"老祖宗"。

东辉村
小京口
分水

东树坑村

文昌镇
太阳山
小京坞

千岛湖镇

太阳山古道

因为山顶有个普光寺，所以就有了太阳山古道。

这条古道与其他古道不同，它的开凿并不单纯为了大山两边山民的往来，主要的目的还是便于古往今来的信徒上山拜佛。

太阳山古道，位于淳安县文昌镇东树坑村与桐庐县百江镇小京坞村之间。全长约12千米，全程皆为土路。虽然其貌不扬，但它所积淀的人文底蕴却不容小觑。

起点东树坑，在淳安所辖的村庄里，较之其他村落有些不同。其不仅有个性，而且很特别，既有"独善其身"的幽僻，又有"寄人篱下"的伤感，容易让人心生向往且倍生爱怜。

首先是它所处的位置有些奇特。如果从淳安县域内驱车去东树坑，必须跨越桐庐县所辖塔岭、坑口、东辉三个村庄才能到达。表面看起来，东树坑与桐庐连成了一片，似乎与淳安失去了关联。然而，这是现代交通给我们产生的错觉，因为简易公路的设计一般都会绕山而行。事实上东树坑与卢家庄仅一山之隔，山地紧密相连。在交通不发达的旧时，人们习惯于走山路。沿着卢家村后的小径，翻越一个小山岭就到了。

其次是所在的水系有些特别。发源于高莫塔的东水溪，直通通地穿过东树坑村所辖的七八个民居点，沿途几乎没有经过多大的曲折和跌宕，就轻轻松松地向东辉踽踽而行，然后连"回龙念祖"的动作也没表示，就投奔分水江而去，可谓"身处异乡不得已，肥水任流他人田"。因此，东树坑被人戏称为"淳安三十六个倒源之一"。

这种"胳膊肘往外翻"的奇特现象还不仅仅如此，就连名气不小的太阳山——位于高山之巅的"一艘财船"，也在靠近桐庐县域的东面裂开一个老大的豁口，"一船的财水"倾向了小京坞，连同"船舱"内的"梵天佛国——普光寺"，也是属性摇摆，覆水难收。

不过，正因为东树坑这些地理上的奇特，成就了它的神秘！

刘梦得云："山不在高，有仙则名。水不在深，有龙则灵。"在东树坑的历史传说中，不仅有"仙"，而且还有"佛"和"龙"。一个村庄具备了这三种"神异的潜质"，就太有说道了。

先来说说"仙"。东树坑太阳山的"仙"，不仅有名有姓，还有墓葬，更是有方志记载的"本土神仙"。据《乾隆淳安县志·方伎》载：

> 何甲，文昌人。初时至安乐山拾余桃菔，食之觉心爽身轻，遂诣绝顶。见二老者憩石上，甲心知非凡人，礼拜求指出世方。老者曰：无欲以观奇妙，此外无他谬巧也。言讫而升。甲顿悟，自是言未来事，辄奇中。其所设施，神出鬼入。天师张真人亦敬服以为难测，遂称为真人。年八十，尸解去，其蜕骨葬浓坑口。

为了求证这件事，我在丙申年腊月专程拜访了东树坑村的退休老师方广旗。他说，何甲确有其人，其蜕骨墓葬至今犹存。于是我请求他带我前往，从而一窥究竟。驱车来到文昌村的浓坑口，在一片绿油油的油菜田里，还真的找到了这位"神仙"的墓葬。一通刻于大清乾隆年间的墓碑上赫然写着"宋故何甲真人墓"。墓碑上圆下方，铭文很规整，显然是大清乾隆年间官方为保护宋代古迹而特意修缮的文物。

真人，修真得道成仙之人也。由此看来，何甲在东树坑太阳山（古称"安乐山"）得道成仙的事情不仅言之凿凿，而且有物证可佐。

一个可以修道成仙的地方，实在不容小觑。难怪历史上很多名人不吝展齿，专程寻访太阳山，以一睹它的尊容。

事实上，太阳山在宋代之前就已经声名在外，如唐朝诗人张景修有《宿清溪安乐山》七律诗云：

映窗犹剩雪余痕，瓶里梅花枕上闻。
一椀镫寒听夜雨，半床毡暖卧春云。
诗成始觉茶销睡，香尽翻嫌酒带醺。
我是挂冠林下客，山中安乐合平分。

清光绪淳安知县刘世宁《安乐山》七绝诗云：

云树清阴洞壑宽，蒙泉碁石许盘桓。
预知邵子名窝意，试就兹山指点看。

再来说说"佛"。一座被历代诗人赞颂的太阳山，自然有它的高妙之处。它不仅是"何甲得道成仙"之地，更是佛教圣地。

《分水访碑录·普光寺碑记》载：

邑西有太阳山者，形势高峻，峦嶂回环，蜿蜒之上，豁然宽坦，广可顷余。南北冈陇，左右拱围，后拥屏峰，横排一字。山前东向峭岩对峙，门户天然。岩侧一洞，甘泉渐沥而出，冬夏不竭。古有禅室，早焚而无。光绪甲午，有悟空僧者，自南海来访其遗址，览其形胜，慨然兴建复之愿。乃伐茅驻锡，托钵募缘，鸠工结构，阅八九寒暑，始讫事举。凡佛殿、僧寮、客堂、斋室以及山门园圃，悉皆布置妥帖。规模气象，焕尔一新。是山旧名船形，当悟空入山之初，止宿树下，梦山前一轮红日腾腾而上，灿灿烂烂，光逼僧躬，矍然而窹。因名其寺曰普光，而呼山为太阳，此山名所由昉也。

太阳山原名船形坳，又称"安乐山"，历来为道教、佛教圣地。至清光绪年间因悟空法师驻锡，重修庙宇后才称为"太阳山"。何甲修仙乃道，悟空建庙乃佛，佛道因时而更替，名山因胜而不衰，可见太阳山乃佛道两家青睐之地。

最后说说"龙"。在东树坑登临太阳山的途中，要经过一个叫作"石龙门"的地方。两侧岩石壁立，中间林木荫蔽，其下不远处有一个出水口，当地人称为"龙口水"，曾是传说中出龙的所在。

传说明朝成化五年（1469），淳分交界的东树坑一带，数月无雨，田地开裂，禾苗枯死，老百姓苦不堪言。当方土地将旱情禀告天庭，玉帝着令东海龙王降雨。龙王因心存芥蒂，只派龙女前往降雨。谁知这龙女与外海一乌龙私通，怀了龙蛋。她吸了海水飞到旱区，海水压迫着腹中的龙蛋，经过太阳山时实在是疼痛难忍，只好就近将龙蛋生产在东树坑的七坞头，然后降雨返回东海。谁知这颗龙蛋是外海乌龙的孽种，加之被龙女抛弃深山，心存怨恨，故而生性凶残。多年后恶龙发育成形，于七月五日巳时破壳而出，冲出山体，兴风作浪。顷刻间山洪暴发，水淹村庄粮田无数，黎民百姓突遭大灾。当方土地急奏天庭，玉帝闻之大怒，责令东海龙王斩杀恶龙。龙女闻之大惊，忙将实情奏明，跪求玉帝宽恕龙儿。玉帝念龙女爱子之情，也动了恻隐之心。然恶龙死罪可免，活罪难饶。玉帝勒令东海龙王把恶龙押回原地，以石门镇压之。又命张天师画灵符一张，书镇龙咒语云："口吐清泉万万年，地老天荒不许还。"从此，太阳山下七坞头就有了这条飞不走的龙。

虽然，传说具有来源的不确定性和虚拟性，但是东树坑的"仙"和"龙"却存在着许多真实的成分。时间、地点、人物，几乎煞有其事，难以置疑。尤其是佛教至今仍有传承，太阳山的普光寺屡建屡毁，屡毁复屡建。现存的寺庙虽小，乃近年新修，但缭绕的香烟，显示着太阳山生生不息的释道文化。

古道真正的起点在东树坑村的七坞口。上山的道路如今经过整修，已经非常好走。坡陡的路段设置了杉木栈道，临崖的地方设置了树藤式的围栏。东树坑村党支部书记方国旗，为了修筑这条路，也是花了不少心思。先是募集资金予以加宽，使原本50厘米的路面扩展到1.5米。后是争取政府投资项目建筑游步道，并挖掘传说故事，设立景点介绍牌，使这一条千年古道焕发出新时代的光彩。

古道左拐进入七坞口，原本杂乱无章的荒地已经改造成为规规整整的梯田。梯田一级一级地沿着山谷延伸。田中新种了桃梨之类的果苗，为将来开展采摘游项目埋下了伏笔。

梯田的尽头，也就是登山的起始点。跨过木桥，路有分支。左路与右路，到了半山也会会合在一起。左路较近，右路较远。不过右路途经九叠瀑布，虽多走一些路，却能够欣赏到一道风景。

古道沿着山冈之字形上行。爬升到半山腰，有一片百十亩的毛竹林。在毛竹林的幽境中，有一处古民居遗址。相传是一户吴姓的山民于

普光寺

民国之前迁居在此,20世纪70年代由于交通不便又下山移居他地。遗址上尽是残砖断瓦,废圮的土墙依然呈现着屋基的轮廓。

遗址左侧的山垮里,就是传说中龙口水景点。古道穿过竹林,来到接近山顶处,就是传说中的石龙门。此处古藤倒挂,巉岩对峙,虽规模不大,但也算是一处精致小景。

及至岭顶,拔山千仞。环顾四下,苍山如海。南下即"船坳",普光寺就在船坳之中。古代的庙宇早已废圮,遗址上新建了一座土墙小庙,内供菩萨数尊。不断的香火,仍未燃尽。

西行来到船坳豁口处,就是下行到小京坞的古道出口。山那边的山坡极其陡峭,古道几乎垂直而下,人行其间,步步惊心。

下行约莫100米处,有仙水洞泉。其水清澈透明,饮之甘甜解渴。据传这处泉眼,就是信徒求仙水的所在。泉边置有竹制小勺,以便行人取用。

从山顶到山脚,除了陡峭的路,还是陡峭的路。如果路旁没有高大的灌木林,这条路堪比华山之险。好在险路不算太长,到了谷底,古道沿溪涧而行,走上两三千米即到小京坞村。

晚清恩贡分水臧槐有《太阳山》五律诗云:

一自缘崖上,登临亦快哉。

峭岩如壁立,古刹傍峰开。

老树参疏密,闲云自去来。

山高人罕至,佳境似蓬莱。

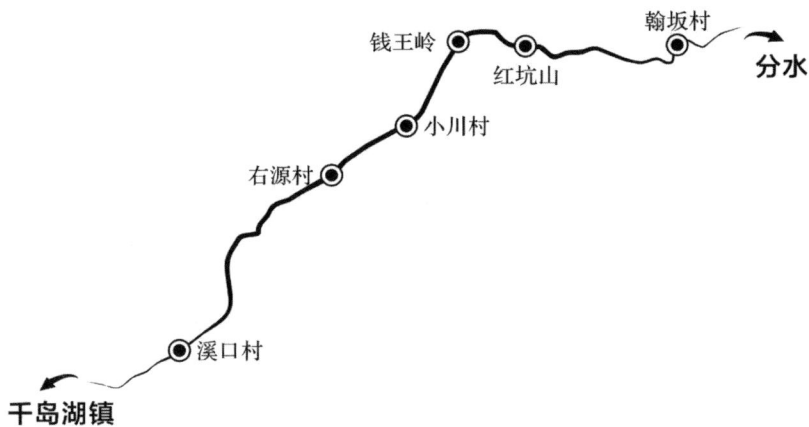

钱王岭　　　翰坂村
红坑山　　　　分水
小川村
右源村
溪口村
千岛湖镇

钱王岭古道

　　早就想去探访一下钱王岭，却一直未能成行。缓至今日，恰逢清明雨后，天地宛若洗过一般，格外素净，格外澄明。无论物候还是心境，皆非常明媚了。于是决定走上一遭，以解多年绸缪之憾。

　　一条山岭，名曰钱王，这就比较吸引人了。何况还有千年古树，百年古亭,在寂静的山中等你。如果再不去,未免太蹉跎了吧?

吸引我的不仅如此,还有似是而非的传说。相传古道上的那棵银杏树,曾救过汉光武帝刘秀。倘若传说属真,那就更不得了,这可是"史前"的人文,即使三步一跪、五步一拜地去,也属情理当中。

2023年4月8日,驱车前往淳邑十二都源,一路鸟语花香相随。到了岩村茶亭边,偶遇一位步履蹒跚的老人正在横穿马路,我怕惊扰到他,就远远地踩住了刹车。谁知他走到路心,居然停了下来,不停地咳嗽。看样子那一口痰堵在了喉头,倘若咳不出来,岂不是要出事?

出于恻隐之心,我驻车,带上一瓶水,三步并作两步来到他身边。一边帮他拍背,一边给他递水。不一会儿,他缓过来劲,对我说:"老了,不中用了。"我笑着回:"人人都会有老时,只是岁月不饶人。"挽着他到了他家的院子,竹椅上坐定之后,话题就像放风筝的线,越扯越长。

老人说:"钱王岭呀,要说起点就在这里。很早以前,这里并不是村落,而是一个施茶的茶亭。走钱王岭的人,路经此地,先得喝足了免费的茶,才兴致勃勃地启程。去茶亭不远,就是左口桥,过了桥,路分左右两源。两条路都可以走,至半山腰柳塘茂或蛟坑又汇成一条路,然后往东走横路,不久就到

十二都左口桥

钱王岭顶。"

我听完，一阵暗喜。倘若没有这番偶遇，也许永远不知道钱王岭古道上还有这处茶亭。因为这里早已演变为村庄，古茶亭不复存在，就连茶亭边这个小地名，也不会轻易地被人提及。

闲聊中，知道老人年届九旬，乃出生在新中国成立前的旧朝人。他说，17岁那年，他还被白军用枪逼着去挑兵担，走的就是钱王岭。兵担又沉又重，里面全是铁家伙，路上还不让你休息，只得轮番换肩。挑到岭头，肩上的血泡都磨破了。幸亏那边有人来接担，不然累死在路上也无处喊冤。

我问，为什么叫"钱王岭"呢？他说，小时候听长辈们讲，唐朝末年的时候，临安钱婆留引兵追击董昌，自翰坂那边过来，九都鲁村的鲁倩领乡勇围堵董昌，从这边过去，两人在岭头相遇，遂结拜为兄弟，然后合兵御敌，获得大胜。后来活捉了董昌，钱婆留建立吴越国，设都钱塘，号称钱王，封鲁倩为兵部尚书。鲁倩镇守青溪后，念此岭是与钱王萍水相逢之处，建布衣殿一座，手植银杏一株，流传至今，故称"钱王岭"。

真是"有心栽花花不开，无心插柳柳成荫"。没想到一直萦绕在怀的钱王岭名称之谜，在老人这里得到了民间版本。至于是否属实，已经不怎么重要。毕竟千年之久的事情，活着的人怎么说得清楚呢？

老人颤巍巍地起身倒了凉茶。我虽然随身带来矿泉水，还是毕恭毕敬地用双手接过这杯来自古道老茶亭遗址上的茶水。茶水顺着喉管喝下去，一股凉意直爽心头。这真是："古道新风无瘦马，茶亭旧址有人家。"

钱王岭下沙里村

别过老人，驱车继续往里走，一路还是鸟语花香。途经坎头、杨塘、凤村，村子里几乎空无一人，家家户户的大门紧闭着。要知道在这个季节，正是春茶采摘期，但凡能够移得动脚步的人，全部扑在茶园里。因为，再过十几日，就是谷雨了，采来的茶叶连工夫钱也卖不上。

之前没有走过钱王岭古道，当然就不认得古道的入口处。幸好沿途路边时不时就会遇见采茶的茶农，一边走一边问。将车弃置路旁，徒步自沙里上山，沿着梯地向上走。古道时断时续，保存状况十分糟糕。睁眼瞎一般地摸索了1个多小时，终于来到了真正的古道起点蛟坑村。

蛟坑村，又名小川，位于里公山尖东南麓的山坳里。据《方氏宗谱》载：方氏祖先二十世一元公从分水塔岭迁此，初称"灵川"。后来因塔岭有雁川，昌化有青川，十五都有木川，三川均属方姓大村，灵川人口少，名称起得大，故谦称为"小川"。又传：此地很久以前出过蛟龙，喷沙吐露数百年，以致半山以下沙土堆积成坡，山脚称"沙里"，出龙处称"蛟坑"。聚落在溪涧两旁。40来户，百十号人，姓氏以方、鲁为主。

古道绕过蛟坑村后向东延伸，基本上是横路，走起来并不费劲。然而，这条古道，如今极少有客旅往来，很久没有特意维护，两侧的杂柴与乱草掩将过来，使古道莽荒成兔径。幸亏沿途还有零星茶园，茶农逢枝必劈，还能勉强通行。要不然，今天只好望林兴叹了。

每次走古道，都觉得可以排除胸腔中的不少浊气。之前走了一个多小时，均是上坡路，一路呼哧呼哧地喘着粗气。现在走着平路，气息自然平缓了许多。山风徐来，花香阵阵，深吸缓吐，神清气爽。向南平视，远山如黛；低头俯瞰，村落依稀。这就是登山的好处，到了一定的高度，境界就完全不同，胸襟亦为之一阔。

高大的古银杏树，就长在淳安与桐庐交界的岭顶垭口。在这个季节，古树刚刚冒出叶芽，巨伞般的树冠，依然疏枝交错，并没有蔽日的浓荫。

古树高达30米，冠幅约15米，树围足有6米。真是："好大一棵树，千年立不倒。任凭雷电击，我自冲天笑。"

绕树一周，仔细观察。但见大树根部凹进一个大洞，洞中可容数人。将头探入洞中，发现内部树干全已碳化，明显是焚烧过的痕迹。没想到这么一株参天大树，现在仅凭一层树皮存活，可见古树的生命力极其顽强。

大树北侧有一座石砌凉亭，亭内立有碑一通，上书"炭神庙遗址"。我暗自揣测，这亭子的前身，莫不是老者所说的"布衣殿"吧？

伫立亭间，仰望大树。10米高处复生两枝，三枝并举，旁逸无数细枝，枝枝相交，疏密无间，肆意伸展，画满苍穹。再看大树根部，已经长出数根子孙树，在黝黑的树洞口，挺直着腰杆，宛如一队英武的卫士。

树上钉有林业部门的铁皮铭牌，标注树龄270年。据此推算，此树栽于乾隆年间。咦！这是怎么一回事？

传说一：汉朝刘秀被王莽追杀，一直避兵深山到了这里。追兵尾随而来，刘秀筋疲力尽，只得爬上银杏树躲避。等追兵来到树下，忽有浓雾袭来，刘秀藏匿于树杈之中，未被追兵发觉，因而躲过此难。倘若是真，树龄应高达2000余年。

传说二：鲁俦，字俶大，鲁公旺的长子，与吴越武肃王钱镠为布衣交。唐末乾宁间董昌作乱，战火延及临岐。鲁俦聚集乡人屯营于吴山下，保卫家园。听说钱镠追击董昌到分阳，鲁俦会同两个弟弟带领高平、长石等乡的乡勇，前往分阳会师。钱镠与鲁俦相遇在此岭，握手相欢。钱镠对鲁俦说："子来何暮也，将与子合兵讨贼！"鲁俦乃率其部直前奋击，大破昌军。董昌被诛灭后，鲁俦有功，奏于朝廷，朝廷授鲁俦为主镇将。天复间，陈珣又叛。钱镠命鲁俦摄青溪令兼左卫兵曹参军。鲁俦构营六十间，屯堡相望，率部将廿二人领镇兵千余在镇上用草木伪装成疑兵，陈珣兵贼不知是计，落荒而逃，因此鲁俦协助钱镠抓获陈珣。朱梁篡唐后，藩镇割据，天下豪杰，各归其主。鲁俦遂仕于钱镠，始摄青溪之职。当时本境析为四乡，即今之八都则平门乡（今屏门乡），九都则高明乡（瑶山乡），十都则长乐乡（原夏中乡），十一都则石门乡（今临岐镇）。乡镇被战火烧毁，鲁俦造营屯寨，又于喻口（今梅口村佑口自然村）置长乐铺。鲁偁因功特召入朝，同光年间拜金紫光禄大夫兵部尚书。吴越王亦以礼物宣赐，恩宠优渥。龙德二年（922），鲁偁奉敕建清化、桐山二祠，以奉先祀。因感钱王提携之恩，遂于此岭立庙，手植银杏一株于此。屈指算来，自后晋迄今，已有1200余年。

银杏古树，我也见过不少。诸如威坪灵岩庵、梓桐花果庵等处的千年古树也不过是这么粗，这么高，一模一样

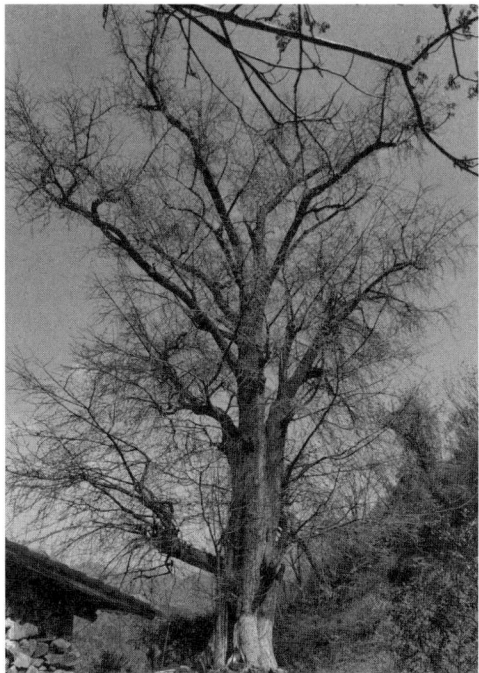

钱王岭上古银杏

的老态龙钟。然而这株却只有200余年的树龄，明显出入较多。再说古树树龄一般根据年轮来判断，而这棵树底部主干已经被火烧空，无法计算树龄。估计，当时来此调查的工作人员，也是毛估，并没有真正的依据。

站在古树下，我顿觉人类之渺小，生命之短暂。古树可以活成一个谜，让我们说不清它的年龄。而我们，即使是活成精的，只不过百年而已。我宁可相信，古树或救过刘秀，或为鲁偁手植。看它的树干，极其苍老，看它的枝叶，又极其年轻。毕竟，只有饱经风霜的老人，才有资格谈论岁月的沧桑。

桐庐那边的古道，全部以块石砌成。一米多宽的路面，看去新旧不一。那些新的，应是近年所补，那些旧的，当属古道遗留。非常钦佩桐庐方面的地方官员，对这条古道如此重视。不但及时修整了古道，还在古道沿途增设了休憩凉亭、石桌石凳以及秋千架之类，为当下的游人，做了实打实的好事。

古道在山核桃树林中曲折下延。途中有"千层奇石""盘根莲香木""一碗水泉眼"等自然景点。下行里许，即至红坑山自然村。

红坑山，不过是一个10家小村。村民大多姓何，据说先祖自淳安文昌迁此，建村不过200余年，繁衍仅有七世。

路的尽头，也就是村头。我走进一户人家的院子，遇见一对耄耋夫妇。相互寒暄之后，得知丈夫名叫何银鳌，现年82岁。他介绍说，岭上的这棵古树，在他爷爷在世时就有这么大，肯定不止200余年。附近有很多的人，皆认这棵古树为"亲爹亲妈"，逢年过节，他们都要来祭拜，点烛烧香，致使多次失火，使古树蒙受火灾之难。自他懂事之后，火灾就发生过20余次，每次都是我们村的村民挑着水桶上去救火，水桶都不知道摔破了多少只了。没想到，这棵千年古树不但要抵抗风摧雷劈，还要承受人为之祸。屹立千年于此，堪称一桩奇迹。

提及古道上的陈年往事，何先生接着说："住在这条古道旁，最怕的就是战争年代。我很小的时候，就遭遇过白军的侵扰。那天古道上来了六七十个败兵，事先得知消息的人都躲避到了老山林中。苦了那些没有逃走的人，败兵手里拿着枪，逼着农户杀鸡、杀猪给他们吃。稍有迟缓，他们就把小孩子摁在桌子上，说要杀一个孩子尝尝鲜。吓得农户唯命是从,把家中的猪羊鸡犬和粮食全部供给败兵吃个精光。后来,大批的解放军也经过这里,连续过兵四五天。我们躲在山上注视着他们的一举一动,只听他们唱着战歌,匆匆而过。不敲一户农家的门,不拿村民的一针一线,纪律严明,秋毫无犯。"

红坑山,确是一个古朴之村。村中古树多,柏树、红枫、香榧、山核桃树到处都是。另外还保留着古水塘"红塘"、古水碓"木勺碓",可以说古味十足,古韵犹存。

至红坑山自然村脚,古道被通村公路所取代。沿着溪流继续东行,就来到了罗佛庙村。这个村以一座庙宇命名,可见这座庙宇的来历并不一般。因为它供奉的是唐朝的高士罗万象。

宋代大型道教丛书《云笈七签》上说,罗万象,不知何所人,有文学,明天文,尤精于《易》,节操奇特,惟布衣游天下。南宋金华人王象之编的《舆地纪胜》引晏殊的《类要》这样说:"唐罗万象者分水县人也,隐于紫罗山,李德裕使人召之,闻之,更移入深山,依白云而居,终身不出。"

长庆二年(822)9月,李德裕因牛李之争被外放为浙西观察使,他在这个任上差不多有四年时间,按此推算,罗万象大约生活于唐穆宗、敬宗时期。光绪《分水县志·仙释》载:"罗万象,唐时官御史,有政声。后弃官隐于分水紫罗山,筑白云亭以居。"紫罗山,就在桐庐瑶琳镇与分水镇界上。《全唐诗外编》《严陵集》卷二,均收有罗万象的一首名《白云亭》的诗:

一池荷叶衣无尽,数树松花食有余。

刚被世人知住处,不如依旧再移居。

走进罗佛庙,看白云真人造像,一脸慈祥,和蔼可亲。这位以荷叶为衣,以松花为食,只愿闲居的罗真人,在山中一住就是千年。真可谓:"山风不动白云低,云在庙门水在西。千年真人千年在,不信问问罗佛溪。"

再往外,就是桐庐县百江镇最西部的一个行政村——翰坂。是翰林之翰?还是翰墨之翰?关于翰坂一名的来历,《翰坂微村志》这样描述:

翰坂村有潘、冯、项、徐、刘、赵等数十个姓氏,潘冯两姓是已知最早的居民。据家谱记载,潘姓是五代后汉乾祐年间(948—950)节度使潘琼致仕后,由杭州隐居到此,潘姓迁入后,这里称"潘家",到宋代,潘

翰坂村

家出了一个翰林，后回乡建祠，把村名改为"翰邦"，意思是"出翰林的地方"，再后来谐音成今名"翰坂"。

翰坂，一个深山冷坞，居然是出翰林的地方，真是让人有点意外。经查，两宋时期，姓潘的翰林很少，分水县（公元621年建县，1958年11月并入桐庐县）的历史上并没有姓潘的翰林。但名称总有来历。不妨找找来头。

翰坂村潘益林家中藏有《分阳柳柏蒿峰翰邦潘氏宗谱》，这家谱又名《潘坂潘氏宗谱》《荥阳潘氏宗谱》《潘氏宗谱》，有明代三元及第的商辂所撰序，始修于宋隆兴二年（1164），先后11次续谱。现存家谱共五册，修于民国二十五年（1936）。看来我们淳安的商辂，在当时名气大很大，翰坂与淳安交界，请其作序，令人信服。翰坂潘氏家谱明确记载，他们来自荥阳，天下潘姓出荥阳。翰坂潘姓始祖潘琼，后汉乾祐年间节度使，潘琼字君玉，号翰邦。

原来，翰邦是潘琼的号。虽然查不到潘琼这个节度使，也不知道他为什么要来杭州隐居，但古人以名或号来命名一个地方，却也常见。范仲淹知睦州，睦州又称"桐庐郡"，范仲淹在任上写了很多关于桐庐郡的诗，于是被人亲切称为"范桐庐"；清代"萧山相国"朱凤标居住的那个村，以前叫"坛里金"，朱凤标考中榜眼，人们就将村名改为朱家坛村。

弄清楚了村名来历，就如掘到宝一样，不管怎么说，即便从潘翰邦开始算起，这村也有1000多年的历史了。望着满眼的青山与陡坡，觉得这个"坂"字，表意还是很准确的，但我心底还是认同"邦"字，翰邦，翰墨翰藻，文章文采，视野开阔，胸怀宽广，犹如一位千年文化老人。

细看"翰邦八景诗",诗由清朝金镕撰,刘谦次韵,共两组16首。这16首八景诗,给我展示了一个阔大的想象空间。两位清人笔下的翰邦八景分别是:嵩峰书舍,东辉禅院,仙洞云深,鸡山雪积,双溪夜钓,五垅朝耕,雁塔秋声,龙潭春涨。

书舍、禅院、雁塔,早已烟尘散尽。仙洞、鸡山、双溪、龙潭,依然还在,今人不见古时月,今月曾经照古人,春夏秋冬,山水长在,只是多了一些现时的情景,五垅在哪里? 翰邦村的六个自然村皆有可能是,天光微明,在布谷鸟的啼鸣中,农人与他心爱的黄牛早就在田野中劳作了。

这一次古道行,匆匆而过。下一回,我一定还会再来,找个依山傍水的农家,住上一晚,躺在竹椅上,看蓝天,看流云,看繁星,什么也不想。罗佛庙传出的低缓梵音,沐过古银杏的和煦山风,入我耳,沐我脸,我酣然入眠。

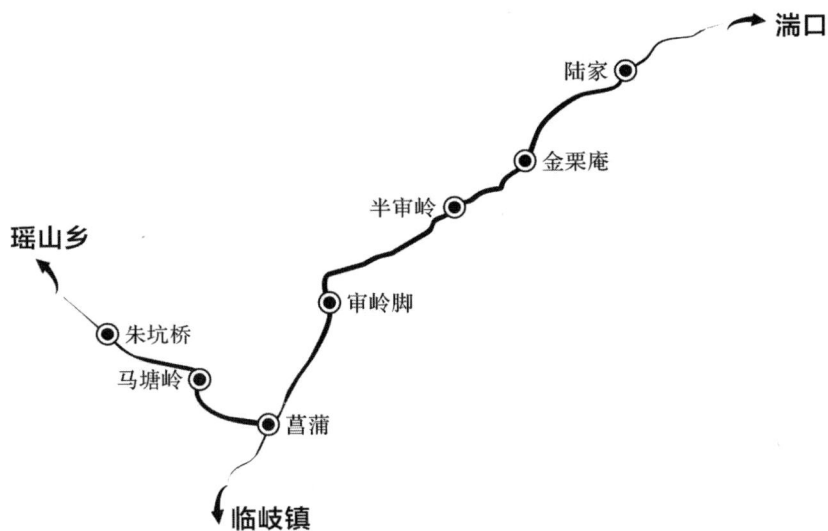

瑞口

陆家

金栗庵

瑶山乡

朱坑桥

马塘岭

半审岭

审岭脚

菖蒲

临岐镇

审岭古道

在公路交通发达的今天，无法通车的古道，实用功能随之消退。致使这些古道很少有人往来，甚至人迹罕至。年长月久，逐渐荒芜，从而慢慢地淡出了人们的视线。

审岭古道的命运，也不例外。据说自从20世纪80年代开通了昌文公路,淳安、昌化两地的人民就改走紫霄岭,放弃了审岭古道。直到公元2000年以后,紫霄岭隧道又被打通,人们连紫霄岭也不走了,审岭古道就这样被人遗忘了。

然而,这条古道在历史上却非常重要。《光绪淳安县志》山川篇记载:"审岭,在县东北一百里,接昌化界,童氏居其下。"一座山岭,载入县志,其重要性自不必说。因为它不仅是淳、昌两县人民的必经通衢,更是一条通邮大驿道。岭头的金栗庵,在特殊时期还设立关卡,审查过往行旅。审岭一名,便因此而来。

古道虽荒废,但它所积淀的人文渊薮和历史价值绝不会荒废。所谓"观今宜鉴古,无古不成今"。那些可以烁古鉴今的东西,是宝贵的非物质文化遗产,必须有人去收集,有人去记录。这是一种不可再生的资源财富,必须传给后人。这是文化救赎,毕竟时不待人。

因为审岭古道荒废多年,现实路况肯定很糟糕。因此,我不敢孤身冒进。就在前几天,我打电话给审岭脚村的姻亲鲁二虎,问他有没有时间帮我带个路。毕竟他是生于斯长于斯的审岭人,对古道的情况比较熟悉。他回答说,只要你来,我就带你去。

及至今日,原打算去走万岁岭的,却因起床太迟,唯恐时间不够,临时改走审岭。驱车到了半审岭,再打电话给鲁二虎。他说,真是不凑巧,昨晚一个亲戚去世,今天一早就去奔丧了。

半审岭村,位于审岭的半山腰里,原先是一个独立的行政村。1955年成立初级农业社,被评为"先锋社"。1958年以此为名成立先锋大队。1966年图书写简便,改为先丰大队。1980年成立半审岭村民委员会。

2007年淳安县行政规模调整，并入审岭脚行政村。

这个村有一大特色。村口的古树群高大而茂密，把数十户人家的小村子捂得严严实实。如果不走进去，在外面几乎发现不了这里还藏着一个村子。由于深藏山中，人口又少，人均山地资源就很丰富。满山都是山核桃、山茱萸和茶叶，村民先人一步就富了起来。早在20世纪80年代初，村民仅凭一村之力，就开通了通村公路，在当时也算轰动一时，令邻村刮目相看。

这个村庄始建于何时，已无从考证。据传，先祖方尚仁自富山徙居于此。至太平天国运动时期，溃逃的长毛途经此地，村庄惨遭浩劫，导致村民灭绝。到了清末，富山方氏念半审岭的土地属于族产，乃有数户重新迁入，繁衍至今，故村民以方姓居多。

半审岭村

在半审岭村走了一圈，只遇到两个老人在家，其余的农户全部都是铁将军把门。唉，现在的农村，哪里还有什么人气啊！

车到山前，不得不走。于是我向两位老人仔细打听审岭古道的走法，他俩对着审岭指了指说，从这个主墺进去，一直沿着主要溪涧往上走，走到看不到溪流的地方，在两个山墺脚道路分岔，你记牢朝左边墺里上去，一般不会走错的。因岭顶有村民建了覆盆子基地，时常去经营，路应该是好走的。我又问，山那边的路好不好走。他们说，那边的路呀，多年没人走了，估计都很难找到路径了。

我暗忖，今天的路程，估计有风险了。其一，到了大山深处，手机信号就没有了，孤身一人，万一出了状况，就是叫天天不应，叫地地无声了。其二，一旦迷了路，就会困在山中，只好奉献给野兽充饥了。想是这么想，心里还是不甘。自负自己是一头老驴，还是决定闯一闯。既然到岭顶没有问题，就视情况而定。倘若能够找到下山的路，就去走一走试试，万一行不通，就原路返回。

找了一个比较结实的木棍，提着用来防身。万一遇险，就是我保命的法器！

事实上，自审岭脚至墺头的古道已经面目全非，以混凝土硬化的林道差不多修到了溪涧尽头。然而，一路上泉水潺潺，草长莺飞。紫色的地黄，黄色的金雀，一丛又一丛，盛开于道路两侧，十分耀眼。令人舒心。

果不其然，走上真正的古道不久，溪流戛然而止，在两个山墺脚交会处，道路开始分岔。我遵从老人的吩咐沿左道上行，时断时续的石板路，在林中曲折爬升。从半审岭到审岭顶，耗时仅一个小时。

说是岭顶，其实是一个山坳。数十亩的坡地上，覆盆子的白色小花开得正艳。无数只粉蝶，在花间飞舞。苍翠的古松，屹立在覆盆子地里，宛若几个老寿星，驮着朵朵白云。

在高山之巅，有这么大的坪地实属难得，意味着可以生息养人。坪地北面有一堵约30米长、丈把高的石砌挡土墙。挡土墙之上就是传说中的金栗庵遗址。

据传，金栗庵，并不是尼姑庵，而是一座和尚庙。庙中主供金栗如来。那么，金栗如来又是一尊什么样的菩萨呢？

金栗如来，即维摩诘大士。维摩诘意为"净名"或"无垢称"。《维摩诘经》中说他和释迦牟尼同时，是毗耶离城中的一位大乘居士。尝以称病为由，向释迦遣来问讯的舍利弗和文殊师利等宣扬教义。为佛典中现身说法、辩才无碍的代表人物。

又传，金栗庵始建于南宋。当年，是南京金栗庵的一个小和尚，化缘云游至此，见此地高居山巅绝顶，却中间低洼平整，四周群山拱揖，形同莲花宝座，具有梵天佛国之象。乃就地搭棚居住，化缘数年，建成金栗庵。明清时期，金栗庵香火极为鼎盛。新中国成立后，"破四旧"的红卫兵将菩萨造像砸毁，庵中和尚只得改籍为民，寺庙逐渐废圮。20世纪50年代，有三户流民来此垦荒，借住庵中。直至20世纪70年代，因交通不便，三户居民迁移下山至半审岭，寺庙无人打理，多年失修，导致坍塌，才夷为平地。

在淳安的寺庙中，供奉金栗如来的并不多见。审岭上的这个金栗

金栗庵遗址前的银杏树

庵，似乎是一个孤例。倘若传说有点真实的成分，就很可能与南京的金栗庵有些渊源。

在金栗庵遗址右侧、审岭古道旁，生长着一株巨大的银杏树，老态龙钟，盘根错节，一看就是树龄高达数百年以上的古树。主干下部已形成空洞，洞内壁有积碳，很明显历史上曾经遭受回禄之扰。然而，这株历经沧桑的古树，在这个时节，枝头正迸发着叶芽，呈现出勃勃生机。根部周围，丛生出很多子孙树，依附着母树，茁壮成长。

审岭古道到了这里，真的很难找到昌化那边下山的路。我在坪地四周寻了一圈，居然找不到古道的路径。正在无计之时，忽见一只松鼠从古银杏树上跳将下来，朝着茂盛的甘茅丛中遁去。我扒开茅丛，循迹而行，居然找到了下山的路！呵呵，真是无巧不成书，莫非那只松鼠是来指路的？

事实上，下山的路基本上已经被林莽覆盖，似是而非的小径需要凭经验来确认。毕竟是古道，历史上曾被千万个人踩踏过，它与松软的土层还是有着明显的区别。

再往下，路径就清晰起来。因为这边是山的阴面，高大的乔木遮蔽了阳光，灌木就失去了竞争优势，形成了2米来高的林下空间，通透又玲珑，古道就不易被杂草掩埋。

在这种深山老林里走,就有必要用棍子敲敲树干,呼喊几声"哦嚯",以便惊醒那些倦宿的兽鸟,通知一下它们:有人来了,敬请回避!要不然,冷不丁突发遭遇,双方都会受惊,万一发生冲突,与谁都不利。

之字形的古道,拐了十几道弯后,就来到了半岭亭。亭在古道右侧,依山而建,面西而立。整亭以采石砌筑而成,形制为窑式。枯藤杂树覆盖着亭顶,使古亭显得越发苍老。

亭内现存清朝光绪三十二年(1906)"乐善同庆"残碑一通,上书《修建沈岭路亭志》以及捐输名录。由于碑残缺字,加之字迹漫漶不清,仅凭语句揣测其意,拼凑成文。其志云:

自此风日下,居乡党者不能公利公益之是求,使致能力顿减,团体难成,百务之艰,此其一原因也。

观吾邑之风,于桥路长亭之事,屡有创捐之人。虽妇人小子皆乐善为之。其假马借乘则伤,其无羊供朔则幸其存。况乎开山通道以便行,砌石为亭以便憩。而极要之地,皆能提倡,以底于成。费资数百,利人千万。其心较借马为尤公,其事比供羊尤佳。旁触而长之,以图公益公利之事。一乡如是,一邑效之。一邑如是,以达于府、于省,亦不为我国家维新之一助乎?

沈岭者,吾邑南古关隘,南通淳邑,行人往来甚多。吾乡乐善,见其路之久圮,而少憩无所也。爰创捐修路建亭,逾年功竣。来告曰,将以捐户芳名,声闻于碑。予丧幽居无俚,又值国家治图维新,自愧空山藏拙,不能鞭着前程,以助刹那之力也。谨不揣简陋,援笔以为记。

左列善人捐款名字和款项,某某一元,某某十元,等等等等,密密麻麻,占据了大半块石碑。落款是邑廪生陶然童聚沂撰,大清光绪三十二年岁次丙午季冬上浣谷旦。

半岭亭

　　离开古亭,再往下走,就到了谷底。潺潺的流水,自两道山坞里倾泻下来,在寂静的山谷里奏成天籁。

　　下半山,基本上是古老的山核桃树林。林间大多铺着尼龙网,白色的网布是为自然掉落的山核桃准备的。现在的山民聪明多了,用这种方法采收山核桃,真是以逸待劳,免去了上树采收而造成人身伤亡的风险。

　　古道沿着山谷一直向北延伸。从半岭亭到陆家,行程足足有3千米。途中有两座古桥,其中一座名叫"关口边桥",桥头东侧建有过路亭,上书"上通严州,下达苏杭"八个大字,简短扼要地表明了审岭古道的交通意义。

　　行至山口,前方就是陆家。再出去,就是湣口镇了。在陆家,我准备稍作休整。恰巧附近有一家名叫"湍源里"的民宿，走进一看，居然有温泉泡脚！呵呵，辛苦的双脚弟兄，你俩该有福了！

这是一种全新的体验，室内设有30余个座位，客人在这里可以一边喝茶，一边泡脚。宋瓷的花插，定窑的梅瓶，新中式的装修格外雅致。还有那窗前的小溪，河床里长满了石菖蒲，清澈的流水汩汩而行。更有一株奇形怪状的古银杏树，占据于小溪之上，挂满一串串嫩黄的花絮，在阳光的照射之下，分外鲜明。

没想到这家格调高雅的温泉民宿，却是以村民的牛栏猪圈改造而成。老板介绍说，这里所有的客房，配有专用温泉泡池。每一个来此体验的人，都可以享受一次氡温泉的洗礼。

泡完脚，我还得回到审岭脚起点。老板很热情，说等下坐他们民宿的布草车出去，到了湍口镇就不难打到车了。

10千米的古道，我走了3个多小时。而打车绕道20千米的昌文公路，耗时仅仅29分钟。这就是现代交通与古代交通的区别，倘若古人能够看到今天的巨变，将会做出何种感叹？

回到审岭脚村，顺便游览了一下村中的童氏宗祠。这是一座始建于明朝成化年间的徽派建筑，曾在清朝道光年间予以重建，前立面是巍峨壮观的五凤楼，斗角飞檐，气势非凡。

童氏宗祠，堂名安遗堂。整幢建筑由门楼、戏台、天井和享堂共四部分组成。大门额书"童氏宗祠"，门联云："威镇丹阳至诚伏虎，名垂合浦守宰不其。"

站在祠堂门前，我发呆了很久。看着那些精湛绝伦的木雕，研判其

童氏宗祠

中雕刻题材的寓意,我早已被先贤的创造所折服。

正在我赞叹不已之际,村弄里走来一个年近杖朝的童姓老人。他介绍说,这个祠堂能够保存到今天实属不易。20世纪80年代,千岛湖旅游业刚刚兴起,需要在龙山岛上复建一座海瑞祠。当时旅游部门就看中了这座童氏宗祠,并与村委会签订了拆除移建的协议。村中的老人得知后,自发来到祠堂中,连续几天极力阻止施工队进场,从而保下了这幢有着数百年历史的传统古建筑。

听说我走审岭古道,老人又把我带到村中的一座石拱古桥处。他介绍说,这座古桥名叫"审峰桥",俗称"卷桥",是旧时客旅往返于审岭古道的必经之桥。1911年辛亥革命时,私塾先生毛长发在我村任教,曾在此桥上撰写一联云:"审向深思研主义,峰高壁峭唤人民。"

老人指着村南的菖蒲村说,菖蒲的水口有一座"白佛桥",是审岭古道转至马塘岭古道的起岭处。马塘岭是十都通往八都的捷径,也是审岭古道的重要连接古道。

关于白佛桥的来历,老人又讲了一则传说故事。故事有点长,客官慢慢听!

传说在昌化县河桥镇有一户姓许的人家,住在柳溪江边,夫妻俩开了一爿山货店,经营着山核桃、笋干、中草药等山货生意。丈夫名叫许三愿,妻子名叫赖福英,上有父母年过花甲,下有幼女两个。由于河桥是柳溪江上比较兴旺的水陆码头,开店做生意,收入尚可,小日子过得还算舒坦。

这一年春上,赖福英又怀了孕,到了腊月,产下一对双胞胎,许三愿喜得二子,欢天喜地,孩子满月那天,还请了戏班子,宴请亲朋,好不热闹。第二年夏天,柳溪江水位上升,河桥码头,人来客往,商贾云集。许三愿觉得膝下四个子女年幼,父母年迈,家中略见入不敷出。寻思搭船去杭城,做些山货买卖,或许能够多赚一些钱财,贴补家用。赖福英虽然不愿让丈夫外出,但看着怀中嗷嗷待哺的婴儿,只得勉强同意丈夫出行。谁知许三愿这一去,却是一条不归路。货船到了富春,江上遇到强盗。这些强盗,不仅把货物抢劫一空,还把许三愿杀了沉江。噩耗传来,赖福英悲从中来,哭得死去活来。然而,人死不能复生,赖福英强忍悲痛,将山货店改成豆腐店,起早贪黑,以卖豆腐为生,操持着这个破碎的家。

一天,店里来了一个算命先生,赖福英觉得自己这样命苦,何不请先生算一算。报了生辰八字，算命先生掐指一算，大惊道："你的命太硬，难怪丈夫死于非命。"赖福英问道："可有法子解？"算命先生道："命硬者当与佛结缘，佛法无边，可消万劫万难。自河桥西去二百六十里，有座山叫作齐云山，山上有三洞，罗汉洞有真武帝君，圆通洞有南海观音，文昌洞有文曲星，你必须去那里拜菩萨，许上三个愿，方能消灾去难，如若一心向佛，来日必有后福。"赖福英觉得算命先生言之有理，便依言而行。

按说从河桥到齐云山，就近可以沿官道过昱岭关而行。然而，当时昱岭关匪患频扰，过往行人不敢冒进，只得绕道而行。

赖福英问了路，得知过淄口可达淳安地界，经淳安的山路可达齐云山。赖福英将一对婴儿，一个绑在胸前，一个背在身后，带上干粮上了路。这时正是六月汛期，赖福英好不容易越过审岭，忽然天空中乌云密布，一会儿暴雨如注，匆忙赶至山脚的村庄里避雨。那雨下得稀奇，足足下了两个时辰，村外溪流中洪水暴涨，架在溪流上的木桥，顷刻间被洪水冲得无影无踪。雨停之后，赖福英来到菖蒲村，见必经之路上的木桥已被冲毁，断了前路，进也不是，退也不是，联想到自己的遭遇，不禁失声痛哭。

菖蒲村的河岸上，聚集着很多看大水的人。听到赖福英凄凉悲痛的哭声，十分同情。大家问了缘由，更觉可怜。有人说道："这样苦命的女人，来到我们这里，人生地不熟，无依无靠，我们应该帮帮她。"于是，村民抬来长长的杉木，冒着危险，将木头架在汹涌的溪流之上，为赖福英临时搭建了一座木桥。

赖福英过了桥,跪倒在地上,对菖蒲人千恩万谢,心中默默许下一个愿望,只待来日报答。别过众人,翻过马塘岭,几经周转,去了齐云山。到了齐云山,赖福英拜了菩萨,求了三件事,许了三个愿。第一件事,请菩萨保佑公婆健康,全家平安;第二件事,怀中这一对双胞胎将来学业有成,获得功名;第三件事,希望菩萨保佑能找到丈夫的尸体,入土为安。赖福英祷告道:"菩萨成就我三件事,我一定要还三个愿。一是为齐云山菩萨绣制神帐一百幅,二是在河桥码头免费施茶十年,三是给菖蒲村造一座石桥。"

从此赖福英勤俭持家,孝敬公婆,教子有方。若干年后,一对孪生子,学业有成,果然双双高中进士,一个任知府,一个任巡抚,赖福英成了节孝典范,朝廷赐匾曰:孟母遗风。

然而,过度的操劳,使得赖福英未老先衰,一头乌丝熬成了白发。两个儿子回乡省亲,问母亲有何心愿,说是只要儿子能够办到的一定依了母亲。赖福英道:"儿啊,想当年我背了你们两个,历经千辛万苦,前往齐云山拜菩萨,许下三个宏愿,今日吾儿出人头地,一定要为母亲了结这三个愿望。"儿子听后同声道:"一切依了母亲。"

再说菖蒲村当时也出了一个财主,名叫童克博。他靠放高利贷起家,收田买屋,家境倒是有些殷实,但是为人刻薄,会算计人,仗着自己有几个臭钱,天下老子第一,爱出风头,欺负老实人。村民给他起了一个绰号,叫作"无四两",借以讽刺他的骨头轻得无四两。

一天,"无四两"正在菖蒲村的大樟树下与村民吹牛:"十都源里富不富,第一取我童克博。"有村民在旁听不过意,挖苦道:"俗话说得好,穷在家里,富在路上。我看你'无四两'是富在家里,穷在路上。"童克博一听,觉得对方话中有话,似乎是在讽刺他,当时很不高兴。

正在这时,村外来了一个人,走近大家一看,原来是一个白发苍苍的老婆婆。老婆婆来到樟树下,问村民道:"你们村里有没有管事认真的人?"其中一位村民道:"我们村里姓鲁的人多,姓鲁的族长就是管事认真的人。喏,这位老者名叫鲁耀怡,就是我们的族长。"

老婆婆道:"族长啊,你能帮我做一件事吗?"

族长道:"何事?说来听听,只要我能做到,一定帮你。"

老婆婆道:"先谢谢族长,我想为你们村造一座石桥,使你们村子子孙孙免除木桥被冲之苦,从此方便过往行人。"

大家听了顿觉稀奇,眼前这位老婆婆,这把年纪了,哪有能力造桥啊。

族长道:"你不是在开玩笑吧,造石桥谈何容易啊,需要上千两的白银啊,不要说你了,就是我们村里最富的童克博,也造不起这座桥。"

在旁的童克博一听,像打了鸡血似的来了神气,抢过话题道:"老太婆,你不要夸海口了,如果你能造得起石桥,我也个人出钱,给村里再造一桥。"

老婆婆没有生气,平静地道:"我不与人比高低,也不喜欢夸海口,我用事实说话,我今天先付纹银二百两,烦请族长安排匠工动工,之后我会按时续付银子,直至造成石桥为止。族长你一定要帮我找一个好监工,保证把此桥造得既坚固又漂亮。"当下从背袋里数出二百两银子交给族长,在场的人一个个都惊呆了。

边上的童克博脸上挂不住了，心里想道：今天哪里冒出来这样一个老太婆，当场刮我的鼻子，我以后在村里还有得混吗？

这时在场的村民起哄了，你一言我一语，全部都来奚落童克博，说道："刚才听见有人敲牛皮鼓，蹦蹦叫的，现在怎么听不到声音了，哈哈哈。"

童克博见自己大话在前，不兑现已经不行了，直窘得满脸通红，硬起头皮道："造桥就造桥，看看谁先造好。"

就这样，菖蒲村脚不到半里路的河流上，两座石桥同时动工。

白发老婆婆由于不惜花费银子，雇用好石匠，开采好石材，将石桥造得工工整整，桥券上还雕刻了暗八仙，桥上安置了石栏杆，成了当地一景。

童克博虽然有点钱财，但哪里舍得全部放在石桥上，雇用的是手艺粗糙的石匠，采用的是普通的石材，建造的是一座简陋的石桥。

两座桥同一天开工，数月后，两座桥造好了，恰巧也在同一天完工。当菖蒲村民请白发老婆婆为石桥取名时，老婆婆早已消失得无影无踪。这时，村民议论开了：这位老婆婆出资上千两银子，为我们菖蒲村造石桥，不为名，不为利，世上哪有这样的善人呢，难道她是神仙菩萨？

众人觉得肯定是神仙菩萨下凡，为大家建造了这座石桥，但是又不知菩萨叫什么名。有人道："这个菩萨满头白发，就叫白佛菩萨。"于是，就把桥名取为"白佛桥"，让石匠将桥名镌刻在石桥上。

菖蒲人哪里知道，这位白发苍苍的老婆婆，就是当年菖蒲人为她临时架起木桥，帮她渡过山洪的小少妇。是菖蒲人的善心感动了这位

白佛桥

妇人,时至今日,她的子女有了出息,她要了却当年许下的心愿。其实这座石桥的建成,也是菖蒲人先前积下的德,不是当年好心好意帮助赖福英渡过难关,赖氏也不会发此造桥宏愿。要说世上有神仙菩萨,的确真的有。因为只要是一心向善的人,每一个人的心中都会有一尊仁慈善良的活菩萨。

童克博的桥也造好了,来请大家取名,人群中有学问者说道:"'无四两'啊,你的桥造在溪涧之上,就叫作'涧桥'吧。"童克博是一个土包子,肚子里没有点滴墨水,直道:"涧桥好,涧桥好。"他哪里知道,这位学究用的是谐音,名叫"涧桥"实乃"贱桥"也,贱人造的桥,暗喻童克博是贱人一个。

童克博也想请匠人将桥名刻在石桥上,只听匠人道:"你造桥的石头麻里矶嘎不平整,怎么可以刻字啊?"

就这样,如今菖蒲的涧桥上,是找不到桥名的。但是,菖蒲人一直把这座桥,叫作"涧桥"。

这个传说在十都源里流传了不知多少年,版本也很多,究竟哪个版本比较靠谱,是不是与事实相符,时隔几个世纪,也是无从考证。这些都无关紧要,因为传说终归是传说。

然而,菖蒲村这两座古桥,至今屹立在青山绿水之间,任凭风雨雷电,它们依然岿然不动,默默地承载着来来往往的行人和车马。

年年岁岁,岁岁年年,人们走在古桥上,不仅能够沐浴到和煦的阳光,而且还能感应到先人仁慈善良的力量。

我听老人讲故事,先是站着听,后是坐着听。老人的故事实在太长了,然而,老人讲得有板有眼,还是真名实姓,确是引人入胜。

没想到审岭古道还是一条朝佛之路,历史上曾走过多少像赖福英一样的人?

老人接着说,这条古道上的传说实在太多了。比如马塘岭,就是因为明朝开国皇帝朱元璋带兵打仗经过这里,战马曾在岭上滚塘而得名。九都那边朱坑坞口也有一座古桥,叫作"朱坑桥"。传说这座桥是朱元璋灭了为非作歹的寒庄,没收了他们的财产用来建造的呢!

告别老人,驱车来到白佛桥。在马塘岭的入口处,我让无人机升至300米的高度,绿意葱茏的大山里,古道的路径依稀可辨。

我想,过几天还得找一个时间,走一走马塘岭。因为它与审岭古道紧密相连,密不可分。

马塘岭

　　回头远望，夕阳已经在审岭山头收走了光芒。我发动了汽车引擎，满载一路"收获"踏上回程。篇尾录前人《过审岭有感》诗一首，以壮此行：

　　境入幽闲山几重，许多丘壑绘吾胸。
　　方知不历崎岖路，哪得飞来海外峰！

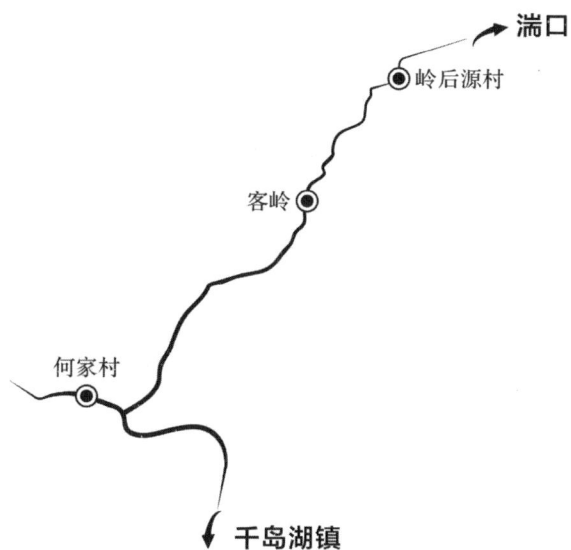

客岭古道

客岭古道，南起瑶山乡何家村水口云溪桥，北至瑶山乡岭后源村里畈村头永安桥。全长2.5千米，平缓路段为土路，崎岖路段均为石板路。岭顶海拔578米，古有袭云庵，今存遗址，遗址上存有石碑。古道途中有块石垒就的凉亭一座和石拱桥一座。石凉亭附近有仙水洞，常年不干,供旅人解渴。此古道为旧时淳安至昌化交通要道,因客商来往络绎不绝,取名为"客岭"。

古道起点云溪桥,俗称"驮桥",是一座始建于明朝弘治年间的廊桥。古桥以石筑礅,以木为梁,上施瓦屋,以避风雨,故又称"风雨廊桥"。该桥集路、桥、廊、亭为一体,风格迥异,古韵十足。跨径35米,全长80米,桥面宽2.3米,高4.5米。桥体为四墩三孔,桥墩石块为青石,体积约400立方米,由石灰拌桐油嵌缝砌筑。桥面共铺设长短木板19块,材积25立方米,单块长板材积2.5立方米。有桥柱28根,木桁条15根,椽木484根,大桥材积共计80立方米。桥上四座桥亭连成一体,亭、柱、大梁托、瓦檐雕刻奇花异草、飞禽走兽(所有雕刻在"文化大革命"期间被毁)。2010年重修,现保存完好。

据《瑶冈何氏宗谱》记载:何铨,字文选,号瑶山,环公长子。由云峰卜居瑶山(今何家)。创造厅堂室宇,垦置塘回等处田产数百余亩。又建石墩大桥,重造清泉寺宇。弘治三年(1490)纳粟赠文林郎冠带,以荣终身。生于洪熙元年乙巳(1425)十二月初二日,卒于正德四年己巳(1509)十月初七日,享年八十有五。娶鲁村鲁运同次女,生子二:何浦、何澜。

关于云溪桥,当地还流传着一则带有神秘色彩的传说。

相传在建桥时,瑶山、湛村两庄仅隔一里路。当时,两个庄同时要建造结构相同的大桥。为使造桥一帆风顺,两村庄相约同时赶赴安徽求风水先生选择吉日吉时竖架桥屋。回来后,双方约定鸣响铳为号。不知是因宗族之间的矛盾,还是村庄之间的隔阂,在竖架桥屋之日,瑶山庄提前鸣铳，湛村庄听见铳响后，立即架起桥屋。不料过了不久，瑶山庄又鸣响铳。原来前面鸣铳是假时辰，而后面的鸣铳才是真正的吉时。但事已至此，湛村庄也无可奈何了。据说，湛村庄所建的大桥后来被洪水冲毁，而且几经重建均未成功，而瑶山庄建造的云溪桥却留传至今。

传说总是虚虚实实，但也并不是空穴来风。1974年，为改善瑶山交通，瑶山乡决定在湛村庄建造一座双曲拱水泥钢筋结构大桥（现幸福大桥）。在动工挖桥基时，当挖到离硬石基三尺时，发现许多长方形石料，长短不一，砌筑之形依稀可见。据推测这就是传说中湛村庄当年被冲毁的大桥的桥墩。

谱载《廊桥古韵》诗云：

历尽沧桑不变容，长虹横卧贯西东。

时人只道风光好，不识羊裘老钓翁。

云溪桥

客岭古道这头的何家村，既是一个文化积淀较为深厚的传统古村落，又是瑶山乡人民政府的驻地。主姓为何氏，明代自文昌迁入。有省级非物质文化遗产——瑶山秋千，其观赏性堪称一绝。

瑶山秋千的起源，民间流传有两个版本。

一说源起于南宋。史载东汉方储，聪颖博学，精研《易经》，通晓图谶占卜之学，因郊祭预测天气事，获不忠之谤。方储以死明志，饮鸩而卒。后和帝知其怨，追赠太常尚书令、黟县侯，立庙以祀。宋政和七年（1117），徽宗赐以"真应庙"额。民间传说方储能预知灾异，福佑人民。百姓尊称他为"方仙翁"，各地纷纷为他建庙塑像。每逢正月初六和三月初三，都要举行"方仙翁庙会"。为了烘托庙会气氛，当地百姓制作了秋千露台，进行精彩的民俗表演。

二说起源于明初，乃乡民为庆祝朱元璋登基而举办。相传，元朝末年，朱元璋屯兵于千亩田，东出天目杀敌得胜而回。途经瑶山时，不仅秋毫无犯，还特地告知沿途百姓但凡年老者免去迎送。"赦送"村名因此而来。朱元璋登基后，当地老百姓感恩戴德，制作秋千以示祝贺。

瑶山秋千融杂技、舞蹈和歌唱为一体，是一种当地农民用来赶集或社庙活动中使用的游乐器械。瑶山秋千，在秋千架上竖立四根木柱，木柱之间装置一个可以旋转的十字叉，每个叉口系一条布带，布带上坐一个小孩。十字叉借助小孩的蹲力旋转起来，四个小孩轮番上下转动，时而上升到3米多高的空中，时而下落于秋千架底，如同荡秋千一般，故称"秋千"。表演时，由八个彪形大汉像八抬大轿一样抬着，四个小孩在秋千上一边转动，一边持扇表演，既惊险又刺激。后面有乐队跟随演奏，曲目以"三吹三打"为主，兼以其他曲目，沿街巡回表演，场面热闹非凡。

瑶山秋千经过改良，在秋千架底部安装车轮，在道路平坦的街上表演时，抬秋千的人只需推着秋千前行即可。近年来，瑶山秋千由1组增加到2组，参演演员32人，阵容更为强大，观赏效果更佳。

为了加强对瑶山秋千表演艺术的保护，近年来，县文化部门和瑶山乡政府对秋千进行了大胆的创新，并先后组织秋千表演队伍参加千岛湖秀水节、杭州风雅颂民间艺术展演等大型活动。2003年在杭州西湖狂欢节上，瑶山秋千一举荣获"最佳表演奖"和"优秀创意奖"两项最高荣誉。2006年，"瑶山秋千"被正式列入第二批浙江省非物质文化遗产名录。

2017年，瑶山乡政府积极筹措资金40余万元，将何家村小礼堂进行了改造，建成了瑶山秋千展示馆。同时，对瑶山秋千文化进行了较为全面地收集和整理，通过序厅、历史渊源、产生环境、制作流程、表演流程、实物展示、保护现状、各地秋千等相关展示，以求全方位解读秋千文化的历史与传承，为瑶山秋千这一非遗项目确立了展示平台，也为瑶山乡村旅游提供了一处新的景点。

客岭古道，过云溪桥后，沿客坑坞深入，途经简易凉亭一座。至双垮脚，靠右行至古石桥开始起岭，石板路向上延伸。

半岭处，左侧依山建有石砌凉亭。亭边有仙水洞，汩汩清泉，终年不竭。

及至岭顶，有袭云庵遗址。遗址上现存石城庄胡国进撰书的"亘古流传"石碑一通,备载清朝道光十七年(1837)捐建袭云庵的事由。

根据碑文得知,袭云庵中供奉的菩萨众多。除了三尊主佛之外,还有观音大士、地藏王佛、三官大帝、韦陀、弥勒佛、十八罗汉、万岁龙牌等,全部由各地信士认捐。

当时捐建庵堂的村庄涉及范围较广,其中有里村庄、瑶山庄、石城庄、贡村庄、里畈庄、白佛殿后、杜峰庄、湛溪庄、宋川庄、贡川庄、桐川庄、琅川庄、秋溪庄、胡村庄、琅琊庄、石井、隐将、张家庄、富岩庄、阵岭庄、仰韩庄、龙畈庄、黄连坑、直坞里、糯坑坞、石塘坑、龙村庄、苦李坑、庄里、母畈、山后、琅玕、外坪、昌邑河桥、赤石、万家村、八都村、石室源等村以及徽州、旌邑等地,共计捐银一千余两。

由此可见,袭云庵的建筑规模不小,其恢宏程度可见一斑。遗憾的是,这座曾经鼎盛一时的庙宇,不知何时因为何事毁于一旦。如今只剩下断壁残垣,功德碑也被弃置于荒草之中,令人徒生叹息。

袭云庵遗址

越岭而下，古道较为平缓。沿途皆为山茱萸和山核桃经济林。半岭处，亦有泉眼一处。泉水自乱石堆中流出，俗称"饮马泉"。

有诗云：

峦峰回绕翠相连，佳木繁荫起石巅。

峭立既如踞陇虎，奔腾更似马驱泉。

及至岭脚，有双孔古石桥一座，名曰"永安桥"，俗称"白佛桥"，南北向横跨沈溪。

相传在清朝晚期，此处原有石板桥以济交通，遇洪水冲垮。村中有义士名叫吴香法者，倡议新建石拱桥，苦于缺材少资，乃至白佛殿向菩萨发誓，前往外地募捐。吴香法等人风餐露宿，在徽杭等地募捐3年，终于筹足造桥之资，建成永安桥，寓意永固久安之意。由于募捐之初在白

永安桥

佛殿发过誓,菩萨有阴助之功,故山民仍称其为"白佛桥"。又传,募捐来的钱较多,造桥之后仍有盈余,余资用以铺设客岭石板路。当时的县老爷还为永安桥撰写了碑文,立于白佛殿前。碑石共四块,面积比照墙还大,上镌桥记以及捐输名录。据吴锡建回忆,桥碑拆除后,被抬至田畈里,用于造茶厂盖涵洞,现埋于村民屋基下。

过桥,乃白佛殿后自然村。桥头原有白佛殿,面积约26平方米,坐北向南。古时沈溪源内有抬白佛娘娘保苗的习俗。白佛殿于20世纪60年代被毁,仅存遗址。

古道至此,路有分支。左进可通石城庄、外庄、里庄、桐川、老庵基等村,右出即里畈,经杜峰坪、宋川、坑口可达昌化。

沈溪源,今称"岭后源"。地处客岭北麓,相对瑶山乡驻地何家而言位于山岭背后,故称"岭后源"。此地乃深山峡谷地带,发源于牵牛岗的沈溪流经该村十余个自然村,民居星布错落于崇山峻岭之麓,沿溪两岸峭壁林立,山地皆陡坡,满山遍垄遍植山核桃、山茱萸等经济林,系瑶山乡经济主产区,当地村民经济收入较高,生活条件比较富裕。由于源头及水口皆为临安所辖村庄,犹如置身县外,有"肥水外流"之嫌,被称为"淳安36个倒源"之一。

南峰氏华山诗云:

沈原一境里洋坪,四顾山围似石城。

带水重环曲折处,金鱼锁口正朝迎。

屏山拥护幽闲地,石洞流泉悉有情。

乔木森梦蕤碧美，层峦叠翠壁千寻。

笔峰挺秀文星现，亭庙连关格局成。

里畈乃吴氏聚居地。据《琅琊吴氏宗谱》卷二记载："洪公第三子洛公，字维骆，元季卜居于沈溪。"时派分里、中、外三村。里村名白佛殿后，外村名杜丰坪，中村当时为里畈。

里畈建有吴氏宗祠，又名至德祠，位于里畈村脚。堂名三让堂，寓意始祖泰伯三让天下。据载，吴氏宗祠始建于清朝雍正元年（1723），因地势较低，又面临沈溪，每遇洪灾，则遭水浸。后于大清道光丁亥年（1827）在旧祠之后，另辟新基重建，耗资数千缗。该祠面宽12米，进深18米，面积216平方米，两进一天井，徽派建筑风格，门厅、后进均设船篷轩，用料粗壮，雕刻精美。木柱施黑漆，梁枋施朱红漆，椽下施望砖，做工考究。2005年拆除，改建为村委会办公楼。

里畈外出一里，即杜峰坪村。村庄建于高坪之上，下临深渊，有剑阁之险。入村口建有门关，旧时入夜闭门，外人不可入。如今开通了绕村公路，险境已除。

杜峰坪穿过村庄之后，东向延伸至青垅。垅头现存古亭一座，据说因风水而建，名曰"镇凤亭"。

相传杜峰坪村后的山峰名叫"凤凰尖"，整座山峰是一只凤凰变化而成。凤头在里畈，凤尾在宋坑口。于是宋坑人请风水先生在凤尾上选了一个吉穴，呼形为起凤形，以妥先灵，福荫子孙。还在凤尾吉穴上建了一部水碓，水碓碓头旋转如风扇，哗哗哗地扇动凤凰起飞，以助吉穴灵验。杜峰坪人得知此情，凤凰一旦起飞，靠山将无宁日，生怕损害本村村运。于是紧急集资，在杜峰坪至宋坑的青垅上，建造了一个凉亭，用以镇压住这只凤凰。虽然这是一个迷信风水的故事，但古人对大自然的理解和敬畏，也是一种带有传奇色彩的民间文化，使经过这里的人，走上一条有故事的路。

古道到了这里，又有分支。左路上山通宋川，右路下山至岭坑口。

岭坑口，即淳安与昌化的交界。此处建有单孔石拱桥，乃明代建筑，名曰"海卜桥"。相传为邑令海瑞卜择桥址，为两县界桥，故称"海卜桥"。

宋川，也是一个传统古村落。先祖吴氏于元朝自琅琊（琅洞村）迁入，建村伊始迄今已有600余年的历史。其"宋川龙灯""宋川花灯"传承有序，享誉淳昌两地。

据传，宋川龙灯起源清中期，已有200多年的历史。据宋川龙灯传承人吴四福介绍，宋川龙灯每12年（逢龙年）制作一次，每户一板，最多的年份42板，龙长70余米，甚为壮观。龙灯全部采用手工制作，龙头、龙身、龙尾骨子材料为竹篾，外以纸糊（后改为青布），以雕版印制龙鳞，每板长度5尺，内装蜡烛4支，龙头内置斤烛。宋川龙灯的特点是龙头特别大，龙鼻上插香，需要3个壮汉轮流支撑。

每逢龙年，村民自发组成龙灯会，先由个人垫资，购买制作龙灯的材料。主事人在制作龙灯之前，到吴氏宗祠内焚香祭拜祖先，接和合二仙佑灯，在年前把龙灯做好，制作龙灯时谢绝女人观看，以示清洁。开龙眼要选择吉日，并举行祭祀仪式，邀请村中年龄最大和最小者代表全村村民，用朱砂点眼。点眼时，扎龙师傅还要念咒语。

正月初一晚上开始在本村试灯,龙灯首先到社殿里祭拜神灵,然后点烛上火,沿村庄弄巷游龙,各家各户事先在堂前焚香做好接龙准备,龙到之处,鞭炮齐鸣。正月初二龙灯出村,分别到永安、里庄等附近村庄舞龙灯。正月初三,到清泉寺上火,然后沿途舞龙到琅洞村朝祖(宋川吴氏乃从琅洞迁去)并在琅洞祖家住宿。之后到昌化石室等地舞龙,一直延续到正月十八终止舞龙,并在是夜将龙灯焚烧至村脚社殿边,送龙升天,俗称"灿灯",整个舞龙活动结束。舞龙所得的红包利市,是龙灯主要收入,由随龙财务暂收(此人必须是诚实守信之人,事先在祠堂祖宗面前发誓:如有贪污,立遭天谴),收入除去开支之外,盈余部分分发给舞龙成员,作为工资收入。宋川龙灯不以营利为目的,以保平安为主,被当地人称为"清洁之灯",深受人们喜爱。

据传,宋川龙灯非常有灵性,求子必应。龙口含闷珠(正珠)一颗,龙爪握明珠(副珠)一颗,凡求子者需年前预订,并跟随龙灯守珠,自龙开眼始,直到龙灯活动结束,将珠请回家中,并以红包回赠。

龙灯队一般由60余人组成,除龙身每板1人之外,牌灯2人,手持"青龙吉庆、万门同庆""万象更新、共和万年"2个牌灯;香客1人;随龙财务(收红包)1人;旋珠1人,龙头3人,轮流撑龙头;龙尾1人;两幅锣鼓8人,开锣1人,小锣1人。舞龙阵势有龙出洞、三点头、拜四方、长龙阵、八字阵、田字阵、盘龙阵等。宋川龙灯造型特点是:巨口张、目生光、角尖厉、须飘扬、身婉长、尾刚劲、千鳞万甲,神采飞扬、威武壮观。宋川龙灯慢舞时雍容大度、优美抒情;快舞时激越奔放,别具一格,有着浓郁的地方特色,所用的曲牌音乐喜庆动听,每到一处,均会引发万人空巷的热闹场面。

宋川龙灯体现了宋川村民的智慧和民间艺术的魅力,具有很强的艺术性和观赏性。舞龙活动的过程不仅是娱乐的过程,更是凝聚人心的过程,是瑶山民俗文化的优秀表现。

关于宋川龙灯的来历,与一次泥石流灾害有关。说是在清朝某一年,宋川村头舍后湾脚,住着2户人家,18口人。潜伏在山中修炼的青龙,乘雨季出龙奔入大海,它推开山体发生了大塌方,掩埋了2座房子,28口人无一幸免。自此,宋川人每遇龙年,就举行迎龙送龙活动,以保村庄平安清洁。吴四福曾经为宋川龙灯撰写过一副对联:"弘扬传统文化,打造平安宋川"。

宋川村每隔12年出一次龙灯,在不舞龙的年份,偶尔也会出一次花灯。花灯以竹篾扎制,外以纸糊成各种动物,内置蜡烛,1人1灯,出灯人数67人。花灯由牌灯1对、令旗1面、清道1对、宫灯1对、12生肖、12花门、狮子2只、白象2只、麒麟2只、下象2只、犀牛2只、海马2只、龙1条、吞1只、马6匹、凉伞1顶、虾2只、螃蟹2只、鱼2尾、三只脚蛤蟆1只、文曲星1人、武曲星1人、鹤2只、鹿2只、王在人照1人、鸟鸭鱼鸭1只组成。乐队由先锋2人、响铳2人、锣鼓3副12人共16人组成。牌灯队由阵头1人、发帖子1人、香客1人、开路先锋2人、灯板3人、挑果子包2人、财务1人、监督1人共12人组成。共计95人。正月初一开始游灯,浩浩荡荡,锣鼓喧天,前往附近村庄进行表演,直至正月十八结束。花灯表演阵势有龙门阵、一字长蛇阵、梅花阵、剪刀阵、田字结阵、铁锤阵、里锣声阵、外锣声阵、八仙阵等。

客岭古道,虽然路程较短,但沿途的景点较多。古桥(四座)、古亭(四座)、古庙(1座)、古殿(2座)、古泉(2处)、古祠(3座)、古树(若干),可谓古迹众多。秋千、露台、龙灯、花灯等民俗内容丰富,表演精彩绝伦。

走在这条古道上,有看不完的景致,有听不完的故事。

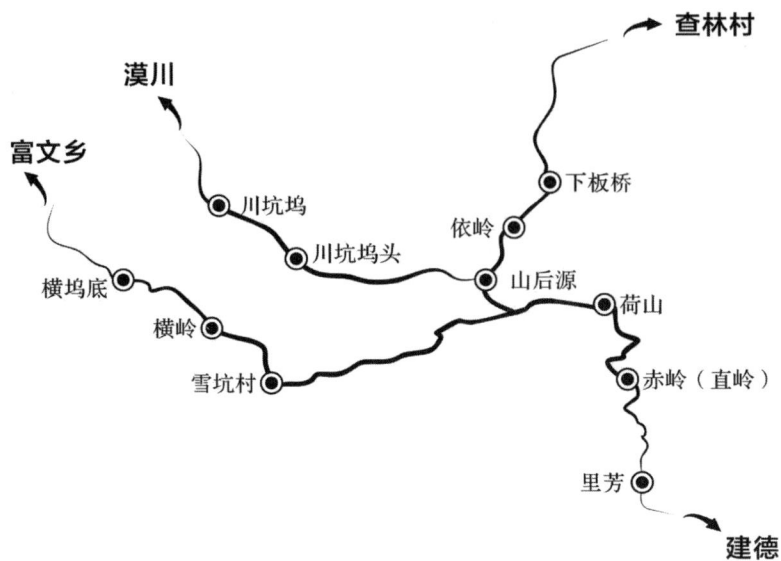

赤岭古道

　　赤岭古道,位于淳安县东部与建德市西北部交界处。西起富文乡青田村荷山自然村,翻越赤岭,东至建德市莲花镇里芳村。全程土路,长约5千米。

　　赤岭古道,还有三条连接线。第一条是主道,自富文乡富文村横坞底自然村入口,翻越横岭山至雪坑,溯流而上至荷山自然村,然后与赤岭古道连接,全长约6.8千米,是清平源外半源通往雪坑源的捷径。第二条是次道,自富文乡方家畈村下板桥自然村入口,翻越依岭至山后源自然村,出源后至荷山自然村与赤岭古道连接,全长约6.5千米,是清平源里半源通往雪坑源的捷径。第三条是辅道,自漠川村脚经盘山路进入川坑坞,翻过川坑坞头进入山后源,出源后至荷山自然村与赤岭古道连接,全长约6.6千米,是清平源中段通往雪坑源的捷径。

赤岭古道是一条县际古道。在公路交通不发达的年代,该古道是富文乡与建德市两地交往的重要交通要道。由于有了这条古道,两地百姓联姻结亲的为之不少,平日里往来甚密。逢年过节,经这条古道走亲访友的人很多,平均每天客流量不少于百余人次。

川坑坞与雪坑山后源相依,坞深约4千米,坞头山高海拔约550米。一条山坑小溪汇聚山坞两侧多条山涧清泉,从坞头流至坞口,最后与清平源大溪汇合。小溪溪水清澈、常年不息。山溪中不仅有各种小鱼,石鸡也很多。在野生动物保护法没有出台之前,每逢盛夏时节,就有许多胆大之人头戴矿灯,顶着蛇虫出没的风险,进入溪坑中抓石鸡,从而享受野味大餐。

20世纪70年代以前,漠川、临池、富文三村的农民经常到川坑坞里劳作,或砍柴烧炭,或开荒种粮。由此,古道也被修整得宽敞平坦,如同大道一般。

翻过川坑坞头,就是原雪坑村山后源自然村。山后源村曾居有十几户人家,以熊姓与陈姓居多。山后源村的村民十分好客,过往行人走到这里都要进屋歇歇脚,讨口水喝。主人从不厌烦,遇有饥饿之人,主人还会以饭菜相待,可见其古道热肠,享有客旅赞誉。

走出山后源,东行不到千米之远就是荷山村,此村以形似荷花而得名。原有居民3户14人,主姓为张氏。聚落处紫高尖西南麓,与建德市莲花乡里芳村仅一山相隔。

荷山村

在川坑坞雷公塔对面的山脚下,还有两块神仙脚印石会让来往行人感到惊奇。两石分别坐落在古道路旁,每块岩石约4立方米见方,石面平整光滑,两石相距10米之远。石面上分别嵌入左脚印、右脚印和一只拐杖印。有关此石传说很多,有人说是孙悟空除妖留下的脚印和金箍棒的印迹;有的说是铁拐仙为赶往云村(现千岛湖鼓山)与众仙相聚留下的。又传,很早以前,川坑坞的太阳牌山脚下住有两户人家,其中一户有一个40多岁的寡妇带着三四个小孩,艰难地生活着。有一年,遇上罕见的大旱，四五十天不下雨，川坑坞小溪里断了流。当时，玉米正值扬花结果期，种在家门前的玉米眼看就要枯死，寡妇每当走到地边就情不自禁地流泪痛哭，一连几天，哭干了眼泪还是无济于事。有一天的黄昏时分，寡妇正在地里望着即将枯死的玉米痛哭时，只见有一位衣衫褴褛的老人，手拄拐杖，高一步低一步地走到寡妇身边，小声问道："这位大嫂，你有何事如此伤心？"寡妇将遇大旱、山坑断水的事告诉这位老人。老人心想，这事是好解决，但不知道寡妇心肠如何？于是提出了一个小小的要求，说道："我远道而来，天气炎热，眼下甚是口渴，你能否给我拿些凉茶来解解渴？"这寡妇听老人如此口渴，二话没说就回家给他拿来了凉茶，当茶送到这位老人手里时，这老人对寡妇说："你不用再哭了，这坑里有水了。"一边说，一边用拐杖在地后的沟里戳了几下，拐起拐落，果真见着一小股泉水咕咕地往上冒。这位寡妇正想感谢这位老人，老人已无踪影，不知去向。从此以后，这股清泉源源不断地流出来，流入川坑坞口，浇灌着富文村的百亩粮田。后才知道这位"老人"是八洞神仙中的铁拐李，因为救助寡妇而耽误了去云村与众仙相聚的行程。为了追赶众仙，他一拄铁拐，用力一蹬双脚，就在这两块岩石上留下了印迹。

穿过荷山村，古道就上了赤岭山。赤岭山西麓为淳安辖区，东麓就是建德辖区，岭顶海拔约400米。翻过赤岭头，进入建德地界的半山腰里，这里曾住着3户廖姓山民，其中廖某的妻子祝彩娥还是20世纪60年代从富文乡漠川村嫁过去的。为人热情大方好客，凡是经过古道的人，只要进了她的家门，不分张三李四，都会像对待亲人一般，端茶递烟，盛情接待，从不怠慢。赤岭山腰至山脚里芳村很近，有三四千米，走走不过20分钟。

1949年3月23日，武工队根据淳建区送来的情报，获知国民党淳安敌伪自卫队欲将清平源的田赋集中到靠近茶园镇的湖下仓库。陈风江立即率领30余名武工队员从桐岭出发，经重坑、廷章、漠川，当天下午赶到湖下（清平乡驻地）。恰巧敌伪自卫队成员刚吃完饭回茶园镇，武工队立刻进村放火烧掉仓库，并顺势一举捣毁敌伪清平乡公所。然后决定绕道川坑坞，从赤岭古道赶赴建德莲花乡。

武工队一行来到荷山村时，正值中午时分，便决定在荷山村休整吃饭。当武工队准备架锅烧饭时，当地村民得悉是自己的部队到来，说什么也不让武工队的战士自己烧饭，非要他们上自己家里用餐。在村民再三邀请下，武工队只得依从村民。吃完中饭，即与村民告别，从赤岭直插莲花乡莲花村，一举捣毁国民党莲花乡公所，并建立了莲花乡民主政府。

山后源位于雪坑源最源头，是赤岭古道的必经之地。近年来，随着乡村旅游业的兴起，借助这条红色古道的影响力，在这里不仅先后兴建了多家精品民宿，还打造了雪坑源千亩野樱花景区（樱木花道）。每逢春天来临，这里的千亩野樱花就会悄然绽放，以一簇簇如霞似烟的繁花给古道增添一道亮丽的风景。为了方便游客观赏野樱花，县乡两级财政共投入120万元，在赤岭古道川坑坞段修建一条8030米的登山游步道，该项目于2021年竣工并交付使用。游客可沿着这条游步道，一边观赏风景，一边缅怀革命前辈的红色印迹。

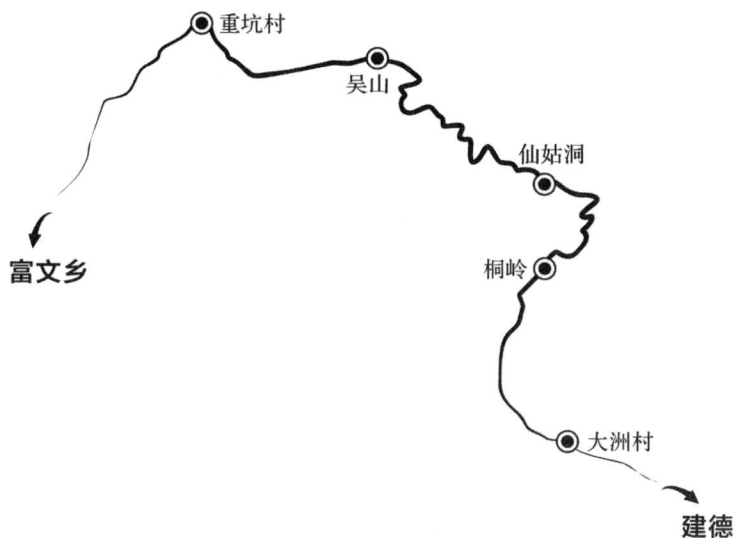

桐岭古道

　　桐岭古道，起点为富文乡重坑村，终点为建德市下涯镇大洲村，乃旧时淳安清平源通往建德的一条大通道。土路，全程约22千米。行走线路依次途经重坑、横坞里、仙姑洞、桐岭、外桐岭、里桐岭、撩塘、桐岭坞头、山神庙、西湖、方村、洪村、大洲。全程土路，路长约15千米。

桐岭古道淳安段曾是通村大道。原桐岭村是富文乡的一个行政村，村里住有200余村民，还兴办过学校，村民日常生活都靠这条古道，遗憾的是桐岭村海拔有800余米，为方便村民出行，政府也曾试图为村子修建一条机耕路，结果也因岭高路陡，工程量特别大，而没随心如愿。直到21世纪初，桐岭村的村民只好走下山脱贫这条大道，大部分村民都迁居到桐庐县，村子里还剩下3户人家仍留住在山上没走。

桐岭古道在交通不发达时期，是富文乡老百姓与建德外界往来的一条重要交通要道，平均每天人流量都不少于上百人次。富文乡与建德的大洲乡一山之隔，有史以来，两地百姓联姻结亲的为之不少，平日往来甚密，逢年过节，走亲访友，走这条古道的人就更多了。尤其是富文的吴山村（原桐岭村）还有一个沿袭几百年香火很盛的吴山庙会，每年庙会期间，建德、桐庐一带从这条古道前来的香客、游人特别多。尽管现在交通发达了，一些善男信女为表达对仙姑的虔诚，仍从这条古道上步行前来参加一年一度的吴山庙会活动。

除此之外，自古以来富文一带山林、茶叶、土特产资源十分丰富，桐岭古道历史上曾是一条商贸要道，从这条古道来往经销茶叶、木材、副食品和日用商品的商人络绎不绝。曾记得20世纪70年代，富文一带的老百姓还喜欢把一捆捆小杂竹、硬杂木条从这条古道上挑去建德，卖给当时的大洲乡供销合作社。到了20世纪80年代，从这条古道上贩运茶叶、木料的更是热闹得很，当时虽然全国都步入改革开放的振兴期，但当地政府对茶叶、蚕桑、山核桃、木材等的管控还是很严的。那个时候，一立方米杉木翻越桐岭背到建德，可卖到1500元左右。建德人缺少杉树,而淳安富文又是林区,一根7米长,直径12厘米的杉树背到大洲,可以卖到100元左右;小点的,也能卖个六七十元。于是在这个时期,重坑、廷章附近几个村子里的人,争相背树挣钱。端的是"人无分老幼,男女齐上阵"。白天,乡村组织力量设卡拦阻。村民就趁着黑夜,结伴打着手电筒,背树过桐岭。杉树走俏,乱伐不断。不过,这种乱象只延续了两年左右,就被制止了。

以前,桐岭古道每年都有专人养护,古道两旁的杂木杂草也得以经常性清理,因此路况一直保持良好。古道一米至二米宽不等,路面分别由石子路、石条路和泥沙路组成。由于桐岭古道山高路远弯道多,民间流传着"桐岭弯弯三百六十个拐,走到娘家眼泪出"的民谣。

古道沿途皆高山峻岭,灌木丛生,野竹笋、猕猴桃、野枇杷、野山楂、野柿子随处可见。桐岭上还有一棵银杏古树,足有两米多树围,高20余米。春天新叶嫩绿,夏天果实累累,秋天红叶飘零,冬天雪压枝条,一年四季,景色殊绝。凡是路过此地的人,都会情不自禁地停下脚步,驻足观赏。炎炎夏日,银杏树下是一个纳凉休憩的好地方,正好印证了"大树底下好乘凉"这句俗语。

桐岭古道,蜿蜒于大山之中。沿途经常穿溪过涧,一路泉水叮咚,花香鸟语,人行其中,神清气爽,格外惬意。途中最值得一游的景点非仙姑洞莫属。

仙姑洞,又称"吴山洞",坐落在富文乡吴山半山腰中,洞深2000余米,分别由水帘洞、蝙蝠洞、瑶池洞等组成。洞内怪石嶙峋,千姿百态。黄龙、青龙、瑶池、天宫,无奇不有。缓步走进洞穴,宛如身临仙境。

洞口坐南朝北,入洞后有一个特大洞厅,高广各有数十米。洞中有一股长年不断的溪流,清澈甘冽,称为"仙水",信徒到此,必取而饮之。溯溪而上,可贯穿山顶。

洞厅内建有仙姑娘娘庙。每年农历六月十九和九月十九举行庙会。20世纪60年代,破"四旧",古庙被拆,佛像被毁,庙中的大铜钟也不知去向。20世纪60年代,当地信徒恢复了3尊佛像。1998年,又重塑仙姑娘娘、仙姑之父、观音娘娘、王母娘娘菩萨4尊。庙会活动也随之兴起,2008年,"吴山庙会"正式列入淳安县第二批非物质文化遗产名录。

仙姑洞

关于仙姑洞,有一则美丽的传说。相传很早以前,何仙姑厌烦了神仙生活,有一天她投胎到吴山脚下吴家村的何老汉家。那时,吴家村只住着十来户人家。村里人的日子都过得很差。唯有何老汉父女俩,日子还过得去。何老汉早年丧妻,身边只有一个女儿,名唤翠姑,年方二八,长得小巧玲珑,为人心眼好,看见左邻右舍的穷苦人家在挨饿受苦时,她常常瞒着老父亲,从家里给别人一些吃的和穿的。

有一年,村里发生了从来没有过的大旱。翠姑去给父亲送饭,经过左邻右舍的田,见禾苗焦黄一片,唯独自己家田里还是水汪汪,禾苗仍是绿茵茵,一点也不旱。这时翠姑很想从自己家的田里舀一些水,去解救别人家田里的禾苗。可是,自己的父亲很自私,从天旱以来,日夜守护在田边,从不离开半步。翠姑多次提出为父亲替班,想找个时机解救别人的旱情,但都遭到拒绝。

一天早晨,何老汉突然把女儿叫到身边,千叮万嘱地叫她去守水,自己回家睡一觉。这下,翠姑可乐坏了。待父亲睡下后,她一口气跑到田里,一双手捧起一捧水就往人家田里跑。可是,还没等她跑到别家田里,手里的水已不剩几滴了。她忽然想起有一回洗脸时,面布一头挂在脸盆外滴水的事,她高兴极了。心想,何不用这个办法试一试。可是一时哪来这么长的面布呢?忽然间,她想到自己一双裹足的脚布,于是马上从脚上解下,一头放在人家田里,一头挂在自己家的田里。说来也怪,待她把脚布一搞好,自己田里的水就潺潺地顺着脚布往上流了,不一会儿上家的田里就有水了,渐渐地禾苗也抬起了头。

翠姑的父亲一觉醒来,立即往田里奔,只见别人家田里有了水,禾苗也活起来了,知道是自己女儿做的"好事",就拼命往自己家田里跑,只见女儿还在用足布把自己田里的水往人家田里放,气得火冒三丈,顺手操起锄头柄,向翠姑冲去。翠姑一见父亲来势不对,收起裹足布,拔脚就往吴山上跑。一个跑，一个追，两人都来到吴山洞口。翠姑不管三七二十一，一头就往洞里钻。父亲见女儿逃进洞，也追了进去。洞里黑咕隆咚，何老汉摸到尽头，也没有看到女儿的身影。于是大声叫喊："翠姑！翠姑！"忽见一道亮光在眼前一闪，只听"轰隆"一声，前方的岩壁塌出一个小洞，顷刻间哗哗哗的流水从洞中喷涌而出。

这时，洞内又出现一道亮光，何老汉眼见着自己的女儿贴附到了岩壁上，化为一尊石人。何老汉一见此情，后悔莫及，一屁股坐在地上，再也站不起来。

从此，洞中的水源源不断地向山下流去，清平源一境数十里，沿途村庄再也遭受不到旱灾。人们为了纪念这位好心的翠姑，在洞中建了庙，称其为"仙姑娘娘"。把吴山洞改称为"仙姑洞"。

桐岭古道，不仅有悠久的传说，还有红色革命故事。

1949年1月15日，中共金萧工委书记、支队政委张凡率领的特遣中队西渡富春江，进行外线出击，以开辟新区，并打通皖南游击根据地和浙东游击根据地的通道。1月20日，金萧支队特遣中队在张凡政委的亲率下，从建德来淳安走的就是这条桐岭古道。

张凡一行从建德县下涯乡出发，途经大洲、洪村、方村、西湖村，中午时分到达淳安县富文乡桐岭村。为了不打扰村民，命战士自行架锅烧饭。吃完中饭后，立即出发，经撩塘、里桐岭、外桐岭、横坞里，直插清平源，最后来到富文乡聚璧村扎营，开展革命宣传活动。

近年来，随着公路交通的不断发展，这条曾经十分热闹的桐岭古道，也渐渐地被冷落了下来。

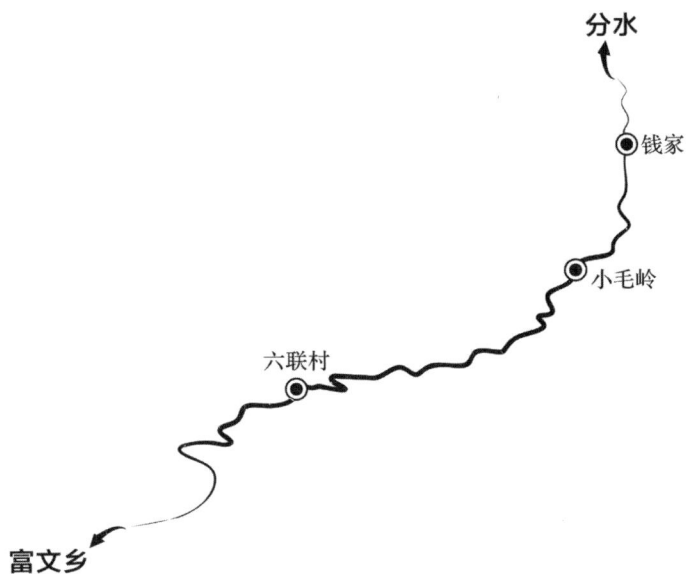

分水

钱家

小毛岭

六联村

富文乡

小毛岭古道

　　在淳安县东部的富文乡六联村北,有一条小毛岭古道,是旧时清平源通往百江、分水的主要通道。虽然如今已经开通了公路,但隐匿于大山中的古道,依然有迹可循,倘若稍加修整,可以成为户外运动爱好者的理想探访地。

据现存的史料记载，六联村在明朝之前并没有人烟，几乎是一片荒山芜野。康熙五十三年（1714），马氏文达公自福建长汀恣游到大毛岭，见兹地山清水秀，因筑庐居此。乾隆四十四年（1779），雷氏清祯公自江西南昌迁居于小毛岭何崇坞。这两支族人，应该是入驻六联村较早的村民。至于其他姓氏，大多是清末民初自各地远徙而来，有些姓氏甚至都说不全来历。清祯公墓，是来淳最早的少数民族雷氏始祖之墓。

这些姓氏，以大小毛岭为中心，分别散居于南北两侧纵横交错的沟壑之中。民舍东一堂，西一堂，就近形成自然村落。诸如汪家坞口、前坑口、李家坞口、宋家坞口、前坑坞、何来坞、关南坞、何崇坞、小灵坞、方坪坞、黄黍坞、枧坑、寒石坑、上明坑、箭箬坑、阳山塔、何里塔、葛塔、茂山、牛眠山、凤凰山、小毛岭、大毛岭、阎王岭、前库头、潘家源、川塆里、烂泥凹、石牛栏、白石岩等。多姓混居于一个村，既有它的劣势，也有它的优势。劣势在于语言和生活习俗不尽相同，相处存在着某种独立性和排他性。优势在于各自为政，形成不了家族势力，避免了恃强凌弱的乡村陋习。

然而，多种姓氏不同的文化背景，也有它的融合之处。其中突出表现在民间信仰方面，譬如捐建庙宇，敬奉多神。

大毛岭村头，有一处古木参天、隐天蔽日的所在。其中一株古枫和两株木樨把一座古庙捂得严严实实。这座庙宇初始为马氏家庙，供奉始祖神像，后来村民相继请入玄天大帝、观音大士和汪公圣主等尊神。古庙屡毁屡建，均为村民自愿捐资，其凝聚力不容小觑。

小毛岭，是淳安与桐庐的界岭，其岭头之庙粗具规模。庙宇名曰

"岭富庙",横开三间,附有厨房,面积约120平方米。据传,此庙始建于清朝雍正年间,迄今已有300年的历史。

从庙中捐款记事牌上可以看出,乐助的善款均来自山下的村民。除了六联本村人士之外,桐庐、建德两县亦有众多的善男信女。

庙中的菩萨均为木雕,金妆彩绘,威严有神。该庙奉张七相公为主神,以李老真君、张三相公、观世音菩萨、玄天上帝、关圣帝君、关平、周仓、朱公太守和吴山洞府仙姑娘娘为辅神。每年农历八月十一举行庙会,前来参加庙会的人很多。信徒辐射区域除了清平源,还有桐庐县分水、百江等地。

关于岭富庙的来历,有一则民间传说。相传,约在300多年前,分水

岭富庙内景

那边岭脚有一户姓郑的夫妻,他们从外地逃难到这深山坞里定居。由于夫妻俩勤劳能吃苦,开荒种粮,数年后过上了安稳的日子。但他们一直开心不起来,因为妻子一直没有怀上孩子。年轻夫妻虽然恩恩爱爱,但有点遗憾。有一天晚上夫妻俩做了一个相同的梦。梦中观音菩萨对他们说,你们从山脚开一条小路到山顶,然后在山顶平坦一些的地方搭一间毛屋,完成后就会怀上孩子的。第二天早晨起来,夫妻俩觉得有点神奇。之后的几个月,就照着观音菩萨说的去做,一直到把山顶上的小毛屋建好。说来也奇怪,郑夫人后来真的怀孕生了个儿子,接着又生了女儿。有了儿女,夫妻俩不再忧愁,天天快快乐乐,心花怒放,干活更加有劲了。夫妻俩觉得这一切都是观音菩萨给的,为了感恩,在山岭顶上的茅屋里塑了一尊观音像,并把小屋称为"观音庙"。

当然这只是一个传说而已。不过当年开山道建小屋的人肯定是个好心人,他们知道开山路建毛屋有好处。第一山民上山捕猎、摘野果方便;第二是这条山岭古道连接两县,开出一条山道,两边的人便于往来。而岭头有庙,行人可以入庙歇息,遇到下雨时,还可避雨;第三是朝拜观音,祈求保平安带来好运,过上好日子。因此,300年来,小小的观音庙一直香火不断。

岭富庙矗立于小毛岭上,北瞰桐庐百江腹地,南瞻淳安清平一源。可谓"脚踏淳桐二县,庇佑百村黎民"。岭头的丫形山口,是两县高山屏障的唯一豁口,成为一年四季南来北往的季风通道,风速奇疾,令人站立难支。

小毛岭原为羊肠古道,穿行于林莽之中。2005年,淳安、桐庐两县沿着这条古道上修建了连接公路。2007年,小毛岭连接公路进行了硬化,如今已成坦途。

小毛岭古道,也是一条红色之路。1949年1月24日,陈风江、沈新友率领孟华、鲁行、陈展人等20余人在富阳场口西渡富春江,直奔分水歌舞岭(歌字头)与丁有进会合。之后,陈风江、丁有进兵分二路分别向桐庐、淳安方向进击。陈风江、沈新友率五大二中队两个班共30余人,携两挺机枪经分水县百江镇、罗山乡,而后翻越小毛岭进入淳安,来到清平源廷章村与淳建区武装中队会合,走的就是这条古道。

事实上,六联村通往外界的古道不仅仅只有小毛岭。大毛岭的葛塔,南向可达建德之北坞,北向照样可达百江之东坞。还有何来坞、关南坞以及何崇坞,循坞溯源而进,翻越山头即可到达章坑、文昌。在没有公路交通的时代,这些古道维系着六联人与外界的交流。

小毛岭古道附近,与白石岩相对的高山上,有一个"仰天洞"。此洞形态似井,口径数米,笔直通天,其深不可测。相传此洞的出口在桐庐县,古时有好奇者背负米糠以灌之,果然在钱家村水坑中泛出,想必是喀斯特溶洞的上口,只是至今未予勘探而已。又传,北宋时期方腊起义,其妹方百花被宋军围困于白石岩附近,苦于无计突围。夜间偶得一梦,有仙人指点可乘筐降洞,暗度陈仓。梦醒差将士觅得仰天洞口,如法炮制,果然突出重围。

小毛岭古道上,可圈可点之处,还有潘家大院。据说其设计巧妙以及布局规模,在古时的清平源内堪称独一无二。父老传闻当时潘家富甲一方,或遇土匪觊觎,以致惨遭灭门之祸。后来,湖北蕲春的刘曹二姓志同道合,结伴远迁来此,在潘家大院废墟上重建屋舍,联亲成邻,过起世外桃源的生活。殊不知在20世纪40年代末,匪首徐震东逃窜于刘家,被解放军围剿,毙命于此。然而,早前的潘家大院已不复存在,取而代之的是崭新的现代化民居楼房。

一条行将消失的古道,只要还有鲜活的故事在流传,就值得前往一游。按照故事情节找到对应的现场,与古人来一次隔空对话,未尝不是一件开心快乐的事。

第四辑

近涉

人文淳安
RENWEN CHUNAN
XILIE CONGSHU

县内古道

凤凰山古道

在威坪镇,有一条神奇的山脉,北起浙皖交界猫鹰尖,南至威坪镇治虹桥头,全长约30千米,宛若一条巨龙,纵横于六都、七都之间,两条源东部和西部的山峰均为其让路,具有直驱南下,势不可当的威猛之势。山脉北段有西山胜景,南段有凤凰神山,皆为淳邑风景名区,被世

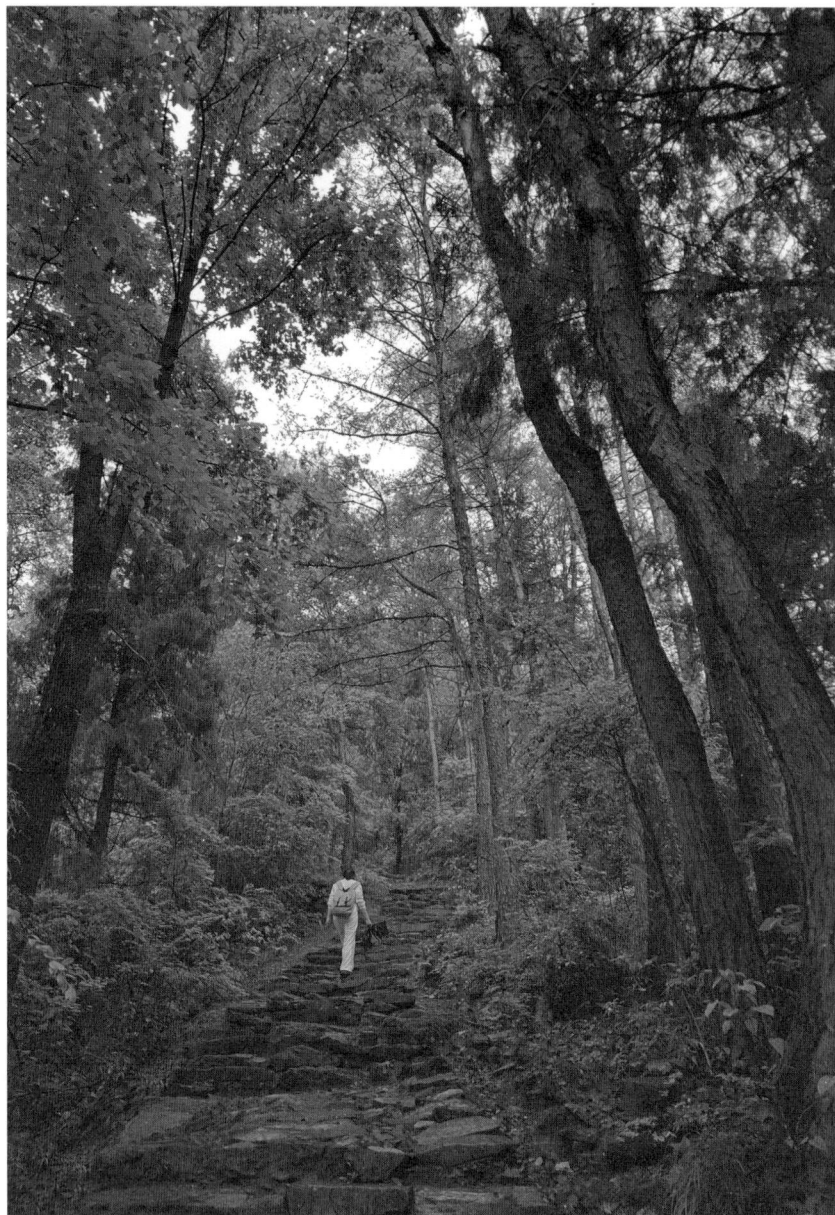

松茂岭古道

人称为"神龙山脉"。

然而,就是这条威武不羁的神龙山脉,阻挡了六、七两都的交通往来。千百年来,当地的黎民百姓逢山开路,先后开通了北段"西山岭"、中段"河岭""松茂岭"、南段"良岸岭"四条古道,成为旧时两地百姓往来的四条捷径。

其中"松茂岭"古道,因地处佛教名山"凤凰山",后人称为"凤凰山古道"。它以其岭低路短的优势,成为来往客旅的首选之路,途经此道的人最多。又因古道沿途人文景点众多,历史底蕴深厚,古道设施保存完好,被推选为"浙江十大最美古道"之一。

松茂岭古道起点为威坪镇岭脚村,终点为威坪镇青春村邵家自然村,全程2.5千米,路面宽1~1.5米,皆以青石板铺筑而成。

路很短,但很经典。沿途尽是粗壮的古松,十分茂盛,隐天蔽日,故称为"松茂岭"。

松茂岭沿途有积善亭、同善亭、天子靠、七八石岩、半岭亭等人文景观。

积善亭,位于岭脚村后山坡上。旧亭已圮,原址上建有石质新亭。驻亭回望,六都风物尽收眼底。

同善亭,位于松茂岭顶,民间俗称"雪洞",又根据亭子的休憩功能,称为"歇洞"。

天子靠,位于雪洞下岭不远处。据传明朝开国皇帝朱元璋在登基之前曾转战经此,因人疲马乏随意歇坐于路旁岩石下,不料酣然入睡,醒来之后发现自己的坐靠之处,成了天然石椅。

七八石岩，位于岭东半途，乃一处奇特的岩石景观，民谚云："七八石岩，星布山间，大如楼房，小如蒸笼；块块有形状，处处有特点，如疑兵布阵，似万卷藏书；晨光照射，熠熠生辉，夕阳斜照，煞是好看。"

半岭亭，位于七八石岩不远处，乃石砌敞口靠山亭。亭壁嵌有民国二十五年(1936)的石碑一通，备载修筑大路事由以及捐输名录。

不过在这些人文景点中，最值得一书的是同善亭——"雪洞"。这个亭子，位于山顶垭口，东西向置洞门，拱形洞顶依势骑跨在两头的山脊上，宛若一个关隘。具有"一夫当关，万夫莫开"之势。洞内设有石条长凳，供路人歇脚。东门楹联云："同声相应念经咒，善男信女朝凤凰。"西门楹联云："岭上往来为生计，亭内歇息叙家常。"从楹联中可以看出，松茂岭不仅是交通性质上的通途，也是善男信女的上山拜佛之路。

同善亭

亭子北侧古道向上延伸，可达凤凰禅寺，是一条古老的朝佛古道。雪洞亦有藏宝传说，民谣云："上七步、下七步，金银财宝埋在七七步。"据传，此宝曾于民国初年被一位卖碗的义乌人所得。

雪洞挤在垭口，不是东风挤压过来，就是西风挤压过去。因此，每逢狂风暴雨之际，雪洞就成了"风洞"，呜呜呜的风声，一如虎啸猿啼，摄人魂魄。原淳安县作协主席余昌顺曾经采访到一则往事。

杨家畈村的王应法，回忆过松茂岭的经历，仍然能清晰想起数十年前的一次遭遇。他说那次太深刻了，是他过松茂岭最为刻骨的一次：那时我在唐村区农技站工作，1975年10月1日国庆节单位会餐。我撩开嗓门："家里开禁砍柴火，家属捎信来，要我回家帮忙。"从唐村走到邵家也有七八里路，晚饭后走到松茂岭脚的邵家，天已完全黑。那天天也很怪，那个黑呀，真是好像到了十八层地狱一样。看不到半点亮光，狂风乱作，雨马上就要来临了。整个世界就一种颜色，黑，墨一样的黑。心想是回头到单位还是翻岭去杨家畈，回单位也是冒黑，明天还得赶回家，便下了决心还是往前走。我凭记忆摸上了松茂岭的上山路，在闪电的一明一灭中前行。漆黑的世界，恐怖的雷鸣，还有狂风吹动树木所发出的万般恐惧的嘶鸣。心里无比害怕，觉得这是世界末日的样子，觉得自己随时有可能出现泯没的危险。这样艰难地摸到了"雪洞"，我才真正见识了什么叫"大风"。我从东门走到西门，就这么三四米的距离，我走了20分钟。那个风大呀，随时都可以把人吹走，我是迎向前，头往前倾，与风在拔河，与风在对冲。随时当心被风刮走，像纸鸢一样飞上天，去往不知名的远方然后从高空摔下，成为肉饼。好不容易过了"雪洞"，又遇上了两个偷木头的人。我心想今晚见鬼了,倒霉的事都让我遇上了。我想,自已紧紧地靠在路的内侧,如果他们不怎么样我,就等他们过了再说。如果他们要怎么样我,我就蹬起腿来把他们踹到路下去,他们毕竟背着木头。好不容易过了松茂岭。回到了家,已晚上9点多。我跟老婆说:"今夜遇到了大麻烦,真是到现在心里还是怦怦地跳。"老婆看到我的脸色铁青,赶忙问我:"怎么啦?"我惊魂甫定地缓了老半天,才向她叙述了刚过去的恐怖旅程。

这就是雪洞,在极端恶劣的天气环境下,不但不能为行人提供挡风避雨的场所,而且会使人无所适从乃至极度恐慌。

不过,恶劣的天气毕竟少,大多的时候,雪洞是一个温馨的港湾,晴雨时节,陌生的过路人在此偶遇,彼此相问来路与前程,更多的还是欢声和笑语。逢迎作揖,挥手告别,留下的是美好的回忆。

松茂岭古道不长,走走不过半个时辰。如果你还想顺便游览一下凤凰禅寺,被庙里的菩萨留住脚跟,那得另外计时算钟了。

神龙山脉,凤凰于飞,松茂古道,千年古刹,这几个意象叠加在这里,这座山就不简单了。

据传,这条神龙山脉颇具灵性,东西两侧山脚下的七都和八都,历史上曾经出过很多杰出人物。起义领袖方腊、太子太保徐贯、翰林学士徐尊生、监察御史唐文林等,林林总总、不一而足。就在当下,达官贵人也不少。小官小吏且不提,单省部级以上的领导就有3人。

所谓钟灵毓秀、地灵人杰,在这里似乎可以找到不容置辩的实证。

也有人说,真正的灵性还是在凤凰禅寺。这处千年古庙非常特别,分为上下两寺,相隔数百米。上寺佛门朝东开,主供观音菩萨,面对七都源;下寺大门朝西开,还是主供观音菩萨,面对六都源。奇怪的是,同一个地方怎么会有两座规模相等的观音庙? 采访了山下的村民,在一位老者口中得到了令人信服的答案,原来与七、八两都源的村民争夺风水有关。

据传,早先的时候凤凰山上只有一座庙,就是如今的上寺,庙门朝东开,于是风水就应了七都源。到了宋朝,七都源里出的都是朝廷命官,独享皇恩浩荡,誉满百里。而六都源里却出了一个反贼方腊,弄得鸡犬不宁,臭名远扬。六都人不解其故,去徽州请来了风水先生看个究竟。风水先生察看了两源的地形,说:"不对呀? 七都源的水口直通通,少有迂回不紧密,难以出人。而你们六都的水口弯弯曲曲有关拦,水口紧

凤凰山上寺

凤凰山下寺

密应该出大官。难道有什么东西镇住了你们这边的风水？"六都人想来想去，最后想到了凤凰庙。带风水先生上山一看，问题就出在庙门的朝向上。说是："观音一开口，运气朝东走。面对观音背，难免要遭罪。"于是，六都人开始募捐集资，不出一年，就建成了下寺。同时庙宇右侧建了五猖殿，利用五猖生性好偷的习惯，将上寺的香火偷下来供奉下寺。为了弥补庙后悬空的缺憾，还特意在庙后建造了几栋民居。旨在"下寺背朝东，安然坐村中。五猖相护佑，好事不落空"。此后，六都源的运势果然好了起来。

凤凰山是威坪一带的神山，在当地老百姓心中的地位很高。因此，在历史的长河中，一直受到山下村民的保护。"文革"期间，许多寺庙难逃浩劫,但凤凰古刹却幸免于难。

在走访过程中,受访者一听到凤凰庙,就会眼睛一亮。他们说庙内的菩萨如何如何的灵验,就是说某人某人得到了验证。就连松茂岭最初铺的石板路,也是与菩萨的灵验有关。

相传,明朝的时候,徽州一个20出头的洪姓年轻人来到威坪蜀阜,看到这里地势平坦,面临新安江,上通徽歙,下通杭州,乃水路必经之地,是一处经商的好地盘。于是就和新婚的妻子在前街租了一间店铺,专门供应南货。由于夫妻俩待人和气,经营有方,把店开得红红火火。附近村庄的小店都来他店进货,雪球滚得越来越大,成了威坪蜀阜的一家大商店。

但好景不长,店老板突发急病,英年早逝,年轻的老板娘成了一个寡妇。幸好她身孕六甲,几个月后,产下一个白白胖胖的男孩。这给老板娘带来了希望,她决心要把这个洪家的命根子培养成人。

老板娘请了两个伙计帮忙,照样把生意做得红红火火。一晃过了十几年,儿子也长到了12岁,既聪明又伶俐,老板娘十分欣慰。没想到到了年底,儿子忽感风寒,高烧不退,卧病在床,昏迷不醒。老板娘心急火燎,请了方圆数十里的名医来医治,汤药喂了不少,也无济于事,均无功而返。

这时就有人提醒了老板娘,说凤凰山的菩萨很灵验,不如去烧个香许个愿试试,或许有力回天。老板娘依计而行,在凤凰山观音菩萨面前许下大愿,说如果能治好她儿子的病,她愿领头建筑松茂岭石板路。三跪九拜之后,求了一支药签。药签上并不是仙丹灵草之类,而是普普

半岭亭

通通的金银花、天葵子等三剂解热退烧的中药。说来也怪，头剂药服下，苏醒说话；二剂药服下，下床吃饭，三剂药服下，病体痊愈。这下喜坏了老板娘，她对着凤凰山拜了又拜，感谢菩萨的救命之恩。

为了兑现自己的许愿，感谢菩萨的大恩大德，老板娘倾其家底，请工匠，购石材，马上启动了修建松茂岭道路的巨大工程。老板娘把店铺委托给伙计打理，自己带上儿子现身说法，挨村挨户去募捐。整整花了八年时间，跑了九九八十一个乡镇，终于凑齐了工程款，一条从山脚通往凤凰山顶的石板大路全部竣工。从此，"寡妇修路"的事迹在十里八乡传为美谈。

至于凤凰山的来历，也有一则美丽的传说。相传古时候这里并没有山，而是一片开阔的平地。某一天，一条巨龙驮着一只金凤凰飞腾至此，看到前方有一条清澈无比的新安江，就停下来喝水。由于江水实在是甘甜，巨龙和金凤凰未免贪心多喝了几口，致使体重增加数倍，一时飞不起来。附近的山越人，看到这一对龙凤，既威武又美丽，就舍不得让它们飞走。于是从山中砍来巨藤，将这对龙凤的爪子和翅膀捆绑在附近的大树上。巨龙和金凤凰挣脱不了，只得长卧于此，最后化成神龙山脉和凤凰山。

凤凰山建寺以后，历代有高僧大德在此住持。山中有很多和尚坟，皆为历史古迹。其中有一座坛葬圆寂塔，是"盘缸和尚"的墓地。据说"盘缸和尚"圆寂时，盘缸而坐，尘封为"肉身菩萨"，只是后人没有开启，取出肉身，不然会成为凤凰古刹的镇庙至宝。

凤凰古刹，历来受信众推崇，香火经久不绝。主供观音菩萨，二月十九生辰，六月十九得道，九月十九升天，这三日是古刹的传统庙会。还有正月初一，也是信众的祈福日。这四个日子，来自四面八方的善男信女，不约而同地来到凤凰山，烧香许愿，祈求平安。特别是正月初一，祈福者为了争烧头香，除夕夜吃了年夜饭就上凤凰古刹，不顾深夜寒

凤凰山雾林

冷,露宿至天明,其虔诚之心可见一斑。

在旧时,凤凰古刹还有"七月十五点路烛"的传统。据传,这一习俗自建庙之初一直传承到新中国成立后才废止。

在当地,七月半是鬼节。村民只准吃素,不准吃荤,家家户户做酥油馃,做烘豆腐,置办祭品。凡是男丁,不论老小,都要跑遍远近各个祖宗的坟墓,祭祀仪式特别隆重。这个鬼节,凤凰古刹的和尚也不闲着,头几天寺庙住持就组织人力,在凤凰山北面的山脊上,砍柴割草,开一条宽一丈长三十丈的"烛路",一则防火,二则扩大视野,能使山下的村民看得清清楚楚。七月半这天晚上天刚黑,在月亮还没有升起之前,庙内就灯火通明,"烛路"上点燃密密麻麻的蜡烛,以庙为龙头,以烛为龙身。红彤彤的烛焰,在微风中摆动和闪烁,在夜幕下形成一条"烛光长龙",为六、七两都的亡灵引路导航。山下的村民均会走出家门,远远地遥望这一年一度的"烛龙胜景",直至月亮映射大地,烛火燃尽,才告别这"点路烛"的奇观。

佛陀撑腰石

从凤凰山上寺,沿东坡而下,也有一条简易古道,它是七都里半源的上山拜佛之路,终点就是永丰古里凤坡村。近年间,政府拨款修筑了这条古道,使原来崎岖难行的土路变成了平整宽敞的石板路。

在这条新修的古道上，也有多处可圈可点的景致。如"雄狮护佛石""八戒弃耙石""佛陀撑腰石""殿下泉""仙水潭"等。每一处景点都有对应的传说故事，可谓厚牍难载其全。

凤凰山，是一座有文化积淀的历史名山，关于它的传说实在是太多太多。凤凰山古道，是一条通人通神的禅意大道，有着更多的谜让人们去亲自解读。有诗云："此凤何年到，长怀向日中。明霞餐不尽，染得一身红。"里人蒋明亮先生曾作《凤凰山赋》云：

天地悠悠，凤凰者，百鸟之王。与天地同寿，世誉凤凰为圣鸟；披七彩锦羽，古说凤凰以禽皇。

威坪之北，唐村以南；淳西名胜，凤凰一山。其势雄伟，其色碧雅，因山形蜿蜒起伏，恰凤凰鹏展名四方。通津要路，览胜入幽，古今兵家必争地，乃雨剑风刀鏖战场。明元璋，打天下，智令战马退家坪。宋方腊，一声吼，松茂岭上义旗扬。太平军，五入淳，山下村民泪汪汪。解放军，追残匪，宋家垅上枪炮响。兴亡更替，融汇多少红尘往事；离合悲欢，沉淀几何历史沧桑。壮哉凤山！

山有寺庙两处：上庵、下庵，同称之"凤山古刹"。登峰路有三条：新桥、凤坡、邵家后路九道弯。水不在深，有龙则灵。山不在高，有佛则煌。山巅一寺，建宋淳祐，观音小庙，乌瓦红墙。庙宇伟严，古桂清芬。香火缭绕，肃穆端庄。精舍禅房，曲径荫幽。晨钟暮鼓，梵音远扬。僧开山门，佛光熠熠，求福祈祉，说法清修，唯求风调雨顺；禅语佛印，善信如云，心诚则灵，各默己愿，赢得香客俱欢。神哉凤山！

其山既高，其视亦阔。巍巍凤山，群岭苍苍。石砺泉涌，峭壁峥嵘。攀顶俯览，豁然开朗。六七双都，尽收眼底。拾级凌空，白云可揽。晨曦流光，晚霞灿烂。清气入怀，神怡心旷。春和景明，桃红柳绿。草长莺飞，杜鹃艳放。仲夏之时，林荫漫道。蝉鸣唱晚，醉人熏芳。深秋时节，五彩斑斓。山核开竿，金果天降。冬日凤山，琼枝玉树。雪封千壑，素裹银装。东眺笔峰衔日，霞光万丈，云海渺淼，桐溪滢淌。西望梯田纵横，灯火万家，山川绮丽，翠霭烟岚。南瞰同善亭处，人潮熙熙，千岛湖水，碧波浩荡。北凝崇峦列戟，桑园滴翠，八月红柿，垂满山岗。美哉凤山！

凤山书院，文脉悠久。儒彦如云，翰墨留香。凤山石窟，千年存遗。牛磨水碓，材取洞藏。登山古道，焕然一新。鸟语盈耳，石彻松篁。上殿下庵，几经修葺。腐蚀之处，亦更新梁。改革开放，山绽新容。观念更新，争奔小康。生态农业，加速推进。高楼坦道，城镇模样。今日凤山，和谐之乡。万众蹈厉，百业兴旺。崇文重教，薪火相传。仕才将杰，弦颂久昌。奇哉凤山！

嗟乎！凤凰山兮，神奇美壮。凤鸣瑶林，妙曲弹唱。祥也！噫，睿赋凤山，愧无生花妙笔；畅言一吐，有赖感慨情长。雪泥鸿爪，不尽悠悠。乃祝之曰：凤山地增灵韵，物阜民康。人人食足衣丰，百福千祥！

汾口镇

枫树岭镇

铜山口村

盘公岭

余村

鲁家田

盘公岭古道

因为有了公路,古道就渐渐地淡出了人们的视线。

譬如盘公岭古道,在夏峰与铜山未通公路之前,曾经是两地村民进山出山的主要通道,规整的石板路,从山脚一直铺向山顶,人来人往,热闹非凡。

然而，现如今这条古道已近荒芜，除了当地入山劳作的村民以及偶尔来此登山的户外爱好者，已经没有人来光顾这条千年古道了。

盘公岭古道，因岭顶有霞田庵，又称"盘庵岭古道"。又因地处原夏峰乡与铜山乡之间，被称为"夏铜古道"。

盘公岭古道起点为枫树岭镇夏峰村铜山口自然村，终点为枫树岭镇铜山村余村自然村，全长7.5千米，有"上七下八"之说，即夏峰这边上山约7华里，路面为石板路，宽1.5～2米；铜山那边下山约8华里，基本上为土路，宽1～1.5米。路程虽不长，但它的历史却相当久远。据说这条古道开凿年代可以上溯到唐朝，如果得到证实，称为"千年古道"也毫不为过。

据铜山古铜矿遗址上的摩崖石刻记载："大唐天宝八年，开山地取铜，至乾元元年七月。又至大历十年十二月再采，续至元和四(年)。"短短35个字，却把挖矿采铜的历史交代得清清楚楚。

唐代摩崖石刻

天宝，是唐玄宗李隆基的年号。八年，即公元749年。这一年正是诗仙李白怀才不遇，离开长安的那一年，距今已有1274年。

天宝八年(749)，铜山开始采铜，到乾元元年(758)，整整采了10年。封矿了17年之后，从大历十年(775)到元

洪铜山铜矿遗址

和四年(809)，又采了整整14年。经历了玄宗李隆基、肃宗李亨、代宗李豫、德宗李适、顺宗李诵共五朝皇帝。

铜，在今天来说，已经不那么让人看重。但是在以铜钱为货币的古代，却是一种贵重金属。在那个时期，铜不仅可以铸钱，甚至还可以直接交易。从铜山开采出来的铜矿，采用"胆铜法"就地炼铜，令挑夫越过盘公岭，转运至松渡上船，经由遂安港进入新安江、富春江黄金水道，下钱塘，转运河，就可以流通到全国各地。

早在唐朝，铜山就发现了铜矿，并由朝廷置官采铜，那就了不得了。因此，千百年来，有关铜山采铜、挑铜以及开挖运铜通道的传说故事很多，并一直在民间流传。

淳安县政协编纂的《淳安村落·枫树岭镇卷》，记载着三则传说故事。

一、铜山官坪传说

相传，唐代洪铜山（铜山）开采的铜矿属大唐朝廷所有，矿工大多来自朝廷官员及随从，这是何故？

一日文武百官上早朝时，奸臣宰相李林甫设下一个排除异己的计谋，意在结党营私。他叫管家牵了一匹驴到朝堂，指着驴对百官说这是一匹好马。李林甫的心腹早已心知肚明，便随声附和道："好马！好马！"而正直的文臣武将则说是驴不是马。

事后，凡是说驴的官员都遭到了排挤。李林甫以筹建铜矿的名义得到了皇帝的圣旨，将他们消除官职，改籍矿工，流放到洪洞山开采铜矿，并责令采不到铜矿就不得回京城。

官员们不知是计，没有违心地指驴为马，只得携家带小以及管家仆人，千里迢迢来到洪洞山，宿居茅棚，寻找矿脉。殊不知此处露天的矿脉很小，数百人挖掘了数月，还没挖到一畚箕。李林甫假传朝廷口谕，三天两头来催问产量，说再不出矿就要问罪。矿工们昼夜奋战，挖掘坑洞无数，均找不到可以大量出铜的矿脉，个个急得团团转，无计可施。

有一天，八洞神仙之一的铁拐李假扮乞丐，一手拿讨饭碗，一手拿拐杖到洪洞山要饭。其中一个矿工看乞丐可怜，就将自己刚盛来的一碗饭施舍给他吃。乞丐吃完，问那个矿工有没有吃，矿工说我一天吃两顿也可以了，你老人家来到这个穷山沟里，想要到一碗饭很难。乞丐很感动，问你们这么多人在干什么。矿工说，不瞒你说，我们受朝廷之命来找铜矿，半年过去了没有结果，恐怕难逃追责。乞丐哈哈一笑说："找矿脉吗，这个容易，让我来帮你们找找！"矿工带他来到工地，乞丐环视一周后，口念咒语，将手中的拐杖往地上使劲一戳，只见拐杖陷入山中数十丈，然后大声道："矿脉就在这里！"矿工们正感到奇异，又见乞丐迅速将拐杖拔出，顷刻间戳拐处塌陷出一个大洞。矿工们放下吊篮，派人下去一看，洞里全是闪闪发光的黄铜矿石。在场的矿工们喜极而泣，回过神来想感谢乞丐时，铁拐李早已骑着拐杖，消失在云中。众人方知乞丐不是凡人，根据相貌特征才知道是神仙铁拐李。众人齐刷刷跪拜于地，拜谢神仙相助之恩。后来矿工将此井称为"天井"。

历时三年，洪洞山开采冶炼出了大量优质黄铜送至朝廷，皇帝李隆基大喜，当下就下旨对采铜矿工进行赏赐，还亲笔御书"官坪"二字，并指派太监高力士到洪洞山宣读圣旨。高力士骑着御马，日行千里、夜行八百，到达盘公岭时，忽见天空密布乌云，唯恐暴雨将至，不禁快马加鞭，御马腾空而起，从岭顶直接落向山麓，落脚处的岩石上留下一个深深的蹄印。后来，此处被称为"马踏背"，蹄印附近还建了一个"马踏背凉亭"。

矿工们接到圣旨，感激涕零。因为御书"官坪"二字含有寓意，那就是为皇上已经宽恕了他们之前的罪责，从此不再追究。矿工们从此安身立命，努力采矿，炼铜报国。由于这些矿工全部来自京城，个个多才多艺。他们白天采矿，晚上载歌载舞，原本寂静的山谷，从此成为歌舞升平的"官坪"。

二、仙人种树

话说唐朝乾元元年（758）夏天，洪洞山铜矿工人肩挑黄铜出山。因岭顶草木稀疏，没有一棵大树可以乘凉。到达盘公岭顶时，个个热得满头大汗,疲惫不堪。

赤脚大仙刚好云游至此,见矿工如此辛苦,顿生怜悯之心。他按下云头,化身道士,将手中的云帚,在岭顶附近插了几下;又用帚柄在岭顶两侧戳了两个洞,然后驾云而去。

谁知没过几天,赤脚大仙插过文帚的地方就长出了树苗。不到一年就长成了参天大树。这些树枝繁叶茂,把岭顶的垭口捂得严严实实,成了一个荫浓清凉之处。那两个洞,不久就涌出了清泉,冰镇清凉,解决了矿工口渴之需。

如今的盘公岭顶,有一个红豆杉古树群,粗壮的树干需要数人合抱,据传是赤脚大仙所栽。还有奇怪的是,位于高山之巅的盘公岭上的两个泉眼,终年泉水如注,四季不竭。因此,盘公岭两侧的梯田,从岭顶到山坳,一层又一层,均能放水种田。据说,盘公岭梯田,从古到今皆种植水稻,直到20世纪80年代才停止耕种。如今,梯田内虽杂竹密布,甘茅葳蕤,但平平的田丘以及规整的田磅依稀可见。

三、神仙手印

传说唐朝乾元元年,洪洞山铜矿工人在盘公岭半岭处修路,一处塌方倾泻不止,众人无计可施。这时有一个老人赤着双脚,从山下走来。一个修路人看见觉得可怜,就对老人说:"大爷,您老人家从哪里来?赤脚走路太辛苦了。我离家近,我的草鞋给您穿吧!"随即脱下草鞋给老人。老人问道:"这里塌方几天了?""半个月了。"开路人答道。老人说:"让我来帮帮你们吧。"于是撸起袖子腾出一只手来,对着塌方泥石流隔空击了一掌。只见泥石流立刻停止了下滑,松散的土石即刻凝结到了一起,密实得像岩体一般,还拓出一条六尺宽的平整大路。矿工们正欲致谢时,老人已经飞升到了岭顶,消失在云雾中。众人回看老人击掌处,岩石上留下一个大大的巴掌印。这就是我们今天可以看到盘公岭一景——"神仙手印石"。

从这些传说故事中可以看出一些端倪,说明盘公岭古道八九不离十与铜山铜矿有关。为了证实这一点,2023年3月27日,笔者驱车到了枫树岭镇夏峰村铜山口自然村。在枫岭公路与盘公岭古道的岔路口,笔者随机走进一户人家,主人姓江,87岁的老者,说他的祖上于明代自陈坂迁此,继继绳绳,已延续了13代。

当我说明来意,江先生摘下眼镜仔细对我瞧了一瞧,估摸我不是一个坏人,就去房间拿来一把热水壶,从堂前地上的团匾中,取了一小撮刚刚炒制的新茶,用一次性杯子泡了一杯递给我,然后说道:"呵呵,你问到我算是问到人了。盘公岭,事实上叫'盘工岭'。我的父辈,之前也到铜山挖过铁矿,关于老早铜矿的故事也听到了很多。我们小的时候,经常听他讲。盘工是什么意思呢?盘,是'盘肩'的意思。挑担的人,一只肩膀挑累了,就要换一只肩膀,另一只肩膀挑累了,就要停下担子,支立搭柱休息。那'盘工'是什么意思呢?就是古代挑铜担,有官兵监督赶时间,上一个人挑累了,就由下一个人接过担子挑,如此接力,中途不放下担子休息。好比跑接力赛一下,一棒传一棒,节约时间,工作效力高。"

听他一说,我觉得很有道理。如果是"盘公",难道岭上住过姓盘的人?显然有点不着边际。"盘工"就对了,此岭不同于其他古道,只是便利于行旅往来；这岭还是一条古代矿山的运输大道，"盘工运输，提高效力"应该比较合理。

我递上一支烟，他说身体不好戒烟好几年了。我说抽一支玩玩儿，他犹豫了一下，让我点上。他猛吸了好几口，烟火一明一暗闪了好几下，吐出一团烟雾，长舒一口气笑着说："烟这个东西虽说有害健康，但还是很提神的。"于是就打开了话匣子："事实上，盘公岭的叫法，只是民间的俗称，真正的雅号叫'齐云岭'。但是，民间有文化的人不多，有谐音为'麒麟岭'的，也有讹音为'骑云岭'的。岭顶原来有个庵堂叫'齐云庵'，因此，也有很多人称'盘庵岭'。"他双手一摊，说道："你看看，乱不乱？现在的人，干脆不喊古名，直接叫'夏铜古道'了！"

铜山口村

我说:"岁月如流,光阴似箭。一代一代的人,文化背景不一样,地名变来变去,也是常事。"

问及齐云庵的情况,他说:"齐云庵,又称'霞田禅寺'。古时候是一个香火很兴旺的庙宇,主殿加附房面积有200多平方米,主供王灵官菩萨,还有百子堂等,一直有僧人主持,直到新中国成立后,僧改民籍,寺庙就荒废了。"

江先生给我续上一杯水,接着说:"古道最鼎盛的时期当然是采挖铜矿的唐朝了。再次繁华是明朝嘉靖年间,大量的流民涌入洪洞山私采铜矿。由于官府管理不到位,造成了声势浩大的矿民起义。朝廷下旨镇压,致使2700余人死于非命。嘉靖四十五年(1566)五月初一,官府在矿区设立'告示碑',将遂安县境内的所有矿场严加封禁。至今,枫树岭镇新丰村、安阳乡上梧村和姜家镇甘坞村,立着三块碑文,碑文内容一模一样。新中国成立之后,地质工作者发现这个废弃的铜矿仍拥有大量的铁、锡等资源。1969年6月,淳安县在这里筹建地方国营铜山铁矿,直至2014年最终停产,整整运营了45年。古道也成了连接矿区、铜山乡、夏峰乡三地的便捷小道。当时这条古道上来来往往的人真是络绎不绝。"

了解了一些基本情况后,时间已是下午4点,我说:"盘公岭,我还得亲自走一走,不然不知道它的现状。"江先生说:"既然要走,你得抓紧出发,古道长约15华里,需要一个半小时,你再不走,到那边就天黑了。"他到房屋边上的菜地竹栅栏间抽了一根竹竿,交给我说道:"这条道,现在已经很少有人走了,你孤身一人,拿上它,一可以借力,二可以防身。"

古道的入口就在村后,沿着铜山坞的溪流一直朝南走。开始的几百米,古道已经硬化成了水泥路,路旁大多是冬闲的农田,无名的野草铺着一层嫩绿,同样蓬勃着春天的生机。

及至田地尽头,古朴的红麻石古道总算开始。

古道石材应该是就地取材的,我对照了一下溪中的大鹅卵石以及山体上的岩石,石质属于同种。这种岩石目测属于沉积岩分类中的砾岩,内含多种颜色的豆粒大小的砂石,风化后,会形成粗砂。

至于路面,我用手指捻了捻,路宽足足有2米,窄处也有1.5米。古人筑路很用心,他们以大块石做路边,又以大平石做路心,然后以小块石砌筑路肩,然后以沙土填充,以致道路结实,不易松动,利于长期使用。

千年古道万人踏,原先粗粝的路石已经被前人的脚履磨得很光滑,散发着历史的幽光。青苔和小草,见缝就长,把古道镶嵌成红绿相间的拼图,呈现着大自然不屑人工的艺术创造力。人行其上,不仅吃脚以防滑倒,还有展轴览长卷的感觉,舒心又养眼。

下半山的古道一直沿着溪流的右侧走,及至半途过了石板桥,古道就一直沿着溪流的左侧走。山体的落差,使溪流形成无数个小型瀑布,哗啦啦的水声不绝于耳,让我一个独行人,一点也不感到寂寞。

江先生赠我的竹竿,果然派上了用场。途中时不时有一些残枝败叶,可以挑而弃之,不至于阻挡前路。

越往上走,离村庄就越远,山谷的冷僻,就会给人带来莫名的恐惧。

幸好我是一头老驴,有着丰富的登山经验。每到一个山湾的路拐处,我就会大喊几声"哦嚯"。这有多种好处,一是提醒野兽猛禽之类早早躲避;二是舒出热气散热解乏;三是与前方可能出现的来人打个招呼;四是为自己壮一壮胆。

上行约1000米处,有一个片石砌筑的凉亭,东西朝向,面积约16平方米,屋面盖着小青瓦,早已被藤蔓缠得严严实实,亭内设有矮座,简陋得不能再简陋的那种。粉刷过的墙灰早已脱落,没有留下涂鸦之类,也就获取不到该亭的有关信息了。

再上行约1000米,又是一个凉亭,南北朝向,面积与下亭差不多。亭顶早已坍塌,空余四壁,亭内塞满断瓦朽木,已无法入内。外墙上结满了鬼球藤,极具沧桑之感。

不远处来到一段笔直较陡的台阶古道,想必是当地老百姓所说的"百步楼梯"了吧?

再上行约1000米,就到了岭顶。突然发现古人设置凉亭是有讲究的,间隔的路程刚好约1000米,歇脚的距离分布得非常均匀。

岭顶垭口,被高达数十米的红豆杉古树群遮掩得密不透风,所谓隐天蔽日就是这种感觉吧? 古庙遗址就在古道的右侧,断壁残垣默默地静立在那里,树径大过20厘米的两株枇杷树居然长在古庙的房间里。很显然,此庙废圮已久,目测枇杷树的树龄至少也有半个世纪。

与古庙擦身而过的时候,忽然发现残枝枯叶之下居然躺着一块青石残碑,小心翼翼地拨开浮土,只见"齐云岭"三个篆体大字浮现在眼前。再仔细擦去泥尘,看到碑文的引首云:"齐云岭,古号也。又名攀龙。

齐云庵遗址

右铜峰十……"后面的文字就漫漶不清了。

天哪,之前了解了那么多古道的名字,什么"盘公""盘工"呀,居然没人知道它的真名叫"攀龙岭"!

"齐云""攀龙",多么高雅,多么富有想象,多么有文化呀。不得不佩服古人的智慧和学识,为这一条普普通通的山岭,取了这么优雅的名字,既有现实的追求,又有诗人的浪漫!

下山的路,一改北面的作风。不是沿溪而走,而是盘山而行,因此被称为"横山路"。从山顶到山脚落差不过200米,古道却横拖了4000米。因此,基本上是平路,走起来特别轻松。

居高临下南望,可见枫林港右源清澈的溪流,以及蜿蜒于对面山脚的黑黝黝的通村公路,视野一下子就开阔了起来。

及至岭脚,有一处缓坡,俗称"马踏背",背上建有一个骑路凉亭,东西向开着圆洞门,俗称"马踏背凉亭"。此亭保存尚好,脊桁上墨书写着:"大清光绪二十八年岁在壬寅菊秋上浣铜峰余天芝天叙天济天彩朝安引权治合修谷旦福有攸归。"

马踏背凉亭附近的岩石上，果然有形象逼真的马蹄印。至于是不是唐朝太监高力士骑御马留下的印迹，只是传说而已。传说不靠谱，估计还是天工造物吧。

有诗云："马踏石成窠，当年纵其过。仙踪留万古，一步一迹摩。"

古道离开马踏背，不远就落到了田野里。这个季节，黄艳艳的油菜花开得十分鲜艳。前方就是余村，夕阳的余晖洒在村庄里的民居上，明亮的发光，把这个村落渲染得如同海市蜃楼一般，显得特别干净，特别新颖。

来到村中，遇到两男两女四位老人，他们悠闲地坐在村务公开栏前的长条木椅上。我主动过去攀谈，其中一个名叫余田海的老人，他告诉我马踏背上的凉亭，又叫"仰山屋"。行人至此，就可以仰观山岭，振作精神，兴步启程了！

回程的时候，经过枫树岭镇，辘辘的饥肠引我进了一家名叫

马踏背凉亭

余村

"犇犇犇"的餐馆。好客的店主见我疲乏的样子,问我从何处而来。我说
爬了盘公岭。他说这条古道在他年轻的时候经常走的,因为他之前也
住在铜山里面的西坑村,由于交通不便,现在已下山移民到淳杨线附
近。闲聊中,他又讲了一个"村民得宝"的故事:

"20世纪60年代,盘公岭上的庵堂里还住着和尚。有一天我们西坑
村的一个江姓男子挑着一担山货途经盘公岭到遂安城里去售卖,到岭
顶的时候因口渴就到庙下边的泉水坑里喝水。他随身带了一根底部包
有铁套的木搭柱,不经意在泉眼边上的古石碑上戳了几下,谁知古石
碑居然发出'咚咚咚'的空声。他立即产生疑惑,石板下是空的,莫非藏
有什么值钱的东西? 于是,他去遂安城卖了山货之后,特意买了一根
铁撬棍和一把锄头,故意慢腾腾地往回走,到达盘公岭时已经是凌晨3
点多,这时夜深人静,和尚也熟睡了。他小心翼翼地挖开泥土,用撬棍
将石板撬起,发现下面藏有一个小坛子,乘着夜色把此坛带回家中。天
亮之后,与妻子打开坛子一看,坛内满满当当地装着数百枚银圆,就这
样发了一笔横财。之后,这户人家造了3个天井的大房子。据说江姓男

子抱坛回家经过余村时，被早期干活的人撞见，使这件不为人知的得宝事件露出了端倪。消息不胫而走，传到齐云庵的和尚耳里，那和尚气不打一处来。他想，自己在这里做了半辈子和尚，天天到这个泉眼取水烧茶，却发现不了这个藏宝秘密，气急之下拿铁锤敲碎了这块石碑。因此，你看到的那半块石碑，就是当年和尚敲碎的。"

呵呵，盘公岭！真是一条神奇的古道，方圆几百里，无论到哪里，只要提起你，都会有鲜为人知的故事冒出来！我听到的故事，也许是冰山一角，还有更多的史实湮没在无情的岁月中。

呵呵，盘公岭！你是一条传奇的古道，也是一处人文的高地。古往今来，有多少凡夫俗子被你所倾倒，有多少文人墨客为你生诗意？

铜峰六景诗《齐云挹翠》云：

久闻随云去，林峦雨霁天。
开门浓翠滴，令我意悠然。

又余村八景诗《云岭凝烟》云：

云岭崔巍势接天，朝凝苍霭暮凝烟。
四时风景多奇胜，不尽诗人作画传。

屏风岩古道

　　《光绪淳安县志》载："屏风岩，在县东北二十五里，石崖削注，千仞如刀背。"从这简短的二十三字简介中可以看出，屏风岩以"险绝"著称于世。然而，"险绝"只能说明"山之奇"。倘若冠之以"名山"，单"险绝"不足以为之"名"，还需要深厚的"人文历史"来予以加持。

《光绪淳安县志》又载："陈府君祠,在县东北三十里屏风岩。相传神为陈明府,青州人,唐龙德中为还淳令。黄巢乱,与其二子率邑人避兵进贤乡之屏风岩,巢兵围之七日,乃引弓发石击之,巢兵大溃,杀伤无算,涧流为丹。邑人德之,为立祠于岩上。"

这样一来,屏风岩可以说道的历史就一下子上溯到了唐朝,而且与声震史册的黄巢起义有关。"巢兵围之七日……杀伤无算,涧流为丹。"字里行间,呈现出当年的腥风血雨、极其残酷的战斗场面。

至今,屏风岩上有一处景点叫"箭子洞",洞穿岩壁,洞周岩石爆裂,相传乃黄巢引弓射箭所致。

现存史料显示,屏风有庵始于唐,盛于清,初名"玉虚宫",后称"屏风庵",民间誉之为"小齐云"。庵址位于屏风岩绝顶刀背峰西头。遗址现场测量数据表明,原正殿面宽约15米,进深约20米,分前、中、后三进,加上附属建筑,总建筑面积约500平方米。又据井塘村民回忆,

箭子洞

屏风庵为砖木结构,徽派建筑风格,雕梁画栋,极尽观瞻。前进入门为布袋和尚塑像,背后为韦陀,两侧立四大金刚;中进供千手观音、地藏王;两厢供十八罗汉;后进供元始天尊、灵宝天尊、道德天尊、玉皇大帝、西王母、玄天上帝、文昌帝君、关帝圣君共八尊道教神像。后进照壁上画有八洞神仙,山门两侧设钟鼓阁楼,晨钟暮鼓,声闻数里。

很显然,屏风庵是一座释道合璧的庙宇。它矗立于高高的绝壁之上,俯视着芸芸众生,给人以"不威而严"的神性震撼!

屏风岩,一个集名胜与古庙于一体的至高点,使历朝历代的文人雅士以及香客信徒心向往之。或览胜,或朝拜,蜿蜒于山中的石阶上,匆匆的步履不绝于响,成为淳安古邑久负盛名的"打卡点"。

清朝邑人程夔曾作《游屏风岩记》,详细记录了自井塘村上从河坑村下,游玩屏风岩的所见所闻。其文曰:

屏风岩为一邑最高处,余往来东源六七年,常遥瞩之。癸卯九月望日,天高气爽,秋光远映,拉馆生由贤溪而北,逾回岭,濯井塘,约二十里许,至岭下。盘屈而登半岭,得小庵,憩息者久之。更上数层,望见刀背,险绝异常。乃沿岩下西向行,复折而东,为玉虚宫。宫外有巨石夹道,少西复南行,步步有石,层秀可玩。余蜡屐方熟而前行者忽却立,告曰此刀背山顶也。危磴仅容侧屦,两旁临深谷,峭壁如削。余冒险过之。下此又有棋盘石云,更奇特。本无阶可寻,好事者累石凳路,尤险仄,萝无可援,葛无可攀,非惟举足难,举目亦难,不知造物者何故作此奇险,咀人冥搜乎? 已而斜日返景,山色晻暧,转坐玉虚宫前,见圆月东升,皎如红日,相顾惊异,以为得未曾有。斋罢,月已当头,万籁俱寂,唯闻秋风旋转落叶而已。诘旦,凭阁瞰下方,万山都成培塿,疏烟缭绕,邨落远近,若隐若现。陟庵后绝顶,初日映射。余往来遥瞩,俨如画屏者,至此则一峰插霄,森然改观。始叹山灵变幻,不可执定相求之也。下岩,从河坑归,将近村舍,忽一石悬两崖间,峻嶒不减刀背,使人振慄,此所谓龙门墈也。既至馆,书以示诸生之未从行者。

据考,程夔游屏风岩的癸卯年,大约在雍正元年(1723)。当时自半岭到屏风岩刀背峰的磴路尚没有开通,须从北面岩下行至玉虚宫的西面,然后折返到峰顶。

这段历史,清道光年间屏岩住持静莲所撰《筑修峰头路碑》给予了佐证,碑记云:

尝闻蜀道难难于上青天,盖言道路崎岖且险也。路险莫若屏岩。郡志名胜赋云,

屏风岩古道

瞰绝胜于屏岩,玉山似削。先师太祖法授有联记云:奇争白岳门穿石,险胜丹霞路挂岩。确肖屏岩,创前人所未及者。峰号薄刀,嶙峋壁立,万仞千寻,往来者扪萝揭石,靡不心惊而胆寒。虽有棋坪箭洞之遗迹,游人玩赏,履薄临深,对景而神驰者焉。师祖慧珠住持四十余年,修筑峰头,早有是念,奈因资财歉乏,未能如其所愿。客岁,颇积,将欲兴工,谁知年未迈而精神少健,背痛旧恙较前更甚,故不果。本年春,旧恙未除,新疾复加,胡天不佑,竟溘然而逝焉。临逝时,倪以峰头修路谆谆是嘱尔。时含泪倾听,恪禀遗言,梦寐不忘,固敢怠缓。爰兴工于仲夏之中澣,告竣于孟冬之上澣。费金二百有零。迨今鳞石梯级,履若康衢,信步往来,临观伫立,则胸怀浩荡,心旷神怡,欢欣鼓舞者矣。是举也,虽起于师祖既逝之后,实赖师祖所积资财而成。今承遗嘱聊副师祖之素愿而已,敢云修数百年崎岖之路以为功哉。是为记。

屏风岩不仅有记,历代名人诗作也不乏。志载《儒林》清朝丁隅人周上臣《屏风岩诗》云:

山尊杜人影,群石乃如活。崩剥苔藓苍,软草亦生骨。
幽从后湾起,险向岩前出。摩空布小径,陟下扳援绝。
且绕千万峰,似海波涛发。远漾心目虚,近怖崖堑没。
山僧示我奇,眼光不敢越。相牵伯与仲,两形如一质。
线折青天杪,恍惚踏初月。过此虽渐平,胸中无长物。

又清朝吴愫《登屏风岩》诗云：

绝壁悬空起，振衣兴颇悠。

鹰归千壑冷，蝉噪一山秋。

俯视云如马，遥看水不舟。

禅房坐定后，疑是御风游。

前往屏风岩，有东南西北四条山路可通。东起河坑，西起蒋岭，均为羊肠土路；南起缪家，北起井塘，均为石板阶级，尤以井塘村上山为便。自井塘拾阶而上，至半山有平地，存有古樟一株，树旁有石砌茅屋

屏峰古庵石门梁

一间,墙上嵌有"佛"字石碑一通。西望崖峰陡起,即屏风岩。青石台阶
依山势而筑,曲折回环,直达峰顶。沿途有飞来石、腰子石、棋盘石、箭
子洞等景观。

行近峰顶,过紫砂岩石门,横梁上刻有"屏峰古庵"四字。及至刀背
峰,狭路如脊,凌空惊绝。两侧万丈深渊,令人望而生畏,目不敢斜视。
正如金畈人方叔元《屏风岩诗》所云:

嶙岩千百状,领略二三归。

日起犹云雾,人行疑是非。

幽花名莫辨,险磴陟应稀。

抛石悬崖上,纷纷似鸟飞。

屏风岩北麓为井塘村,该村因水而名。据《光绪淳安县志》载:

岩下有泉翁然仰出,色莹白如玉,味甘美,溉田数顷,曰玉泉。

又据《淳安县地名志》载:

据传,井塘村(方氏)祖先荣二公于明洪武年间,狩猎至此,见犬伏
水塘边不肯返,该地又有泉水喷泻,天寒水暖,饮以清心,后遂挈家徙
居于此,始名玉泉。明末在此开凿一井,易名井塘。

清代余光远《玉泉记》云：

屏风岩之麓，群山萃嵂，林壑盘纡，其崖谷之委会，则泓然为塘，俗所称井塘者也。方广盈丈，白砾布底，平莹澄澈，可鉴毛发，泉自下涌出，如贯珠，如喷雪，缕缕不绝，以其色似玉也，故名曰玉泉。夫物苟无利于世，则虽有可观，不过供一时游人赏玩而已。矧兹泉伏处穷谷中，舟车商贾，四方宾客之所不至，非其功实有昭然耳目，间者将终芜没于荒榛野莽，与行潦伍耳，乌能俾寻幽探胜之士流连而不忍去乎？盖玉泉之有功于人者二。涓流盛沸，冬则温，夏则冽，乡之环列而居，朝夕取汲，虽亢旱未尝或竭也。且其余流旁泻于石硼，村外田数顷，皆赖以灌溉。玉泉之为人所宝贵者，岂徒以其名哉。人之观斯泉者，当知其功之有以及物，不徒美夫清莹透彻，可以涤烦而洗心焉，则得之矣。

事实上，自方氏徙居井塘以来，勤劳的先民们，充分利用了这眼泉水。他们根据村落以及弄巷的布局，在恰到好处的地方增井设塘。最多的时候，发展到了七眼井、八口塘，史称"七井八塘"。

井塘之分，功用之别。井用来取水饮用，而塘则用来洗涤和灌溉。前者求其"清"，后者任其"浊"，足见先贤的智慧。

在井塘村口，现存一座庙宇，俗称"坛主庙"。事实上应该称为"真应庙"。因为内供主神为方氏先祖方储，民间称为"方仙翁"。东汉和帝郊祀时，因预测天气有变，被诬不忠，饮鸩自尽。后和帝察其冤情，追封为太常尚书令、黟县侯，乡民立庙以祀。因前后灵迹不少，宋政和七年

井塘村

（1117），徽宗赐以"真应庙"额。淳安诸多村落建有真应庙，均奉方储为坛主，崇为保境安民之"正神"。

井塘村的真应庙，不同于他村小庙。一是面积较大，足有300多平方米；二是楼层较高，脊、地之间的距离有15米。三进两天井，登斯庙也，则有宽敞透气、深邃肃穆之感。据传，该建筑始建于清代，从建筑结构和木雕饰件的角度去鉴定，属于清三代时期的建筑风格，留有明代建筑的遗风。

在该庙后进享堂上方，挂有一块"府君庙"的匾额。这个"府君"应当不是方储，而是唐朝还淳县令陈明府。也许，原建于屏风岩的府君庙已毁，善良的井塘人，将神像移至真应庙中，与黟侯方储并祀。

在淳安民间，这种一庙奉多神的现象较为常见。多敬一尊神，就多赖一点庇佑。这种多多益善的愿景,正如真应庙中享堂上的金柱楹联所云:"年丰四季万子千孙歌帝德;泽沛八方五风十雨颂升平。"

每年农历八月初一,井塘村民都要举办"真应庙会"。是日,村民敲锣打鼓,将坛主神像抬到方氏宗祠内,各家各户备齐猪头等祭品,虔诚祭拜,祈求平安。同时邀请外地戏班子,搭台唱戏,以壮会威。第三日,抬坛主出巡,周游茂畈、中坪、富溪桥等村,然后奉神归位。20世纪80年代后,村中青壮年大多外出打工,为了免去舟车劳顿之苦,村民决定将庙会之期改为正月里举行。

屏风岩南麓为缪家村,乃始建于元代的传统古村落,原为独立的行政村。2007年,缪家与斋堂、河坑两村合并,组建了屏湖村。

据载,元朝宣光年间,祖居江西抚州的缪念三因访远房叔亲来淳游玩。一日登淳安第一胜景屏风岩,极目四望,见山之南麓有坪地,爱其山水,窃以为风水宝地。于是举家迁徙而来,卜居于外公山(俗称外缪家),是为外缪家始祖。

传九世,凤邑公嫌祖居住址狭隘,见村北山坞内有利可图,乃拓田数亩,举家来居,开启了里缪家的文明。

缪家村,一个80来户260多个人口的小村子,村庄规模虽小,但古村落的传统要素却十分俱全。

发源于屏风岩的古河道自北向南流,出村水口紧密。村口有仙安古桥,宛若一村之锁钥;桥头有仙安古殿,供奉一境之坛主。风塍古木,参天蔽日;两岸青山,绿意葱茏。

村落依山而建,民居坐北朝南。周遭层峦耸翠,环抱如城;村内阡陌交通,水秀山明。村后建有宗祠,名曰盛德堂;村中建有大厅,名曰养和堂。村头有古墓,乃始祖凤邑公墓;村脚有古井,一村饮水源泉。村之周边,或为粮田,或为菜地,耕作极为便利。

村中至今仍保留着十余座明清古建筑。沿着鹅卵石铺筑的弄巷,走近一幢幢古韵十足的老房子,锈迹斑斑的门环,斑斑驳驳的外墙,给人以穿越时空的感觉。

遗憾的是,村中大多数房屋已经拆旧建新。崭新的楼房,把那些历史古建筑紧紧地包围起来,如同一炉宿火裹上了一层时代的新灰。

在我看来,缪家村就像一个老人,屏风岩就像一根扁担,西头挑了一个斋堂,东头挑了一个河坑。这就是现今屏湖村踽踽而行的一副家当,行走在千威线的大路上。

不过,这个拼凑合并而成的村子,好就好在距离县城很近。勤劳智慧的屏湖人,依托地域优势,发展"三园"经济。他们在山坡上种枇杷,改造成果园;在田地里种蔬菜,改造成菜园;在自家屋内民宿,改造成乐园。小有可观的收入,积攒成了一个大有可观的现代化新农村。

夜山造屏,晨镜为湖。缪家村后的屏风岩,是一座守旧的名山,它的神韵黯淡在夜里。斋堂、河坑村前的湖湾,是两个全新的镜湖,它的魅力潋滟在晨曦。

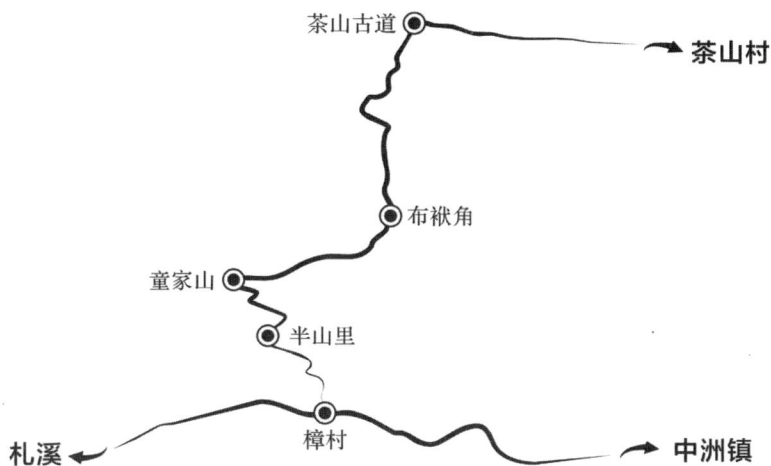

茶山古道

古道，好比一条无休止的线，可以延伸到无穷无尽的远方。而山岭，犹如这条线上的某一个结，需要我们努力地去攀登与跨越。

"休遂开古道"由白际岭、毛山岗、青岭三座大山岭以及连接山岭的山麓、峡谷组成，茶山古道是中间的一段，北起于中洲镇茶山村岭脚自然村,经茶山村翻越毛山岗,南止于中洲镇樟村。

虽然茶山古道路程不算很长(全程约10.8千米),但是这条古道是旧时遂安十三都左右两源唯一的交通要道,也是"休遂开古道"主要的组成部分。无论在交通层面上还是在军事层面上,都有着"北连徽州,南通衢州;雄踞中部,退守自如"的重要意义。

2015年,时任淳安县作协主席的余昌顺为《乡愁中洲》组稿,当时我领了撰写《中洲古道》的任务,在方长建副镇长等人的陪同下,走了青岭和乘风岭两条古道。由于时间的关系,茶山这段古道我没有机会走。只是在走完青岭后从枫林坞出来的路上朝毛山岗方向望了一望,隐匿于山中的古道依稀可辨。从樟村对岸的小山湾向上走,是一层层的梯形旱地,大多种着茶叶、大豆之类。稻草铺、童家山自然村的民居,几栋扎于一处,星布在大山里。民居白色的墙,如同嵌在绿翠中的和田,白绿分明,格外耀眼。

方长建把我拉到一个视野开阔处,用手指了指对面山峰的一处小豁口,说:"那个白云缭绕的山顶,山脊线下凹的地方,就是毛山岗翻越到茶山的岭头。"

那次的遗憾,一直萦绕在心头,时间一晃就过去了8年。为了写好《淳安古道》,我暗下决心,但凡比较重要的古道,我必须亲自走一走,要不然闭门造车、纸上谈兵总是缺乏真实感。

2023年4月6日,正是清明节后一日,我专程去了茶山村。

走古道,虽然耗时费力,但有无穷的乐趣。沿途不仅可以一览大好河山,还可以探索和搜罗一些令人欣喜且鲜为人知的景点以及美丽的传说故事。然而,古人走古道是为了赶路,由此及彼,办完事才会回头,无须当即赶个来回。而我是为了体验,回程几乎毫无意义。因此,就产生一件极不方便的烦心事。那就是从起点走到终点,早已筋疲力尽,倘若原路返还,那是时间与精力这两项皆不允许的事。

于是,我就联系了在中洲镇人民政府工作的余红霞女士,她是受聘的一位镇级文化礼堂管家,古道文化也是本土文化,说起来也与她的工作有点关联。请她出马,送我到茶山古道的起点,等我翻过这座山,再请她到古道终点樟村去接我。免得我回头无计,望山兴叹。

茶山古道的起点,从岭脚村的一座小石桥开始。起点处立有"茶山古道"指路牌,跨过石桥,古朴的石板台阶在杉木林中向山上延伸。从规整的路面可以看出,当地政府已经对这条古道进行过修缮。

古道宽约1.5米,以块石砌成。坡降程度设置得很好,走起来非常应脚。上行不久,古道来到梯田中。在这个暮春时节,梯田中的油菜花已经过了盛放的季节,不过顶部的花瓣仍然娇嫩可人。放眼望去,宛如一块块金黄色的地毯,一层一层地铺向高处。辛勤的蜜蜂,在花间飞来飞去,为寂寥的古道,带来了春天的消息和温暖的慰藉。

在这种繁花似锦的古道上走,极易引发诗情。于是笔者以《茶山古道》为题,口占一律云:

清明翌日闲,徒步上茶山。

雨润春才好,风和萼正斓。

拾阶怜病草,拄杖悯苔斑。

古道虽寂寥,犹曾振马环。

上行约800米,古道来到茶山村。茶山村,是一个位于半山腰的小村庄,坐南朝北,民居依山势而建,极具山村韵味。

隔山相望,对面是安徽省休宁县白际乡管辖的项山村。东一簇西一簇的民居,从山脚星布到山顶,自然村与自然村之间,同样是林木掩映,菜花满坡,一派云里雾里的山乡景观。

茶山村,又称"茶峰",俗称"茶山坪汰里",因遍山种茶,取名茶山。此村聚居着以方氏为主的村民。据传,此村原属吴氏、汪氏村落。明朝初年,漳川(今中洲镇樟村)方氏第十三世祖道崇公,偶游茶峰,暂住吴兴保家。吴翁见方道崇眉清目秀,相貌堂堂,乃招赘为婿。方道崇生五子:义真、义抄、召真、召富、召荣。后繁衍成茶山主姓家族,至今已传20余世。茶山村现有农户66户,人口213人。

村中有一个方氏宗祠,名叫"敦睦堂"。因为茶山是休遂开古道的必经之处,所以当年工农红军北上抗日先遣队曾在这里驻扎,还召开了决定红军命运非常重要的"茶山会议"。现在的方氏宗祠作为"茶山会议旧址"已经被改建成红色革命历史纪念馆。敦睦堂附近有一个方形水池,乃村民取水洗涤之处。当年红军战士扎营茶山村,曾在此池洗碗,今命名为"红军洗碗池"。

1935年1月8日,在那天寒地冻的日子里,担负着北上抗日先遣队重任的中国工农红军第十军团,在皖、浙、赣边境地区辗转跋涉了20多天之后,从开化县境的大麦坞等地进入遂安县的樟村地区。当天晚上,红十军团在樟村、扎源、黄林关等村宿营,司令部设在樟村。红十军团军政委员会主席方志敏随军行动,与广大干部战士同甘共苦。翌日凌晨,红十军团从樟村出发,翻过毛山岗,经茶山、半山、泰厦,马不停蹄地进入安徽省歙县。在行军中,红军发现歙县石门方向有敌人狙击,故又退回,于当天下午4点多钟又回到茶山、半山、泰厦。就在这个晚上,红十军团在茶山村方氏宗祠敦睦堂召开了军政委员会会议,史称"茶山会议"。

这次会议是决定红十军团生死存亡的会议。会议由红十军团军政委员会主席方志敏主持,军团长刘畴西、政治委员乐少华、参谋长粟裕、政治部主任刘英等人参加了会议。会议的中心内容是在国民党军队围追堵截的严峻形势下,讨论决定红十军团下一步的行动方案。根据中央军区的电报指示精神和当时的实际情况,军团部分同志主张化整为零,变正规军为游击队、变正规战为游击战,以摆脱困境,并提出了具体方案,可以说这个方案是红十军团扭转败局的最后一次机会。会议开至凌晨,经过了激烈的争论。很可惜,方志敏出于"分兵以后难以成军"的考量,没能抓住这次可以变通的机会,最后还是决定整编制集体行动,挥师南下。次日凌晨2点多,红十军团沿古道翻过毛山岗,经樟村、扎坑、黄林关、东坑口、枫林坞、青岭脚,翻越青岭进入开化县大龙山地区。然后一路突围,进入江西玉山境内,进至被国民党军队重兵部署的"赣北苏区",导致红十军团惨败,方志敏不幸被捕。

当然,正是这次会议,注定了今日茶山不同凡响的气质,也正是这次会议给茶山古道增添了新的传奇。

茶山村

　　站在茶山村前的红军纪念亭内。遥想当年数千名红军官兵在古道上与国民党军队周旋，其艰苦卓绝的斗争是何等残酷、何等壮烈。古道上的每一块青石板，曾走过多少铿锵有力的步伐。古道附近的山山水水，回荡过多少悲壮嘹亮的战歌。这一段恢宏的历史，给中洲烙上了红色的印记。中洲镇因此成为淳安最具红色文化的土地。

　　今天的茶山之下，浙江边陲小村泰厦，建起了"中国工农红军北上抗日先遣队纪念馆"，村中的项氏老祠堂"承德堂"，一跃成为淳安县爱国主义教育基地。茶山古道，不仅仅流淌着先民的汗水，而流淌着革命先驱的鲜血。纪念碑高耸入云，成为古道上最醒目的地标。传奇的英雄人物，传奇的革命故事，将永远在中洲大地上传扬。

　　离开茶山村，古道沿着村后的路径往上走。沿途不是茶园，就是竹林。及至岭顶垭口，也是灌木丛生，并无奇岩异树。然而，最值得玩味的是,这条古道上不同时期走过的不同的人。他们或怀着希冀,或揣着理想,从山这边走到山那边去,要实现一种生活的需求和虚实不定的梦想。抵达,才是硬道理。

垭口之下百步之遥,就到了毛山岗岭顶亭。凵字形的亭子依山而建,后墙靠山,设有神龛一方,两侧垒作梯形石墙,屋面施以檩条青瓦。走的是极简主义路线,让人感到既简陋又古朴。

古道右侧有一条狐径,不远处有一座始建于新中国成立之初的观察哨。当时,为了防御国民党敌对势力的空降部队,茶山古道上的民兵驻守于此,昼夜值班观察,以防敌军来袭。据说,此哨的专线电话,直通南京军区司令部,一旦发现敌情,务必及时汇报。遗憾的是,有着半个多世纪历史的石砌观察哨,被没有文物保护意识的人拆除,改建成实木茅棚,失去了历史遗存必需的初始信息。

古道下延不远处,就是毛山岗上最高村落——布袱角自然村遗址。相传此村原有10户人家,村民姓童,祖先因躲赌债迁此。由于交通不便,如今村民已移居他处。

我非常好奇“布袱角”一名的来历。在我看来,这么奇特的地名也许在国内是绝无仅有的。后据了解,当年童氏祖先为了逃避债主的追讨,情急之下用布袱包了一些衣物,就背井离乡潜逃至此。可想而知,当时此处应该是一个人迹罕至的荒凉之所。童氏先祖仅凭一包衣物,在高山之巅刀耕火种,艰难地生存下来,并能繁衍成一个10家之村,也算是一个奇迹。故事虽然很凄美,但也印证了“天无绝人之路”这句绝处逢生的古话。

茶山古道

凑巧的是,当我告别布�角的时候,古道上迎面走来一个80多岁的老人。打过招呼之后,获知老人姓童,名永高,妻子叫方树连。他原本也是布袯角的村民,2000年下山移民到了半山里。这个时节,正是春笋露尖的时候,他扛着锄头来故园挖笋。看得出来,他家虽然移居已久,但对生他养他的布袯角,依然魂牵梦绕。

　　他介绍说,茶山古道是他一生当中走得最多的路。因为他的妻子,就是从茶山村娶来的。无论是走亲,还是帮岳父家做事,必须走茶山古道。古道几个弯,几道坎,他十分熟悉。有些时候乘着月色走夜路,也是驾轻就熟,绝不会走岔。

　　他还介绍说,当年红十军团军政委员会主席方志敏,在主持召开茶山会议的当晚,就是借宿在他岳父家,并与他岳父同睡一张床。他岳父也姓方,名叫志岭,与方志敏仅差一个字。于是,彼此还称兄道弟,促膝长谈了一个多时辰。

　　方志岭当时20多岁,曾被国民党抓去当了几年壮丁,对国民党的所作所为深恶痛绝。方志敏向他传播共产主义进步思想,他深表赞同。之后,他还利用当过国民党兵的特殊身份,为中共地下党青半山区委,蒙关混卡,充当地下交通员,为地下党做了很多默默无闻的重要工作。直到新中国成立后,他中共地下交通员身份也没有对外透露,直至去世,也鲜为人知,成了一个"无名英雄"。

　　毛山岗,古称"茅山岗",以山中盛长甘茅而得名。《漳川方氏宗谱》十二景诗中一首《茅山排关》云:

毛山岗凉亭

还望茅山面面开，苍苍排闼送青来。

云房数十藏深处，俨似蓬莱不染埃。

毛山岗雄浑而高大，相比茶山那边，坡度较缓。前些年，毛山岗进行了农业开发，建成了大型中药材种植基地。后来又被发现，这里光照时间较长，是一处难得的山地光伏设站资源。网上载：

2021年9月，国网杭州供电公司在淳安县中洲镇樟村毛山岗启动建设绿色低碳、经济效益高的集中式农光互补项目，总装机容量40兆瓦，2022年7月工程竣工投产。每年在山间"捕捉"绿电3971万度，节约标准煤约1.2万吨，减排二氧化碳3.3万吨。经测算，电能入网和经济作物年均收益达到2500余万元，增加税收300万元以上，每年为村集体增收土地流转租金50余万元，增加就业岗位60余个，有效带动当地经济发展，帮助农民走上致富之路。

淳安县中洲镇樟村党支部书记吴佳伟感慨地说，"没想到，曾经的荒地变成了香饽饽，上面有光伏发电，下面有经济作物，都能为村里带来收入，让大家过上好日子"。

古道经童家山、稻草铺、半山里一直坡降至山脚。沿途数以万计的光伏板，在光照之下熠熠生辉。"科技点亮生活，光伏致富山民"的大幅标语，在古道的两侧，渲染着现代的语境，使古道焕发出新的面貌和新的生机。

古道的终点，就是武强溪上游拥有1600余人口的大村庄——樟村。该村旧称"漳川"，又名江村（相传古时乃江姓聚居地），地形若船形，村口有"狮象把门"天然形胜，现主姓为方氏。据《漳川方氏宗谱》，始祖岩锡公于南宋时期自徽州潜口迁此，至今已繁衍了27世，建村历史长达800余年。

事实上，原樟村只有200余户，600余个人口。由于地处中心地带，2007年淳安县进行行政村规模调整，将念柒坞、毛山岗、黄林关3个行政村并入，建立了新的樟村行政村，驻地樟村自然村，辖樟村、念柒坞、毛坦坞、大埂、毛坪湾、黄林关、门坑源、石板坞、札坑、竹园里、稻草铺、童家山、半山里、金家埂、外毛山、青半山、枧畈、大坞里、坞头、布袱角，共20个自然村。

从空中俯瞰，中心村樟村就像一块砸入深谷的巨石，19个自然村就像破碎而外溅的碎石，星罗棋布在山冈和峡谷之间。而古道，就像一根纽带，紧紧地把它们牵扯在一起。共享着同一轮日月，却独享着各自的一隅天地。

樟村

古道，经樟村继续往南走，就是枫林坞。到了青岭脚，古道就上了青岭，翻过青岭垭口，那边就是衢州境内的大龙山了。

谱载《青岭回环》诗云：

青岭层密石径斜，白云生处有人家。
回环恰似金城固，一片荫浓绿树遮。

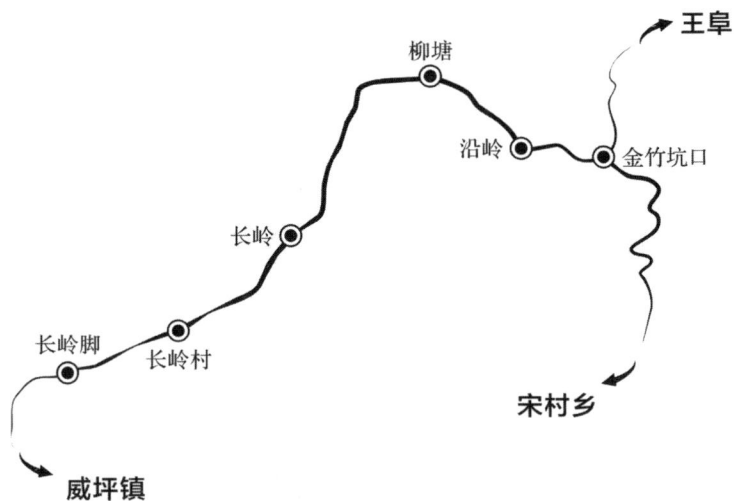

长岭古道

　　长岭，以岭高路长而得名，起点为七都长岭脚，终点为八都金竹坞口，全长约10千米，乃旧时淳安县七都至八都的主要陆路交通。

　　事实上，长岭古道由三段古道组成。自长岭脚至包家亭，在七都这边约5千米称"长岭"；自包家亭越岭顶，盘山横路至杨柳塘村，约2千米称连岭；自杨柳塘至金竹坞口，在八都这边约3千米称"沿岭"（又称"燕岭"）。全程皆由人工凿制的青石板铺就而成。该古道路面宽约1.5米，路心为长条青石板，路肩以块石衬砌，是一条等级较高的官道，在淳安古代交通史上有着不可忽略的重要地位。

然而，对于一个外地人来说，并不对此岭进行细分。无论长岭、连岭还是沿岭，习惯上统称为"长岭"。至于生于斯长于斯的当地人，因便于生产生活区域的指向性，则将长岭、连岭、沿岭区别而称之。

《光绪淳安县志》载：长岭，在牛坑，距牛石五里。洪瞻长岭诗："长岭头，倦行役，鹧鸪啼秋烟湿。断碑无字生土花，青松落阴满苔石。节节级级如登梯，凭高一览青天低。笑随猿鸟不知远，但见日落西山西。"

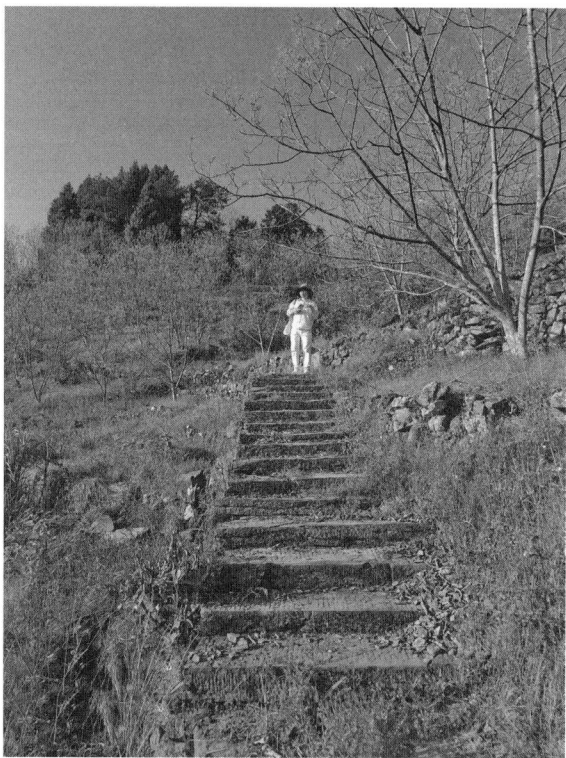

长岭古道

据《长岭修筑道路碑文》记载："长岭为郡邑通行，冠盖之往来；商贾之负贩恒于斯，舍此一道无他岐可通焉者。"

长岭古道处大

茂山尖西麓,曲折蜿蜒10华里,由四条小山岭组成,岭岭各异,步步皆景。古道上古村、古塘、古树、古凉亭、石龙门等古迹甚多,可谓古韵十足。

长岭古道起始于长岭脚村外(今金通水库边沿),与七都源主干道衔接相连。自山谷踏青石阶而上,翻越第一条山岭叫"梅岭"。据传古时候此岭上梅树众多,故名。然而,历经沧桑岁月,古梅已无迹可寻。如今的梅岭上遍植山核桃树以及油茶树,每逢秋冬时节,果实累累,呈现出一派丰收的景象。

梅岭上方两三百米处,有一条巨大的石龙岗横贯于半山腰间,龙尾直甩横川村而去,蔚为壮观。长岭脚村后,又有一条石龙岗高耸而起,姿态雄健,峭壁上古松挺立,树形老态龙钟,极尽观瞻。

梅岭乃长岭脚初始一景,名曰"石流霞光"。有诗云:

梅岭峭崖百丈昂,群岩散落忆沧桑。

西山含日红天半,尽染流石焕彩光。

梅岭之后,就是被称为"龙山古里"的长岭上村。村庄坐落在百丈龙门之上,村后两个山坞之水在村前聚集,汇成半月塘。半月塘之水外溢入渠,穿越拱形龙门洞直泻而下,跌成百丈龙门瀑布,犹有"飞流直下三千尺"之诗情画意。有诗云:

扶筇远眺乐融融,水泻龙门走白虹。

两岸松风吹不断,一轮明月照当空。

崔巍的大茂山,抛出两条龙脉自东向西延伸至此,左曰殿龙山,右曰石龙山,宛如两只巨大的手臂,紧紧地环抱着长岭上村,形成"村落独享其成、民居坐怀其中"的奇特景观。

传说,大茂山是观音娘娘的化身,两条石龙形同观音之臂,百丈龙门酷似观音之腹,龙门腹部还长有观音娘娘的肚脐眼。长岭上村的祖祖辈辈以及子子孙孙世世代代地生活在观音娘娘的怀抱之中,天然村落得到神的佑护,村中黎庶尽享天伦之乐。

又传,长岭的龙门,还是一座母龙门。母生子,子生孙,因此长岭上龙门众多。大龙门下有小龙门,一道未完又生一道,似有不尽之意。若长岭龙门、枫坪龙门、龙洞泉龙门、铁鼎岩龙门、丈堎坞龙门、驮岭坑龙门、横川龙门等,层出不穷,汇成龙门大观。

如此殊胜,引得方氏先祖迁徙而来,开基建村,繁衍于斯。

据《龙山方氏宗谱》记载,南宋时期,先祖方千三因慕龙山山水之胜,自圭川方家迁徙于此,迄今已历800余年的历史。

长岭上村,是一个坐落在山腰间的小山村。民居依山势而建,错落有致,极具山村层次之美。数百年来,勤劳善良的山民踞山自守,民风极为淳朴。长岭古道穿村而过,过路的行旅途经至此,也得到村民不少的施惠。

长岭古道上建有三座凉亭,即梅岭头的风月亭、石塔岭的云中亭以及包家岭的包家亭。其中梅岭头的风月亭,不仅是路人遮风避雨歇脚之地,还成了长岭村民行善施茶的暖心之所。

　　旧时的每年夏秋时节,长岭村家家户户都会轮流送茶到风月亭,无偿供应给过往的行人。相传,这一习俗来自一则"送茶得子"的真实故事。

　　据传,古时长岭村有一对方姓夫妇,婚后多年未曾生育,于是问计于族长。族长说:"子嗣所延,皆由福报;汝今无嗣,皆因福浅。"夫妇俩听后有悟,于是别出心裁,常年在凉亭里施茶,以解路人之渴。没想到三年之后,这对夫妇就有了一对儿女。

　　此事一传十,十传百,凉亭施茶获福报的故事在七都源传开了。此后,当地村民争先恐后地去凉亭施茶,久而久之,还形成了全村轮流、独家值日的施茶良俗。

　　据说,当时长岭村有80多户,轮到哪一家,这一户人家就在头一天晚上备好凉茶,次日卯时、午时分别挑两桶茶水送到风月亭里。亭中置有木架,架着两只大茶缸,每缸盛满50斤的茶水,茶缸边挂着吊着铜钱的竹筒杯。

　　这两缸用自家种的普通绿茶泡制的凉茶,说不上有多么甘甜,也说不上有多么珍贵。但在炎炎烈日之下,风尘仆仆的行路人口渴难耐之际,得到这一口清凉之惠,无异于荒漠见泉,久旱逢雨。不仅滋润了无数赶路人的喉管,也温暖了无数陌生人的心。

　　如此之善,岂无福报?

　　七都、八都两条源,人口多达数万。每天往来于长岭古道的人,少则几百,多者过千。商贾、挑夫、行医、求学、走亲、访友之人络绎不绝。

凉亭乃歇脚之处，也是萍聚之所。生人与熟人，咸集于此，寒暄闲聊，谈天说地，也成了热闹之所在。

在交通不发达的年代，山里人很少外出，外面的世界很少了解。只有那些经常往来于古道的人，成了外部信息的传播者。

据长岭村民蒋红星回忆，在他很小的时候，有一个八都供销社的挑夫，绰号叫"讨饭"，几乎每天都要挑着盐担经过长岭古道，风月亭是他歇脚必停之处。"讨饭"撂下担子，喝上几勺凉茶，然后解开衣襟，摘下头上的草帽，坐在凉亭内的长凳上，一边扇风一边就会打开话匣子，威坪镇上发生的新鲜事，就会一五一十地娓娓道来。村上赋闲的人，乐意围着他洗耳恭听，风月亭也就自然而然地成了"新闻传播中心"。

即使"讨饭"缺席的时候，风月亭也不闲着。村里的大人、小孩子喜欢聚到这里，听"白话精"讲故事，听到妙处，哄亭大笑。

风月亭，因为有茶就有了人气，其间就少不了有文化的人途经至此，即兴吟哦，留下了许多唯美的诗句。

清朝进士徐承宣题诗云：

峻岭迢迢势若龙，寻芳民坐小亭中。
梅花留得香名在，习习风生迥不同。

清朝光绪年间，本村秀才方策曾为风月亭撰联。前一副云："客过亭中堪少驻；鸟飞垄外播佳音。"横批："青云直上"。后一副联云："清风拂座留人坐；明月当头照客行。"横批："梅传消息。"

风月亭

新修的凉亭内，亦有今人题诗云：

奇峰高耸百丈昂，古岩散落忆沧桑。

西山红日含天半，尽染流石焕彩光。

古道穿过长岭村，一路有鸡鸣犬吠之声。挑担的行人，呵嗤呵嗤地喘着粗气，手中的搭柱杵在青石板路上，发出"咚咚咚"的声响，有节奏的声音在山村里回荡。

出村过了龙门桥向上走，经过第二条岭叫石龙岭。石龙岭从村中穿过直通石龙岭顶。过了石龙岭，眼前是一片开阔地。

穿过开阔的耕作区，又来到一条山岭脚下。古道在巨大的岩体上通行。这是长岭古道上的第三条岭,叫"石塔岭"。

石塔岭脚有一座古老的石拱桥叫"方坎桥",方坎坞的山坑水就从桥下流过。值得一提的是,方坎桥上游和下游,有三处不大也不小的龙门,最大的龙门叫"枫坪龙门"。

云中亭

在石塔岭中间有建于清朝时期的古凉亭,名叫"云中亭"。云中亭是一座过路凉亭,东西向开有圆洞门。前门楹联:"云物无心油然出岫;中途有岭倏尔来人。"后门楹联:"水淙淙何愁口渴;路遥遥莫惧风云。"据传这两副对联也是秀才方策所撰。

第二副对联的字里行间,已经透露出某种信息。你应该明白长岭村村民为何唯独向风月亭送茶了吧?因为风月亭位于梅岭山脊,附近没有泉眼,而云中亭位于山坳,自有甘泉从山中来,过客跪地即可捧饮,无须茶水远供,徒耗人力。

站在云中亭中四下瞭望,山川美景尽收眼底。有联云:

云中信步观山色;半途立足看巅峰。

过了石塔岭，前方是较为平缓的绕山小道。古道盘旋上行，绕过一弯又一弯、一垅又一垅，直至包家岭。山路两旁，青松翠柏相伴，油茶果树相迎。在山路下方的峡谷之中，隐有三处龙门瀑布。名曰驮岭坑脚龙门、铁鼎岩龙门和龙洞泉龙门。其中铁鼎岩龙门边上，还有一个大石柱，高数十米，形同宝塔，人称铁鼎石柱。有诗曰：

深山洞涧水淙淙，怪石嶙峋凌碧空。

矗立昂然千古在，只缘造物铸奇峰。

与其他古道不同的是，长岭古道的石板路越往上走越有气势。为了避免沟壑的水，古道垒砌得很高，远远望去，宛若一座石长城。可见修路的古人，并不因山高路远而偷工减料，而是不惜重金打造坚固坦途。

过了包家岭，就接近长岭顶了。包家亭藏匿在松树林中，藤萝苔藓密布于断垣残壁之上，颇有荒野古庙的幽僻。亭子以片石浆砌而成，面积约20平方米。很明显此亭的功用并非凉亭，或许是一户山民的住所。亭名包家，难不成此房乃包氏所居？

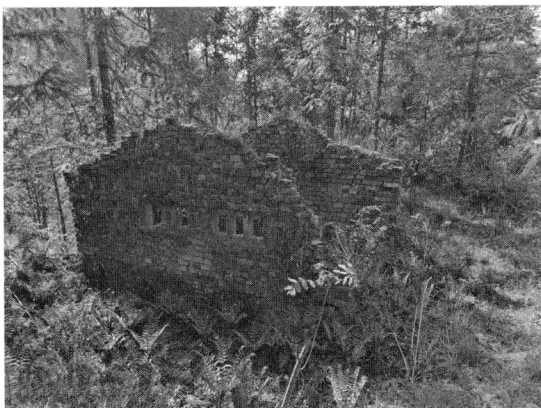

包家亭遗址

山顶的古道，因修建潭唐公路，今已荡然无存。那些留有古人足迹的青石板，也不知遗落于何处。站在岭顶，徒生嗟叹：

千年长岭十里长，一路景色上高山。
今途已非旧时径，古道湮芜见沧桑。

越过长岭东南行约2千米，山坳里坐落着风水佳境柳塘村。该村坐西北面东南，耸立于高崖断壁之上，形势危绝。左有狮山，右有象岗，龙门瀑布一落千丈，景物殊绝。该村有古八景，一曰龙门珠瀑，二曰凤岭松琴，三曰石隙春花，四曰山浮烟海，五曰笔倚双峰，六曰树漏秋蟾，七曰屏岗红叶，八曰雪盈千壑。其中尤以龙门飞瀑为著，有诗云：

飞瀑龙门泻，千寻势最严。
晨昏垂匹练，今古喷珠帘。
沫灭晴生雨，寒多暑涤炎。
潺湲深汇处，知有卧龙潜。

又《龙门珠瀑》诗云：

龙门百尺溅明珠，中有高人访道书。
记取庐山真面目，雪涛缎练总相如。

相传,明朝洪武年间,王氏先祖途经此地,见群燕咸集于水困,周边绿树成荫,繁花似锦,生机盎然。且高山坪地广约数顷,地形宛如燕窝,窃以为人居福地,旋即携家带小自王阜迁居至此。因势建屋数楹,就地掘塘七口,遍植杨柳于塘畔,命村名为"杨柳塘"。有联云:

杨柳池塘风细细;
沿岭古道路迢迢。

村中建有"步云亭"牌坊一座,原为步云亭旧址。该亭始建于清乾隆庚子年(1740)暮春,乃周王会一班王奕山等十位信士所捐建。撰联云:

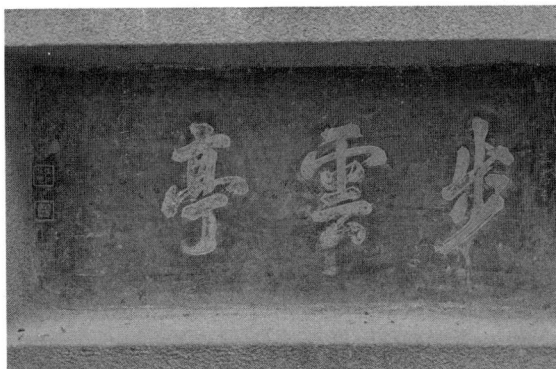

步云亭碑

长岭通佳气扶摇直上青云路;
柳塘绕瑞烟豁达敞开迎客门。

另有"响泉亭"牌坊一座,原为响云亭旧址。该亭始建于清乾隆壬子年(1792)暮春,乃周王会二班王端一等十二位信士所捐建。撰联云:

古木生风依稀岭曲疑无路；

龙门飞瀑隐约林间别有天。

不远处立有一堵照壁，上画粉彩"八仙过海"图。撰联云：

八仙过海续写春天故事；

百姓同心描绘锦绣前程。

古道从村东沿山垄而下，台阶连续800余级，犹有天梯之险。再往下之古道，皆以长条青石板铺筑，逶迤两里有余，保存十分完整。其中有一块石板刻有蝴蝶图案，估摸是有艺术修养的石工所作。

祥云亭

途中有骑路凉亭一座，名曰"祥云亭"，纵开两个圆形洞门，侧开扇形窗一口，可揽半山春色。据亭内记事碑记载，该亭始建于民国四年（1915），2002年柳塘村民王仁益等捐款重修。门联云：

亭无久留暂且坐；
路有崎岖还须行。

及至岭脚，溪流横挡前路。长乐桥横跨于其上，使溪涧难为鸿沟也。西首建有桥亭，名曰"庆云亭"。门联云：

过了长乐桥步步登高前途无量；
进入庆云亭稍稍歇息心旷神怡。

凉亭面积约24平方米，为砖木结构，白墙黑瓦，徽派建筑形制。亭内壁立三方石碑，其中《柳塘沿岭脚建造长乐桥碑序并铭》云：

自来泽国所需，多由舟楫；山溪所赖，端在桥梁，此夏令一篇所以通行天下而无弊也。柳塘居沿岭中间，似属山庄僻险，实乃淳歙通区，此往彼来，何时休息？无如有川在下，虽非千寻碧浪澎湃而来，一涧清波，汪洋可畏，而势难超之。使越必至，望而兴嗟。前次村庄义士，怀济人之念，而架木为梁，亦庶乎可通徒行矣。第飞桥野渡，而思坎坎以伐檀，坍塌及见于数载；长桥卧波，而冀丁丁以伐木，利济安及于万年？

首事俱人念及于此，鄙近功而深远虑，舍小利以求大成。或远或近，劝助资财，无怠无荒，各思力作。盖冀平康永庆，一劳终逸焉。斯举也，籍坚石硁硁，岂有神鞭之驱策，即白石凿凿，无非人力之勉为。兹则王道平平，如砥如矢。涉巨川者，何殊驾鼍驾鼋，得渡瑶池之胜。履道坦坦，无偏无党。登彼岸者，不啻填乌填雀，得济银汉之事。则深不必厉，浅不必揭，熙熙而来，攘攘而往，不惟扶老携幼，可朝往而暮归，亦且秣马脂车，得南通而北达。名曰长乐，其以是欤！况把清风于碧涧，水光潋滟，堪观浪花之飞浮；仰佳气于苍穹，色态氤氲，亦见霞虹之落彩。宜乎驷马高车之至，有乐题于洛下者矣。是知可大可久，事出非常，同力同心，功无不克，始之忧其难成，今得易忧而为乐者，能不为之垂诸珉石也哉？铭曰：

东山之下，碧水悠悠。不舍昼夜，荡漾无休。

溯穷始达，源出黄洲。盈盈涧谷，百尺通流。

顾我沿岭，本觉山修。忽时霪雨，汛滥倍尤。

横木而啮，掇石难游。维彼行旅，几多怅惆。

何堪川阻，恝然忘愁。吾庄志士，衷怀运筹。

希图骤效，卜利莫周。属者而告，铼补以求。

叱之使填，顽石点头。或输工费，或任谋猷。

群策群力，更相劝酬。鞭虽不速，功勿竟绿。

坦平正直，矢砥堪讴。熙来攘至，厉揭何忧。

祥开宝筏，彩艳霞绸。颜曰长乐，利济千秋。

邑庠生周一王国凤撰，房弟羡鸿王士林书。龙飞皇清光绪念八年壬寅腊月中浣之吉。

除了建桥碑之外，旁列捐款名录石碑一通。另有一块立于公元2017年冬的石碑，备载杨柳塘村民修建庆云亭的经过，可见古道沿途的村民，恪承先志，从善如流。

长乐桥是一座单拱石拱桥，主桥加引桥长约35米，桥宽约4米，矢高8米，桥体均由青石采砌而成，造型优美，做工极考究。在这深山冷坞里，建造这样一座大体量的石桥，在当时应该属于一项大工程。可见先贤为了百年大计，劳心劳力，汇涓成流，聚沙成塔，不惜重金，建此永久

长乐桥

津梁,以期长乐于未来,其心之明,其义之重,不得不让后人肃然起敬。

过桥沿溪东行约一华里,路左有凉亭一座,名曰"方十亭"。亭内墙壁上嵌有"方十亭碑"。记云:

且夫亭者,停也。为人得停息而作也。是以吾新山翁,有位有学,有休有喜。元珙、吉文等协力同心,沿门助银钱粗工,建此方十亭。诚为远求必经之途,凡过往停车,列坐其次,披襟当之。真有会夫"凉生渐户三更雨,清入胸怀六月秋"。是为记。

今将喜助名姓启负于右:

翁有喜,钱六千四百九十文;翁元珙,钱六千四百九十文;翁元吉,钱四千七百七十文;翁有学,钱三千四百八十文;翁有通,钱三千四百文;翁有位,钱三千一百文;翁有休,钱二千七百八十文;翁有法,钱一千七百七十文;翁尚钊,钱一千二百文;翁有容,钱一千八百三十文;翁有祝钱一千三十文;翁吉善,钱一千一百文;翁有川,钱九百文;翁有馨,钱九百文;陈有青,钱九百五十文;翁吉世,钱八百文;翁元贵,钱七百文;翁吉喜,钱六百九十文;翁有慧,钱六百七十文;邵尚禄,钱七百五十文;翁元音,钱五百一十文;翁喜,钱六百五十文;翁社金,钱三百三十文;翁丙水,钱二百六十文;翁有达,后助洋一元。

用出计开于右:

地基,钱七百文;木料,钱三千文;砖头,钱四千文;瓦砖,钱五千四百文;石灰,钱二千六百文;匠饭,钱二千八百文;粗工,钱十八千一百文;木匠,钱二千六百文;砖匠,钱二千一十文;石匠,钱一千六百文；支用，钱一千八百文。

大清光绪十九年季春月吉日立

亭名"方十"，实在有点难解。通过走访，在金竹坑口村一位翁姓老者的口述中，得到了答案。原来这个方十亭，与北宋方腊起义有关，乃当地老百姓为了纪念一位名叫"方十"的英雄所建。当地流传着一首歌谣：

> 方腊部将方十君，威武勇猛无人敌。
> 只因临岐去运粮，回程遭遇宋官兵。
> 为救百姓挺身出，杀得宋兵吓断魂。
> 身疲力竭遭围困，拔刀自刎终成仁。

据传，方腊义兵在杭城失利后，退守帮源里。为了积极备战，方腊命第十将方十到临岐去运粮草。

一日，方十将带领一万多农民，挑了一万多担粮食，翻山越岭，来到八都石境坞口（今称"金竹坞口"），忽见前方有许多百姓，扶老携幼，连跑带跌地往山里跑。

方十将问后得知是有几千官兵追杀而来，一时气得浓眉倒竖，两眼圆睁。挑粮的农民一个个手举扁担围拢过来，向方十将说："十将军，宋军太狠毒，我们与他们拼吧！"方十将仔细想一想，说："众位乡亲，你们是有骨气！但是腊哥身边有好几万兄弟，不可一日无粮，我们还是运粮要紧。"

"宋军追杀而来，我们不抵挡，横竖过不去！"众人七嘴八舌地恳求着。

方十将看了看山势，心里便有了主意。他对众人说："大家不要着急，看前面是峡谷，山高路险，只要我一个人守住谷口，宋军再多也难上来。你们赶快挑运粮草，带领受难百姓，抄这小路到帮源里去。"

乡亲们想想也是，但谁也不放心他一个人留在这里。后来见方十将意志非常坚决，只得带领逃难百姓，含着眼泪，挑起粮担上了沿岭。

再说宋军的一个部将，带领数千人马，自郑中那边一路追杀而来。过了新畈，来到谷口，发现附近的老百姓突然不见了。只见一个手执长柄大砍刀的大汉站在古道中间，身后还竖起一面大黄旗。宋将看见前方运粮队夹带逃难百姓往山里走，连忙下令调五百名枪排手上去。谁知这里是山路，又窄又陡，枪排手有劲没处使，上去的人，一个个都被方十将用大砍刀劈了。方十将一口气劈了几十个，吓得后边的枪排手连忙退回去。那部将见了大怒，喝令宋兵向上冲。

方十将整整杀了两个时辰，身子累了，大刀也砍缺了口，面前宋军的死尸也堆成了小山。他把长柄大砍刀向地上一插，想坐在一块大石头上休息一会儿，不料宋军又组织了新的冲锋。方十将心下想，在此阻挡宋军两个多时辰了，运粮队伍估计也到了帮源里，护送粮草的任务也算是完成了。如今自己已身疲力尽，若再苦战下去，难免要被宋兵生擒！于是心一横，"霍"地一声跳上一块高高的石岩，把黄旗插在岩缝里，跪下来朝帮源方向拜了四拜，然后敲断长柄大砍刀，摸出腰里的匕首,刺进喉头,血溅山谷。

据传,当时下面的宋军,只见死后的方十将身靠旗杆,凛然站在石岩上,怒目圆睁,威武无比,气势凌人。想爬到石岩上去捉他的人,都一个个滑下来跌死了。宋军部将震悚,只好引兵撤退。自始至终动不了方十将的一根毫毛。

为了纪念这位威武不屈的农民起义的将领,后来当地老百姓在石境坞建造了一座凉亭,亭内塑了一尊浓眉大眼、身穿盔甲,手执长柄大刀的方十将神像。将这座亭子起名为"方十亭"。

离开方十亭,再前行一里就是金竹坞口了。古道与八都主干道相衔接,左拐至王阜,越云岭可通圭川(屏门乡齐坑村),乃下八都也。右拐至郑中,经廿五里青山古道到宋村,乃失三都也。

方十亭

旧时,从郑中到宋村,必经廿五里青山峡谷,这里山高水险,沿途皆为悬崖峭壁,只有野兽出没的小径,多处路段需援藤而行。且时常有强盗伏击,一般客旅不敢贸然通行。直到民国二十年(1931),淳安县长丁踪在乡贤的提议下,开始号召乡民捐款开路,之后才有了八都至失三都的宽敞道路。

古道青石板上的雕刻

延展阅读：

开辟云溪廿五里青山募捐启

国之道路，犹人身之有脉络，贯通则血液流转，疾病不作，自能遂其生。路纵横，则文教周行，货物畅达，国运由之而隆盛，民生由之而繁荣。故觇国家之文野，可于其道路之修阻，交通之利滞。卜之周礼，合方氏掌天下之道路，通其财货；野庐氏掌达国道路，至于四畿，则率其属修盗。视交通为布教、施政之始基石，古今一辙。

蚓当今科学昌明，缩地有术，视万里若咫尺，瞬息可达。而吾仍守老死不相往来之闭关政策，其可得乎？是路政划，抑且成为国际问题矣！总理洞烛，几先列民行于生活四大而需要之一。有拟造碎石大路百万英里之计划，且以为完成县自治之要素，遗训昭垂在兹短促之训政时期，吾党更宜努力遵行者也。

淳居新安江上游，环境皆山，绝少沃畴，因交通之不发达，而文化经济均处于落后，识者忧之。邑都西北之八都，尤在万山之中，金紫、笔架诸峰，均高出万仞之上，峻嶒迤逦绵延数十里，实淳之关中也。赴威抵县必经长岭、燕岭及连岭，羊肠鸟道，危峻迂折，行旅苦之。惟沿云溪，出源头路稍平坦。然廿五里青山之山麓，峭壁对峙，巉岩崎岖，非子午难见天日，蜀峡之险或不过若尔。

昨，乡人士为利济行人，倡议开辟。于是推董设局，捐资兴工，未逾半载，成绩斐然。只因工程艰巨，需费浩大，激终善作善成，端赖众擎，方襄大举。伏希各界善男子、善女人，发大宏愿，踊跃输收，共图成功。异日：王道浩荡，国计民生，两蒙其庥，岂仅福田植因而已耶？中华民国二十年淳安县长丁踪谨启。

在金竹坑口公路桥西侧，有一座革命烈士墓，墓碑朱红大字"革命烈士永垂不朽"。2019年9月5日，《今日千岛湖》记者程就、通讯员徐华健以《红色光标》系列报道之二十五《金竹坑口烈士墓，英雄血染战地红》为题，撰文云：

1949年5月初发生的"王阜之战"中，国民党陆军一九二师所属的五七四团和五七五团,在人民解放军的奋勇追击下几近覆灭。其师部率领剩下的五七六团和其他残部向淳安临岐方向逃窜,但被解放军第二野战军十二军三十六师死死咬住,脱身不得。解放军三十六师一〇六团二营更是像一把尖刀,沿着羊肠小路,马不停蹄直插敌群。

当时从王阜乡杨柳塘到王阜村只有一条路,而且必须跨越云溪,经过金竹坑口长约50米的石桥。为滞缓解放军追击,避免其师部被歼,国民党军安排亡命队死守在金竹坑口桥的东岸,利用一块突兀的大岩石作掩体,配备了足够的弹药,仅机枪就有3挺,把枪口对准桥面。二营组织突击队多次从桥面进攻,均遭到敌军密集火力阻击,难以奏效。追击部队经过对现场地形的侦察和分析,决定"明修栈道,暗渡陈仓",采取明攻桥上,暗渡桥下的方法,安排一组兵力从桥上佯攻,吸引敌军火力。安排另一组战士从桥下偷渡云溪,从侧面偷袭敌人,主要任务是拔除东岸以岩石为掩体的密集火力点。当时正值梅雨季节,连下暴雨,溪水暴涨,敌军认为雨大水急浪高,人马根本无法渡过,只要守住桥面就万无一失。

5月5日凌晨,暴雨如注,按计划我军摸黑向桥东守敌发起了新一轮进攻。排长氏尚童奉命带领一个班战士,冒着弹雨从桥面上向守敌发起了一次次正面进攻,吸引敌人火力;而另一组官兵趁着黎明前的黑暗,从桥下冒着被滔滔洪水卷走的危险偷渡云溪。由于有氏尚童排长带队从桥面上用生命作掩护,吸引了敌军的注意力和全部火力,从桥下偷袭的官兵得以顺利到达桥东,出其不意地出现在敌军后方,迅速消灭了盘踞在岩石后的顽匪,拔掉了钉子,为大部队挺进扫除了障碑。在这次惨烈的战斗中,氏尚童排长等8名解放军战士壮烈牺牲。

　　氏尚童等烈士牺牲后,遗体先安葬在前进村。1956年王阜乡人民政府决定在金竹坑口桥西岸修建烈士墓,把烈士遗骸移葬至此。人们在整理烈士遗骸中,在氏排长墓中竟然发现了3枚弹头。当时战斗之惨烈由此可见一斑。

　　位于今王阜乡新畈村的金竹坑口革命烈士墓已被列入县级爱国主义教育基地。

　　王阜乡中心学校距离烈士墓不远,为缅怀革命先烈,弘扬以爱国主义为核心的民族精神,进一步增强少先队员、共青团员铭记历史,热爱祖国、热爱家乡的真挚情感,扣好人生第一粒扣子,学校每年组织师生前往金竹坑口革命烈士墓开展"清明祭英烈"活动。师生们通过聆听

金竹坑口革命烈士墓

故事、敬献花圈的方式,表达对先烈们深切的哀悼。同时通过良好的革命传统教育,让师生们感受到和平年代下生命的弥足珍贵和作为新时期接班人所肩负的历史使命。

幽幽古道,从古至今一直演绎着荡气回肠的故事。而今,古道几近失去功用,渐次荒废。然而,古道上以时间叠加出来的人文,在人们的心中永远不会抹去。篇尾赋诗一首,标题为《长岭怀古》,以志古道之曾经,萦怀旧迹之荒芜,叹世态之炎凉,感岁月之沧桑。

长岭迢迢廿里长,远接东源到西乡。

千级台阶攀云路,万块石板映斜阳。

飒飒古松挽明月,潺潺清泉伴花香。

古道桥亭今犹在,不知故人在何方。

浪川乡

姜家镇

辛岭

新岭源村

占家

辛岭古道

也许，这条古道荒废日久，住在山下的人，居然忘记了它的原名。

如今的人，都知道在浪川乡詹家村与姜家镇狮石村之间有一条新岭古道，且不知这条古道的原名叫"辛岭"！

这是我走新岭的收获，也是我通过田野调查后得出的结论。

历史衍生出史实,而史实往往历久成谜。

不过还好,仓颉发明了文字,它是历史忠实的记录者。而先贤就怕后来人容易忘却,因此他们往往把重要的信息记载于碑文。

在姜家镇狮石村辛岭源自然村一个叫"横畈"的田野里,静静地隆起着几座古冢。其中陇西李氏墓和清河张氏墓,最为大气壮观。

拨开攀附在古碑上的萝蔓,铭文清晰可见。

宏山邑庠生李殿阶撰《清河郡张公墓志铭》曰:"辛岭之麓,横畈之中。前水远接,后岫高耸。左回右顾,聚气藏风。荷花献瑞,获福无穷。"(由于古碑破损,撰文年代不详,根据古碑包浆推断,应该属于清代。)

清光绪二年(1876)岁序丙子仲冬月洋川贡生王仁镜撰《陇西李氏合葬先灵佳城墓志》云:"诸先祖合葬于辛岭源,土名横畈,形呼荷花,向卜庚申者。"

两块碑石上,清清楚楚写着"辛岭""辛岭源"。辛苦的辛,而不是新旧的新。

而今,辛岭已易名为"新岭","辛岭源"亦易名为"新岭源"。

可想而知,此乃音讹所致。

如果是新岭,那旧岭在何处?如果是辛岭,即谓行旅跋山越岭,艰辛备至,其义通矣。

撇开辛苦之义不说,辛在天干中属于西方,而辛岭正处于遂安狮城的西部,其义亦通。

看来,"新岭"还得改回去,重新称为"辛岭"。

毕竟,辛岭一名更加富有文化内涵。要不然,这条古道,就大大地失去了古意。

　　不过辛岭改为新岭，并不是当下人的罪过。据说，民国初年的时候，国家推行新民主主义，时人附庸于时政，因而易名之。

　　我们知道，连岭古道是连接徽州和遂安古城的重要通衢。古时的山野乡民以及贩夫走卒，下了连岭直奔遂安古城，就会根据自己的取向，或走郁川一线，或走毛家一径，不过更多的人会选择走辛岭。因为前二者路程较远，后者却是一条捷径。

　　辛岭古道，起始于浪川乡詹家村后的山坞口，路径基本上沿着鸡公山的东南麓切割而行。全长约5千米，终点为姜家镇狮石村新岭源自然村，步行时长约一个半小时。

　　古道路中心铺筑以坚硬耐磨的长石条，路肩衬砌以规格不一的片石。中间略高，两侧略低，隔数步设一台阶，恰当处设一过路水沟。这样的安排，既有益于美观，又有利于排水。然则大石

辛岭古道

板既长又宽,调低了山坡的陡感,提升了行走的舒适度。不得不佩服古人的智慧,他们会根据行人迈动的脚,设置一条尽量减轻气力的路。

古道沿途设有五处凉亭,供过往的行旅歇脚。它们都有独特的名字,甚至还有属于它们自己的故事。

十里亭,位于古道起始处。三面立墙,一面敞口,木构搭桁,上覆青瓦。主梁上写有"清光绪二十九年岁次癸卯小阳月中浣谷旦詹亦政堂下嗣孙同建"字样。很显然,古道全长5千米,因以名之。

等你亭,位于古道上行不远处的山冈之上,亭内嵌有功德碑,记载着修亭补路善心人士的捐输事迹。关于等你亭,还有一则凄美的传说故事。相传曾有一对恩爱夫妻,妻子得了怪病。丈夫听说鸡公山尖上有一种仙草能够救治,就贸然前往采摘。结果在攀爬峭壁时,不慎失足掉落悬崖身亡。妻子久等不回,即央人去山中寻找。得知丈夫遇难后,矢志削发入西慈庵为尼,终日为逝去的丈夫诵经超度,直至灯灭圆寂。乡民倍感其贞,遂命亭名为"等你亭"。从此,"等你亭"就成了忠贞爱情的象征。

因果亭,位于西慈庵下的山坳中,同样有一则脍炙人口的传说故事。相传古时有一位穷苦书生途经辛岭,突遭狂风暴雨,急忙进入凉亭避雨。只见一位采药老伯也在亭中,书生见老伯没有伞,便将自己的伞赠予老人。之后这位书生为母亲治病求药,又机缘巧合遇到这位老伯,老伯不但馈以救命草药,还决定把自己的孙女许配于他,成就了一段美满姻缘。善心为因,姻缘为果,"因果亭"由此得名。

至于新岭源那边的两个凉亭,如今皆已倒塌。人们已经忘记了它

因果亭

们的亭名，甚至连那些属于它们的故事，也消逝在无情的岁月中。

　　辛岭顶，有石砌的古关隘，现在仅存遗址。古关隘之下，就是西慈庵。据传西慈庵里的菩萨非常灵验，庵内共有月老红喜神，来此求姻缘的善男信女，每求必应。但是，也有求之不应者。相传民国时期，有一位画家，恋上了庵中的尼姑。画家先是暗示，后是表白。结果还是遭到了尼姑的拒绝。于是，失恋成疾，泪化为水，最后形成了庵堂边上的画家塘。

　　辛岭古道，不仅有美丽的传说，也曾出现不和谐的音符。原庵前有块晒坦，靠墙放着一块青石界碑，碑文如下：

　　原詹李二姓因辛岭上山场，公请自治委员王心鼎、余永梁、姚二训商竖界碑，永远为据。一、辛岭上西边赖字号系占姓管业；一、辛岭上东边养字号系李姓管业。其字号内他土名亩分，向系詹李二姓该管之山场，均照原议为据。中华民国六年九月某日。詹流光、李树德堂下公立。

　　关于这块界碑，亦有一个民间传闻。原先詹李二姓山场以辛岭顶三棵老松树为界。到了光绪年间，隔山而居的詹李二姓新修辛岭古道，两地同时动工。由于詹家这边速度快，石板路铺到山顶后，李家那边还没有铺到顶。于是詹姓就往李家那边多铺了7级台阶，每级长2～3米，总长约20米。

　　斗转星移，转眼几十年过去了，当年修路的人早已去世。詹姓后人认为这7级台阶乃詹姓所建，所处的山场也应该属于詹姓。别看这

20米的山场，连成一片就是上百亩。于是詹家与李家就产生了山界纠纷，造成群殴事件不断。最后官司打到了县衙门，于是就有了这块界碑的故事。

走在辛岭古道上，苍松，修竹，奇花，异卉，纷纷呈现于眼前；古亭，旧庵，传说，故事，一桩桩浮现于脑海。

古道上，走亲访友的，婚丧嫁娶的，赶猪的，卖腐乳卖酱的，山货卖了换回新衣裳的，新媳妇背着小孩回娘家的，一帧帧，一幕幕，虽不见古人，而古老的影像，可以凭我们的想象，在时空中穿越，切换和拼接。

走到新岭源，古道就混淆在纵横的阡陌中。在古时，从这里出去，过李家就差不多到了大路口和九门桥。看到九门桥，离狮城北门就不远了。当然，当年通往狮城的大道，现在已经变成了碧波千顷的千岛湖。

辛岭古道，已经褪去了往日的繁华，那些鲜活的故事也成了遥远的传说。如今，你湮没于大山深处，终日与荆莽为伴，貌似失去了你的现时价值。

然而，那一块块青石板，仍然散射着历史的幽光，飞鸟会时不时向你问候，走兽会时不时给你抚慰，而那些住在你脚下的人，会对他们的子子孙孙，讲述你的前世今生，在回忆中树起不朽的丰碑！

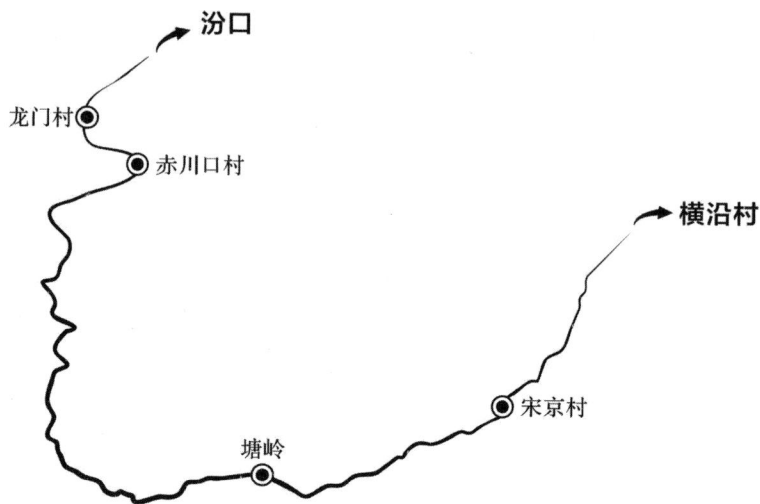

汾口

龙门村

赤川口村

横沿村

宋京村

塘岭

塘岭古道

塘岭古道,古称"棠岭古道",它犹如一根扁担,一头挑着赤川口村,一头挑着宋京村。这两个村庄皆为余氏聚居地,乃萝蔓世家松林余氏的后裔,同根同脉,兄弟联谊,尤取棠棣之意。因此,塘岭古道肩负着家族之间的往来,可以说是一条宗亲之路。

塘岭古道的起点是下马古道,位于汾口镇龙门村头。虽然这条古道很短,全长不过1200米,但是它非比寻常,承载的历史,长达5个世纪。

下马古道,因路侧立有下马石而得名,是龙门村通往赤川口的古道。前半段是裸道,青石板路沿着溪岸而行,裸露在田野的边缘,一边是油油绿禾,一边是潺潺流水,谓之两袖清风。后半段是荫道,小径穿行在山麓的密林中,隐秘在树荫的遮蔽下,隧生凉意,谓之风清气正。先贤对这条古道早有吟咏,诗曰:

春风过小涧,夹岸绽桃花。

雨细红英湿,林深古径斜。

浮来花片好,飞去鸟声遐。

况复成蹊处,青青柳放牙。

下马古道起始处有下马石,这是一块类似于温馨提示的古碑。告知古时候的达官贵人,文官至此落轿,武官到此下马。以示对前方这个村庄或者对某个人物的尊重。

下马古道途经登云桥,此桥四墩三孔,双刀分水,石拱凌架,古韵十足。下马古道的终点是斗印桥,这里也是赤川口的村口。斗印桥上嵌有一块斗大的印石,桥因此而得名。桥上设廊亭,砖砌的墙体,青瓦盖的屋顶,穿斗式的木结构,端庄典雅的徽派风格。有《斗印桥》诗云:

万籁本然寂,秋涛静夜生。

不知何处起,忽似江流声。

枕簟冰魂肃,松风鹤梦惊。

欲将徐子意,借榻与分清。

自下马古道进入赤川口村,给人的感觉就特别有诗意。正如元代马致远在《天净沙·秋思》一词中描述的那样:"枯藤老树昏鸦,小桥流水人家,古道西风瘦马。夕阳西下,断肠人在天涯。"在这里均能一一找到对应物,令人平添乡愁。

不过,如今的赤川口,已经找不到古词中的"断肠人"。迎面相遇的村民,个个洋溢着幸福的笑容。古老的村庄,经过精品村的打造,整洁的弄巷,崭新的楼房,精致的雕塑,艳丽的花坛,触目之处,无不展现着旧貌变新颜、兴旺而富足的时代气息。

赤川口,古称"象山",又称"石川里"。据《象山余氏宗谱》记载,明成化十四年(1478)岁在戊戌,余文广自祖基松林(今宋京村)迁徙于此。建村伊始,迄今已有540余年。余文广卜居石川里,自然有他的独到眼光。松林地处高山之上,土贫地隘;而石川里地势平坦,土沃地广。为了长远的子孙计,这种选择可谓睿智之举。

此地乃一马平川,前有龙耳双峰,后有七峰列屏,左为通衢孔道,右为入遂坦途。更难得还有少祖中峰象山,为村庄陡起一景。诗云:

洞穴象山下,烟霞结古光。

岩幽苔径滑，壑邃石泉香。

玉乳垂鞭笋，仙经秘药房。

昔贤曾憩此，小构在深篁。

    如此这般的钟灵结境，自然成为宜居之所。因此，数百年来自宋京迁出的十余支松林余氏，赤川口由于人多齿繁，堪称独树一帜的大族。更引以为傲的是，到了明朝嘉靖年间，就出了一个赫赫有名的大人物，它就是官至监察御史的余四山。

    在赤川口，无论是历史建筑，还是传说故事，几乎都绕不开余四山。可以说，没有余四山，就没有赤川口的万丈光芒。

    余四山，原名余乾贞(1533—1599)，生于嘉靖十二年(1533)三月二十四日，字秉智，号四山，长于《易经》。明穆宗隆庆二年(1568)登戊辰科罗万化榜进士，榜列第148名。初任福建崇安县令。当时崇安县没有城郭，余四山在任时力为创建。隆庆六年(1572)，升迁为云南道监察御史。由于余乾贞在巡视期间不徇私枉法，实事求是地逐条上奏了被视察官吏的政绩，朝廷便以此作为黜陟官吏的依据。因此得罪了一些地方官员，遭诬陷，于万历三年(1575)被弹劾，降职调湖广荆门县令。因继母王氏逝世，未之赴任，回故乡守孝三年。万历八年(1580)，谪任安徽广德州判官。是冬，授江苏江浦知县，在任二年，因流言蜚语所扰，辞职回乡。万历二十七年(1599)三月初五卒，享年67岁。有《四山先生诗集》传世。

    在赤川口村中，有一座始建于明嘉靖戊申年(1548)的余氏家厅，堂名象贤堂。由于该厅建筑规模宏大、装修工艺精湛,具有历史保护价值,现已被列为浙江省重点文物保护单位之一。

余氏家厅巍峨气派,古气十足。门厅设五凤牌楼,重檐歇山顶,额书"科甲传芳",门楣匾书"四世柏台",彰显着赤川口余氏的功名显赫。

事实上,在余四山之前,他的祖父余思宽在明朝永乐十三年(1415),就考取了进士,官至河南道监察御史、中宪大夫、广东按察使。不过余思宽是祖居松林人,儿子余文广迁赤川口后,生镜、鈗、铖、鐩四子。余镜生仕清、仕洪。仕洪又生四子:乾元、乾亨、乾利、乾贞。到了余乾贞(余四山)这里又著冠裳。祖孙均为进士,父母均受恩赐。这样一来,就成四世蝉联的科甲门第。因此,赤川口余氏尊余思宽为始祖,敬余文广为始迁祖,而余四山就成了当仁不让的显祖。

余氏家厅,明间、次间各有大门出入,梢间筑成八字墙,墙上分别书写"忠、节"二字,提炼了赤川口余氏的主旨精神。正门下有踏跺三级,门厅上雕有各种人物、飞禽、走兽,造型各异,雕琢精巧。家厅门额上方,竖立双龙纹"恩荣"匾额。可见余氏家厅的兴建,还经过皇帝老儿的恩准,其规格明显高于一般家厅。

家厅正中上方悬挂的"象贤堂"匾额,据传乃余四山所书。其中象贤堂的贤字,由臣、忠、贝三部分组成,凸显了忠君思想。匾额之楷书笔力遒劲、端庄整肃。如果真的是余四山所写,可见其书法亦不同凡响。

厅中古匾甚多,有"纯孝""忠节""进士""父子进士""兄弟登科""紫阁抡英""正直端方""乡里良善"等,新旧不一,显然立于不同时期,从这个侧面可以看出,赤川口余氏薪火相传,代不乏人。

在龙耳山之麓的龙门村,有一座非常气派的古墓。墓门以青石打造,形制为明式五间,施梁柱斗拱,重檐歇山顶。墓前立石羊、石虎、石马三对,据载乃明万历庚寅年(1590)余四山在世时亲手所建。

据《遂安萝蔓余氏族谱》记载:"明柱史四山公墓,孺人郑氏、侧室马氏祔焉,取乌鸦扑地形。墓在本都龙门里高门后山,扦本图三保白字一千六百六十二号,地一亩一分八厘七毫,作乾山巽向。""考兆域营于四山公之手,盖魂魄栖之矣。昔李供奉爱谢家青山,死因葬焉,从其志焉。公爱龙耳山之胜,窀穸其下所成言台、书香祠诸伟绩具载朱内阁记中。"

因余四山"长于易经",自然懂得堪舆学,自己的寿域当然由自己亲自把关。

他选择在龙耳山下,用了白际余脉龙气;他选乾山巽向,用了催丁旺财格局。前有开阔明堂,后有坚实靠山。且有右水倒左绕明堂而过,合杨公救贫进神水法,主富贵寿高,人丁大旺。为了弥补左手砂艮位的不足,还特地兴建了龙门塔,又为赤川口增添一景。

龙门塔原名成言台,《遂安萝蔓余氏族谱》卷十四载有毛一瓒所撰的《成言台记》,其中述及:"盖艮于方为东北,于时为冬春之交,其象为山,其德为止,其序为八卦之终,终以为始,止以为起,静以为动,时行时止,动静不失其时,其道光明,此成言之说也。"

因此,说明了龙门塔建造的主要缘由。当然,"亭之台之,而景物风烟若增而胜,人与亭台遂并传不朽。"还有"人以物传"的双重意义。

龙门塔,高十五丈,广二丈八尺,四面凌嶒,中虚而上锐。塔设七级,每级有梯磴可登临。六面塔身施券窗。一级塔门额书"南海蓬壶"，二级塔身上书"天光云影"。

高高的龙门塔，低低的余四山墓，就这样守望5个多世纪。看来，余四山的确是一个有远见的人。墓是魄的安妥之处，越亲近大地越好；而塔是魂的超度空间，可以直至云霄。《龙门塔》诗云：

卓立浮屠古，孤高四面空。

檐铃传佛语，飞鸟怯天风。

山跌湝痕细，溪描练影同。

拟登最上级，来豁此圆通。

古村赤川口，有很多景点值得你驻留，还有很多传说值得你去倾听。这个貌似寂静的小山村，冷不丁还会突然闯出一条威风凛凛的草龙来，让你惊叹不已。

赤川口舞草龙的历史由来已久，相传起源于明朝嘉靖年间，其来历与来龙山"老龙出山"的故事有关。最早的时候，是将稻草捆扎成长龙，上插香支，以棍支撑舞动，谓之"香龙"。之后发展成为草编龙，制作极其精美，形态活龙活现。村中成立舞龙队，到处巡回演出，被誉为"草龙之王"。2007年，被列入浙江省非物质文化遗产名录。2017年建成草龙文化馆，对草龙的前世今生做了充分展示。杭州市诗联学会会长章剑清先生撰联云："金甲金鳞金气概，龙腾龙跃龙升平。"

赤川口，不仅有"草龙省非遗"，还有余氏家厅、余四山墓、龙门塔3

处省级文保单位，是一个名副其实的传统文化名村。如今，这里更是人才辈出，天之骄子层出不穷。毕竟，这里是四世柏台的故里，科甲传芳的象贤之家。

塘岭古道，始于龙门村头下马石，穿过赤川口村，南行至赤川源，翻越塘岭，终于宋京村，全长约5.2千米。古道原为全程石板路，因年久失修，石板路仅存塘岭北麓部分路段，大多的路面已经颓为土路。在旧时，这条通村大道，人来人往，热闹非凡。如今却鲜有人际往来，古道几近荒芜。

赤川源，俗称"塘家坞"。明朝时期，余氏先祖因看管山林建村于此，余氏为主姓，后有汪氏、姜氏入驻，现为多姓混居自然村。余氏先贤曾以《塘家坞》为题赋诗云：

> 双梧高百尺，月上影婆娑。
> 每以清辉好，兼之暑气过。
> 秋虫吟草露，栖鸟宿危柯。
> 此际真幽绝，能无一浩歌？

塘岭古道在赤川源村口南向过桥入坞，先是经过一片梯级农田，然后溯溪涧起岭上行，沿途泉水淙淙，林荫夹道。及至岭顶，南起一峰，名曰棠峰，青葱百仞，直上云霄。钱塘教谕沈元斌题诗云：

> 拾级棠峰峻，悠然景物清。

烟光笼翠黛，日色绚朱麓。

万壑云霞满，千岩图画明。

扶筇浑得趣，佳气绕前行。

　　古道来到塘岭脚，东行2500米（五里），即至宋京村。宋京村始建于宋，始祖鸿翔公乃柏林（原龙山街）万璧公五世孙，因置义庄徙居松林东谷，后称"宋京"。后世子孙属萝蔓世家松林派。

　　宋京村，位于汾口镇南部的大山里。因为村中建有一座"金銮殿"，一直闻名遐迩，令人瞩目。

　　按照地理位置来说，这里崇山峻岭，僻陋无奇，可以说是一个不会出现奇迹的山野所在。然而，自明朝万历年间起，"金銮殿"就耸立在东谷山坳之中，至今仍然展现着它巍峨的雄风。

　　这种敢与皇宫媲美的建筑，当然会激发游人前往一睹的强烈欲望。因此，数百年来，无论是与其有关的族人，还是与其无关的外人，或存虔诚之意，或怀好奇之心，都会来到宋京的金銮殿，瞻仰一番，探访一程。

　　事实上，"金銮殿"原称"大夫家庙"。由于建筑规模宏大，耗时长，耗费巨，且规格高，装饰较为豪华，堪与皇宫一比。不过家庙总不能僭越皇宫，因此俗称为"小金銮殿"。

　　然而，一个家庙以"金銮殿"自诩，总得有一些与之相当的理由。且不说该建筑的规格有多高，耗费的财力有多大，单说宋京大夫家庙的建造耗时，居然长达17年之久！

据松林余氏第117世孙、明代云南道监察御史余乾贞所撰《松林余氏家庙记》记载："庙宇之始营，以嘉靖庚申(1560)五月吉日；其落成也，以万历丙子(1576)秋月。"白纸黑字，刊载于谱。由此可见，所言不虚。

事实上，宋京大夫家庙的建筑规模，确实非同凡响。

在淳安民间，一般的宗祠建筑，开间无非三楹至五楹，进深不过二进至三进，面积也不过数百平方米。

而宋京大夫家庙，面宽居然有七楹。自东向西的中轴线上，依次设广场、旗杆阵、金水桥、门楼、前苑、牌坊、前厅、钟鼓楼、内苑、望云楼、享堂、后花园，由12个建筑单元组成庞大的建筑群。占地面积高达2000余平方米，实属民间罕见，堪称超级工程。

根据《松林余氏宗谱》所载的《家庙图》，我们还能还原出早期的样子。

庙前广场广约一亩。场地上码有10对旗杆石，20面旗帜迎风飘扬。既彰显了松林余氏后裔在历代科举中取得的辉煌战绩，又给大夫家庙平添了阵容强大的功名威仪。

大夫家庙在选址上亦颇为讲究。首先，它不选择人口稠密的村中，而是特意选在了人烟鲜少的村外，为建筑面积的扩展创造了条件。二是逆水开向，依山势坐西朝东，选择了乘龙脉迎晓日的逐吉方位。三是为了满足依山面水的风水要求，引入后坑乾山之水，设渠于门楼之前，渠上架以金水桥五座，实现了金水巽流的风水格局。四是建造跨溪石桥——鸿福桥，使南面山冈与之相连，不至于失砂断气。

大夫家庙设计了高大的门楼，形制为三间重檐歇山顶。门楼上悬

"大夫家庙""世科甲第""褒显""龙章"匾额。前苑周以围墙，围墙两侧施以镂空窗户。苑内铺筑青石地坪，坪中原设有石凳，安置盆景，以娱眼目。

前苑至牌坊，设有20多级石阶及宽阔平台，通向巍峨壮观的牌坊。三座牌坊连成一体，中坊略高，边坊稍低，如并肩之兄弟，威风凛凛，气势逼人。中坊之上嵌有"恩荣"竖匾，下设"萝蔓世家"横匾。右坊颜其额以"扬名"，左坊颜其额以"显亲"。牌坊上施有砖雕，或飞禽走兽、花鸟虫鱼，或盘龙祥云，或人物景致。特别是狮子群戏图，匠心独运，栩栩如生。牌坊背面砖雕框中，篆有"尊祖、敬宗、收族"字样，彰显了大夫家庙的主题宗旨。

牌坊之后乃家庙前厅。一字天井两侧施以游廊，游廊贯通边门与前厅。前厅乃高低抬梁木结构，40根粗壮的木柱，宛如一片茂密的森林，暗喻着松林余氏的人丁兴旺。梁枋间原有"进士""文魁"匾额。很显然，前厅不仅是松林余氏家族的议事厅，还是历代余氏后裔的荣誉殿堂。

前厅之后，左右分设钟楼和鼓楼。钟鼓楼之间乃宽敞的内苑。这种属于大型寺庙中的配置，却出现在这个宗祠中，可谓绝无仅有。

内苑之后是高耸入云的望云楼。楼有三层，形若亭阁。空灵简约，宽敞明亮。斗角飞檐，极尽观瞻。望云楼上有"宠命荣先"匾额。据传此匾乃大宋王朝所赐，用以表彰抗倭名将余汝楠盖世奇功。据推测，望云楼应该是悬挂或保存朝廷敕诰的地方，也是大夫家庙建筑群中最精华的部分。

望云楼之后是宗约堂，俗称"后厅"，又称"正殿"。乃松林余氏供奉祖先、举行祭仪的享堂。关于堂名的来历,家谱亦有记载:"邑侯吴文台公(明朝万历年间遂安知县吴撝谦)赐匾曰宗约堂",其时官府颁布乡约宗礼,大夫家庙竣工在即,吴知县闻讯特赐此匾以嘉之。

宗约堂之后乃后花园,广约亩半,周砌矮墙,内植奇花异草,为族人游园之所。

遗憾的是,如今的大夫家庙只保留了门楼、前苑、牌坊、前厅在内的前半部分,钟鼓楼、望云楼、宗约堂以及后花园等后半部分,由于历史的原因,已经倒塌废圮,难以恢复。应了那则民谣:"宋京村,金銮殿;五进深,开七间;望云楼,通上天;造得起,修不起;扰子孙,不得闲。"

站在大夫家庙大牌坊高高的台阶上,向东眺望,远处是高低起伏的山峰,近处是密密匝匝的民宅。置身其间,的确有一种"君临天下"的感觉。这是松林余氏的自信,而这种自信据说来自一个传奇人物——余汝楠。

据传,明嘉靖年间,余汝楠出生于宋京村坞里坑,因排行第八,人称"行八公",号称"八大王"。他天生神力,耿直仗义,深得百姓敬重。

余汝楠早年为小商贾,往来于徽州等地。一日,时任兵部左侍郎兼都察院左佥都御史直浙总督的胡宗宪回安徽老家省亲,见门口一身材魁梧的大汉酣睡在他老家的屋檐下,且不以为怪,未予驱赶。

待到半夜,突遭土匪偷袭胡府。余汝楠仅凭一杆毛竹抵敌,一袋烟的工夫即将匪徒尽数解决。胡宗宪见之,顿生敬佩之心。当时胡宗宪正苦于倭寇入侵之事,恰逢朝廷用人之际,见余汝楠如此勇猛,便将余汝楠收为麾下。

嘉靖乙卯年间，沿海地带倭寇再次来犯。余汝楠领抗倭军队前往迎敌。他凭借过人胆识和灵活的计谋，屡次击退来犯之敌，立下赫赫战功。在一次战斗中，余汝楠身先士卒，与敌短兵相接，右手被敌人砍断，从此成了一名独臂将军。嘉靖皇帝对其褒奖有加，钦授千总卫，并当庭应许可满足余汝楠一个要求。

憨直的余汝楠说道："我看皇上的金銮殿气势恢宏，我今日有缘登临此殿，顿觉荣幸之至。但是，我家乡的百姓并无此福分，所以我想在家乡也造一座'金銮殿'，让百姓与我一起感受皇恩浩荡。"皇帝听罢大笑，下旨特许他在家乡宋京村仿造一座"金銮殿"。

宋京"金銮殿"，就这样得以破土兴工。不过在营造的时候，为了表示君臣之分，"金銮殿"的宽度高度，还是比皇家的金銮殿小了三尺三分。

然而，传说总是虚虚实实，很多时候与史实大有出入。

事实上，千总余汝楠当时回到家乡，适值父辈倡议建宗祠，他鼎力支持，功劳自不必说。但是，建造家庙是合族之大事，并非一己之力能为之。

北宋靖康年间，柏林（今汾口西村）进士、官秘书正字余鸿翔，因国事多艰，辞官回乡，到义庄东谷定居，改东谷为松林。到明嘉靖年间，历时已有450余年。至此，迁徙分居的族人已达十余支。由于族大涣散，需要在始迁地营庙，收族敬宗，以示报本。

南宋末年，余梦魁参与乡试，魁选为"省元"，他响应宰相陈宜中倡议，募兵抗元，虽然兵败，却留下"节士"美名。到明朝，余思宽中进士，以名御史副宪广东。赤川口余乾贞中进士,召拜侍御史;余乾亨中举任县令。

松林余氏一下子出了这么多有实力的名人,合力建造家庙已是势在必然。而余汝楠作为生于斯长于斯的千总卫,应该是当仁不让的重要力量。

根据《松林余氏宗谱》所载的信息,可以探明家庙的建造来由。可以罗列的缘起是,支派萃涣而合于松林,是重始迁;称其为家庙,是荣君赐;取村名为宋村,是怀故君;立庙名为松林,是不忘祖;营建家庙的目的,是尊祖敬宗。

岁月太悠久,历史已成谜。没有必要纠结于贡献者的真真假假,宋京金銮殿就在那里,它的存在就是一种肯定,一种对于历史的肯定,一种对于未来的肯定。

我常常想,萝蔓塘的藤蔓,应该是那种无根藤。它在这里死去,就会在彼处发芽。因此,萝蔓世家四个大字,总会出现在某个村庄的祠堂上。这种标号为余氏的顽强基因,就像碾灭不尽的草籽,无论身沦何处,经风一吹,就会探出柔软的触须,覆盖一片崭新的土地。

在宋京村,值得一看的还有松林庙。它位于宋京村东面,离村足足有半里地的塔岭源。

这是一座始建于元代的古建筑,古色古香,古韵十足。虽然,现存的松林庙,其木结构被考订为明代,但是庙中的硕柱以及巨大的柱础,仍然阐释着元代的风格。它的存在,对于研究淳安元明时期的古建筑具有十分重要的孤例意义。

松林庙面宽13米,进深11米,占地面积143平方米。明间木结构为抬梁式,次间为穿斗式,用材粗壮,工艺考究。步入庙内,仰首环顾,梁柱和谐,材楔双全,古建之风,扑面而来,令人叹为观止。

据传,松林庙内原有八尊菩萨,附近乡民赖以为灵验之神。20世纪60年代,"破四旧"之风肆虐,菩萨惨遭消毁。如今,空荡荡的庙宇中,已经失却了人神对话的高妙意境。

宋京村,在那白云缭绕的海拔高处,那里有一时半会游览不完的异景奇观。先贤庐陵胡槩有《题松林八景诗》云:

旧业松林下,环居景物幽。

迳荒尘迹少,地僻树阴稠。

药冷炉空在,名讹石上留。

七峰当户晓,两涧绕门流。

澄澈清堪掬,岩峣翠欲浮。

石牛晴卧渚,地豹远环毬。

涟坞业梧合,棠峰薄黛收。

移家逾十世,奕叶半千秋。

科第先曾盛,诗书此更优。

峩冠逢圣主,揽辔出皇州。

云汉承新宠,烟霞忆旧游。

丹心须补报,莫遣恋林邱。

是的，东谷义庄，松林宋京。松林庙，证实了它的古老，金銮殿，显现了它的威仪。而现实中生活在那里的人，他们用生命绘就了新的历史画卷，舒展在那块神奇的土地上，或将成为未来人的探索之谜。

塘岭古道，并非通州达府的经商大道，只是一条通村小路，在交通的意义上可以说是平庸无奇。然而，赤川口和宋京两个大村，有着源深的历史，有着厚重的人文。不仅重量级的文物众多，而且还有非物质文化遗产有序传承。古道虽短，历史绵长。

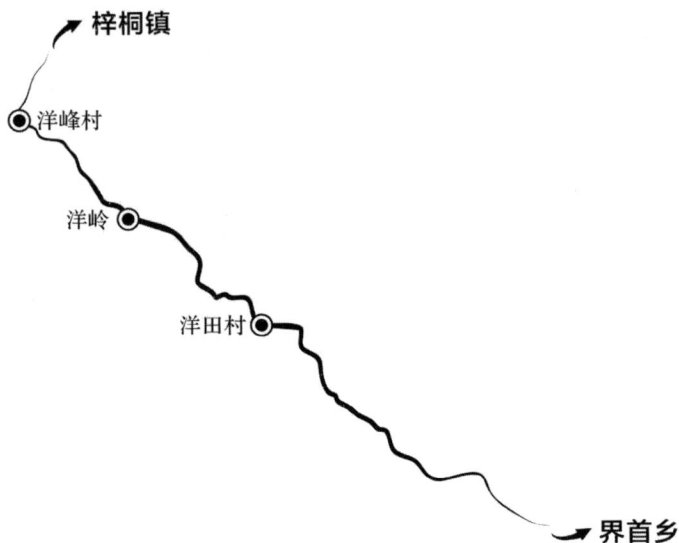

梓桐镇

洋峰村

洋岭

洋田村

界首乡

洋岭古道

　　洋岭古道起点界首乡洋田行政村上洋田自然村,终点梓桐镇杜井行政村洋峰自然村,全长3.5千米。古道全程石板路,洋田这边大多以块石砌成,洋峰那边大多以石板铺筑,宽约1.5米,保存状况良好。乃淳安县现存古道中维护较好的古道之一。

根据民国十七年（1928）《遂安县志》首卷《遂安县境山川图》标注的地名信息得知，洋岭古称"杨岭"。因洋岭南麓洋田村，始居者乃杨氏，旧称"杨田"，后因杨氏式微匿迹。姜氏迁入后，因"杨""洋"谐音，改称为"洋田"。

洋岭古道，乃旧时遂安县一都通往淳安县三都的重要通道，俗称"官道"。洋岭，也是淳遂两县的界岭。来往客旅频繁，乃遂安人通过淳安梓桐源前往徽州的主要干道，其交通地位不亚于新岭古道。

洋田村，地处松源源头，村外是峡谷，坡降较大。入村后，地势相对平缓，四面皆山，形同Y状盆地。村分上下，曰上洋田、下洋田。据《姜氏宗谱记载，》周姓始祖邦正公，字彦信，于南宋淳祐年间自七都拓川石潭迁此，迄今已有770余年的建村历史。

洋田村水口立有牌坊，为一村之锁钥。东坡上建有文昌阁，始建于大清康熙年间，砖木结构，坐北朝南，四面攒尖顶，平面四方形，面宽5.72米，进深5.72米，两层一开间阁楼形制，底层周以白灰墙，二层周

文昌阁

以木隔断，门窗皆施木花格，斗角飞檐，八檐出挑，似塔非塔，造型美观。

相传，很久以前，洋田村水口建有五圣殿，内供五神像，为一村之门户。

直到某一年，江南遭水灾，百姓闹饥荒。朝廷派遣钦差大臣李大人深入民间视察灾情。一日，李大人骑着高头大马，携带随从人员离开遂安狮城，经洋岭古道前往徽州。谁知途经洋田水口五圣殿时，李大人所骑的大马突然下跪，任由鞭策不肯前行。

李大人觉得事有蹊跷，于是下马四周察看。但见洋田村水口紧锁，周围峰峦叠嶂，一方村衢宛如世外桃源。暗忖道："此地风水绝佳，假以时日，此村必出大富大贵之人。"于是急忙正冠整衣，入殿参拜五神。并吩咐随从："进村牵马而行，一路不得停留。"

此事传开后，无论大小官员，但凡途经洋田村，文官下轿，武官下马，成了不成文的规矩。

数十年后的某一年初夏，村里来了一个蓬头垢面、手挂拐杖的驼背老人。入村后已过晌午时分，他挨家挨户向村民讨要茶饭以解饥渴，谁知村民吝啬，不但不给，反而关闭大门，远而避之。老人伤心极了，走到村头的石板桥上，喃喃自语道："凤凰振翅欲飞，大象甩鼻饮水，可惜人心不古，梧桐高树难培。"摇头叹气之后，狠心地将手杖插入土中，念念有词道："凤凰从此不飞，象头从此不抬，高官从此不出，村民从此受累。"然后，化作一缕青烟飘然而去。

是夜，雷电交加，狂风大作，瓢泼大雨下了一夜，飞凤形被击了一个大窟窿，象鼻山上的大柏树被风吹折了，水口的五圣殿也坍塌了。

传说那驼背老人就是土地神的化身，是天庭派他来试人心的。因为人心不古，既是出了大官也是奸臣，天庭就派雷公电母前来破坏了洋田的好风水。

失去了神灵的保佑，洋田村日渐衰落，天灾人祸年年发生，村民生活苦不堪言。

之后，在朝为官的姜大人，在吏部任上事事不顺。一日，接到家乡来信，才知老家有变故。于是匆匆赶回村中，踏勘水口之后，决定在五圣殿对面的山坡上建一座文昌阁，供奉文昌帝君。这样一来，阁楼居高临下，借帝君之威势，镇住了水口的风水。从此以后，洋田村人丁日逐兴旺，村民得以安居乐业。

无独有偶，关于洋田村风水的故事还有一则。相传洋田村南有一座八面山，山麓有一块大石塔，形似卧虎，龇牙咧嘴，怒目圆睁，颇有腾跃之势。某一天，姜姓祖家人来了一位远客，精通堪舆之术。当他来到虎形，对祖家人说道："此处是风水宝地，若能埋下祖宗骨骸，不仅发子发孙，还能出栋梁之材。"于是，姜姓祖家人依计而行，在此造墓建坟，埋下了祖先骨骸。不料此举引来了同村客姓衍氏堂人的忌妒，生怕姜姓祖家人独占好风水，于本族不利，也请了徽州的风水先生，寻找风水大穴。果然在一个地名叫"百兰坪"的半山腰里，找到一个"观音坐莲"的老风水，埋下衍氏祖先骨骸，改称为"铜锣形"，与虎形遥遥相对。忖为制法，意在"铜锣一响，猛虎不敢出山"。

自此以后，洋田村姜氏再也没有出过大官，了不起就一两个秀才而已。于是就有"洋田老虎不出山，只出秀才不出官"的说法。

岭脚亭

话题岔开太远，还是回到古道。

洋岭古道起点，位于上洋田村头右边的一个山坞口。沿着溪坑往里走，不远处有一座石拱桥，桥北就有一个过路凉亭，这个凉亭是洋岭入口的明显标志。哪怕是第一次走洋岭古道的人，只要认准这个标志，就不会走错路。凉亭不大，占地面积不过十几平方米而已，白墙黑瓦，砖木结构，圆券拱顶山墙，南北向洞开两个圆门。厅内设有砖砌陋座，供行人歇息纳凉。

凉亭没有名字，姑且叫作"岭脚亭"吧。墙壁上到处都是涂鸦，乱书某某某到此一游等字样。其中不乏外地的客旅留言，如永康某某某等，也算是雁过留声、人过留名，权作纪念而已。

上岭的古道并不陡峭，相对较为平缓。石砌台阶顺势而为，路旁结满羊须藤，紫褐色的小叶片泛着幽光。

古道在U形浅坳中曲折上行，路侧有一丘丘不规则的梯田，种着桑麻之类。洋岭不高，步行不到半小时即登岭顶。

岭顶亭

　　岭顶是一个V形垭口，右侧建有一座敞口式的古庙，设五级台阶，小青瓦屋面，前后披水，抹灰砖墙硬山顶。三开间两进，九柱抬梁木结构，面积大约30平方米。后进设神龛，前进两侧设陋座，兼作小庙、凉亭双重功用。

　　遗憾的是，岭顶小庙因年久失修，后壁以及南墙有部分坍塌。后进屋架倾覆，桁条、瓦檩凌乱于地。破败之象，岌岌可危。

　　垭口北侧有古樟一株，胸径约1米，下部大枝已腐朽，颓成光干。仅余上部枝丫一二，举着并不茂盛的枝叶直冲云霄。

　　樟树根部插有香烛，供有果饼之类的祭品，零碎的鞭炮纸屑散撒一地。估摸是山下的某些八字硬者认作树为母，逢年过节前来祭祀所致。

　　透过树隙北望，依稀可见梓桐镇所在地杜井村的全貌。青石板路自垭口之字形向下延伸，共有拐弯十八道。

　　民谣云："洋岭十八弯，金子银子不知哪个当（得）。"据传，历史上曾有人藏宝于此,具体位置不详,只说是藏在这十八道弯里。引得许多痴心妄想之徒来此寻宝,皆无所获,至今成谜。

洋峰这边的古道,大多为工匠所凿的青石板铺筑,路面等级明显高于洋田那边。据传,此路上的石板,乃古代一个叫胡聚堂的人独资铺筑而成。

胡聚堂,杜井人,在杜井村的店门上开设一家猪肉铺。因为人和善,人缘较广,肉铺生意十分兴隆。一年又一年,积攒了厚实的家底,成了梓桐源内一个小有名气的财主。

然而,财虽旺而丁不发。娶妻多年,膝下并无一男半女。某年,妻子好不容易怀上了孕,诞下一子,谁知出生不久就得了黄疸病,遍寻名医也无力回天。此后,妻子怀不上孕,胡聚堂到处求医问药,皆无济于事。

某年腊月,杜井村来了一位云游道人,来到胡记肉铺,向胡聚堂讨茶问饭。胡聚堂是个大度之人,既递烟又敬茶,还吩咐妻子安排好酒好菜,热情接待。

饭毕,道人问:"你家孩子出息了吧?现在都在哪高就啊?"胡聚堂见此一问,面露难色,佯笑道:"不瞒你说,我的膝下犹未有承欢之人啊!"然后将小儿早卒以及妻子不孕之事和盘托出。

道人问了胡聚堂的生辰八字,掐指一算,微微点了点头,若有所悟地说道:"怪不得你膝下无子,原来你的子孙福尚未修满。"

胡聚堂听道人这么一说,估摸对方是位高人,连忙问道:"大师,可否指点一二,有无补救之法?"道人笑着说道:"补救之法是有,只是你得破费些银两。"胡聚堂求子心切,立马应道:"银两是身外之物。俗话说,不孝有三,无子后为大。传宗接代的大事,我若没有子嗣,百年之后有何脸面去见祖宗啊?大师请说,我该怎么办?"道人见他这般实诚,摸了摸胡须道:"我刚才从遂安那边过来,洋岭上的路很不好走,若能修成石板路,功德自然就圆满了。"

次年正月,胡聚堂过了元宵就招来工匠和民工,采石的采石,搬运的搬运,拓路的拓路,铺筑的铺筑。不出半年,石板路就从洋峰村铺到了洋岭顶。原来泥泞不堪的羊肠小道,变成了风雨无阻的宽敞大道。

果不其然,数年后胡聚堂喜得二男一女。真是积德行善,必有福报。胡聚堂独资铺路之事,也被淳遂百姓传为佳话。

古道的终点就是洋峰村。该村旧称"洋岭脚",后改称"洋坡",之后又改称"洋峰",原为行政村,2007年并入杜井村。村民主姓胡,始祖廿二公于元代迁此。

洋岭脚古罗汉松

有谣云：

洋岭弯弯十八拐，金银不知何处埋。
但见杜井胡聚堂，捐输筑路得三胎。

洋岭古道，是一条青石板铺筑而成的路。虽然在交通发达的现代，锐减着它的功用，逐渐失去了往日的光芒，但是，它所承载的历史却越发厚重，那些美丽的传说仍然镌刻在人们的记忆里，影响着一代又一代的人。

洋岭古道犹如一脉古矿，提炼出来的"善"，可以震古烁今。即使时光老去，它的善根不糜，历久弥新。

鸠坑乡

塘坪山

茶树王

石人岭

尹山庵

仙人桥

程家源村

三联村

梓桐镇

尹山古道

    古道，是古代的陆路交通。它的直接功用，主要是利于两地人们的往来。然而，还有一种古道，几乎是专门为一座寺庙或一处庵堂而设。它的意义，却是一条求佛之道，也可以说是一条信仰之路。

    在淳安，这种古道为数不少，诸如凤凰山古道、天堂山古道、狮姑山古道、灵岩庵古道、太阳山古道等,不胜枚举。梓桐镇的尹山古道,就是其中的一条。它的存在,就是为了尹山庵。

事实上,尹山古道可以称为"石人岭古道"。因为它的起点是梓桐镇三联村的贡坑桥,终点是鸠坑乡翠峰村的万岁桥。中间的山岭,就是石人岭。只不过这条道路,对于鸠坑乡和梓桐镇来说,交通意义不大。古时候人们走这条路,基本上是为了去尹山庵,拜了菩萨之后,一般就会原路返回。

记得是20世纪80年代初,我因事去了梓桐源。留宿的当晚,听朋友说起尹山庵,就突然来了兴致,第二天一早就去探访了尹山庵。当时尹山还没有开公路,上山一直沿古道而行。时逢盛夏,10余里的山路,爬得非常辛苦。到了庵堂,也是大失所望,屋顶已塌了老大一个洞,横七竖八的朽木散落一地,一点佛教名山的样子也没有。印象最深的是庵前的悬崖,还有那悬崖处的珠帘瀑布。

时隔30余年,尹山庵的印象已经模糊成了影子。

这次写古道,又想起了尹山庵。听说古庙已经重建,公路也修到了庵前,只需开车前往,再远的路只是耗油,不必耗力了。

尹山,不仅是佛教名山,也是风景名胜区。

云林余利归先生早年曾撰文云:《南宋严州图经·遂安县境图》就标有梓桐乡双桂源尹山。尹山及尹山庵载入明朝府、县志:"尹山,在县西南七十里,两峰南耸,跨石如桥,倚石如人,中有石室石棋,皆天然之胜。""尹山,有尹山庵,宋淳熙十年建。"清乾隆、光绪县志记载:"其佛为新安汪越国公华第八子(汪俊)修真化此,至今佛龛尚存。"旧志还记

尹山

载了仙人桥和尹山僧："仙人桥，在县西八十里尹山洞（峒），古有汪老
僧庵，桥居庵前，北一石俨立若人，乡民因以祷祀。尹山僧，俗姓汪，结
庵于邑西梓桐乡尹山之麓。既示寂，其徒以顶骨纳琉璃瓶中，瘗之。岁
久，欲迁葬，夜梦僧指其处。及出，瓶腹大颈小，顶骨亦然，莫知所从。人
人以为异。至今里民水旱祈求多灵应。"

　　从旧志记载来看，尹山庵似有两说。一是山上尹山庵，供奉汪华八
子汪俊（神化人物）；二是山麓尹山庵，祀奉俗姓汪僧（佛教人物）。

　　尹山俗姓汪僧确有出处。梓桐与姜家郭村交界处有花果山，古有
花果庵，至今保存有郭村庄口汪氏元朝《重修花果庵记》石碑。碑记，花
果庵圣僧菩萨，金华兰溪，姓汪，法名大德，唐贞观间寄钵遂安禅师堂，
后游历郭村，结庵花果山。后飞锡尹山，幻化而去，现黄金锁骨于岩下。

淳安县志尹山僧或许就是指圣僧汪大德。

不管尹山庵是建于唐,还是建于宋。它在明清时期确实是淳安一方名胜,官宦文人多所游历,并留诗篇。

元末明初,歙县郑玉就同淳安徐大年(徐尊生)、俞士渊(俞溥)一起游尹山,留下诗篇:

> 白发萧萧老郑虔,相邀同上尹山巅。
> 新秋昨夜过微雨,古树空岩生翠烟。
> 山佛倚天形笋瘦,仙桥驾壑影空圆。
> 欲题姓氏留山骨,藓滑苔深不可镌。

明朝尚书徐贯也有尹山庵诗:

> 梵宇萧萧山外山,欲穷幽讨未能闲。
> 千寻拔地青峰笋,一道沿崖碧水湾。
> 古木雨晴猿正挂,长林烟暝鹤初还。
> 万缘到此都成幻,不在寻常色相间。

明朝洪武年间罗田县丞何溥诗,仔细看下,像是郑玉诗的和韵:

> 佛殿何年此揭虔,山僧相见但童颜。
> 钵盂晓贮银床露,禅褐时飘宝鼎烟。

幡影舞风吹婉转，梵音随磬出清圆。

他年尘主无知者，好把新诗石上镌。

清朝梓桐剑溪徐懋功，与遂安文豪毛际可是老朋友，作为梓桐人，也有游尹山诗：

名岩秋色溶，登眺共扶筇。

巅环璩珑石，云连缥缈峰。

危桥侵碧汉，飞瀑咽青松。

胜地扳题跋，何当彩笔逢。

到清乾隆年间，知县刘世宁主修淳安具志，大概跑了不少淳安名胜，尹山便是其中之一。有诗题颂：

南峙峰联跨石桥，为棋为室并岩尧。

不须紫气青牛绕，关令居然姓氏标。

此外，姓氏宗谱也有记载。汪氏统宗谱就录有淳邑蜀阜人、明万历进士、湖广布政参事徐应簧尹山十景诗：

狮象关

汪公飞锡彩云间，足蹑青虬不可攀。

四首故山衣钵在,独留狮象守玄关。

飞仙桥

凌云台畔树苍苍,下有天台百尺梁。

览胜只凭双不借,步虚那用觅慈航。

望佛石

老衲飞身事有无,巉岩石上隐双趺。

维摩只在人间世,赚得凡人望眼枯。

碧霄巅

鸟道层层麋鹿踪,风云长获碧霄峰。

游人莫向岩前过,洞里希夷睡正浓。

圣水岩

杜陵忧国愿年丰,我向西郊学老农。

乞得圣泉涌滴水,化为霖雨报商宗。

龙门峡

天门查香曙光微,听法神龙尚未归。

昨日灵湫施法水,龛中湿却家僧衣。

飞瀑崖

户处泉声入绛幛,水晶宫殿锁葳蕤。

明珠万斛重重帘,帷白鹤飞不敢窥。

化龙池

槛处寒泉浸碧峰,藻频开处见鱼鳗。

放生池上无鲁古,留作盂中唤雨龙。

翡翠屏

白玉宫前翡翠屏,炉烟长对佛头青。

神灯一点照林樾,有鹤夜深来听经。

石仙人

仙人高峙白云层,云是莲台判斛僧。

欲问西来旧行径,不知何处见南能。

鸠坑乡严家村与梓桐相邻,其严氏宗谱有鸠源八景诗,其中则有"古寺闻钟":

尹山古寺镇南屏,无复高僧解说铃。

犹幸梵钟鸣五夜,几人酣梦几人醒。

佛道修真之处往往是自然景观特别之地,尹山又有众多名人游历并题诗,更显其引人入胜。

笔者也曾趁假日登临游览。尹山处在梓桐与鸠坑交界,一条山岭古道相连通。现有乡村公路盘山而上,直达尹山。

尹山有几个微型自然村落散布于天上人间。环境还是很有特色的,它是一个高山平台,并不像其他山村一样是狭长的山涧地形。村民开垦了一片山地,种植五谷杂粮。这里也属岩溶地貌,周围分布着不同的石景。尹山庵就建在平台中间,如今破旧不堪,仅存右后两墙,右墙上嵌有石碑一块,碑名《灯田记》,碑文斑驳难辨。但是景观仍然不错,一株高大的银杏耸立于庵左附近,春绿秋黄,风韵可人。座前流水潺潺,还有流水人家。庵右有巨石壁立,如同玄关,其中有一道石门通向山下。石壁之下是红豆、珊瑚朴等名贵古木群,枝繁叶茂。虽未见前人所述石棋石室,却能看到通往鸠坑的山岭上有石人石马。那上面还有开矿遗址,有矿洞和洗矿池。岭顶则是石块垒墙的凉亭。应该是一处有闲人休闲度假的好地方。

读过这篇文章之后,对尹山的了解已经八九不离十了。我向来佩服余先生极其严谨的治学精神,估计能挖的史料都被他挖干净了吧?这次走尹山古道,只要按文索骥,一一对照即可。

传说,每一座山都有自己的山神,每一个山神都守护着自己的领土,然后衍生出自己的故事。仙桥、石人、老佛、圣僧,就这几样,已经噱头满满。有一句成语叫"引人入胜",估计就是这种感觉吧。

车过三联村,象鼻山从对岸的山麓甩过来,把径直的溪流逼到了右边的山坳口,韶川与尹川,就在这里汇成一流,尹山古道也就从这里开始。

古道已经荡然无存,被混凝土浇筑的通村公路所覆盖。车行不久,就见到一座骑路凉亭,名曰"尹山亭"。站在亭中回望,就能看到一座神奇的山峰,传说中的"仙人桥"就在这里。

不过当地的老百姓,并没有先贤文雅,因俗就陋,将此峰称为"汤瓶筐"。俗有俗的好处,取其形象。此峰就像一只炖菜的汤瓶,倒扣在山顶。那个"筐",就是提汤瓶的"环"。远远望去,圆圆似月,透视天空,弯弯如桥,故称"仙人桥"。

关于"汤瓶筐",在梓桐源流传着这样一则传说:"在很久以前,梓桐源里出了一条蛇精,专以幼燕为食。而汪公老佛为了收服那条蛇精,便把汤瓶往天上一抛,汤瓶里瞬时迸射出万道金光,随着金光的收敛,

仙人桥(汤瓶把)

蛇精就被吸进了汤瓶。汤瓶吸了蛇精之后,就倒扣了下来,成了如今的汤瓶框。"

唐代诗豪刘禹锡云:"山不在高,有仙则名。水不在深,有龙则灵"。尹山即便没有汪公老佛,亦有大德圣僧。两者取其一,皆为仙人。因此,尹山就名闻遐迩了!

开车总比走路快,走走要一个多小时的路程,开车踩几脚油门就到了。车到官升坎,拐了几道弯,就见一片高山之上的坪地,方圆足足有一两百亩。前临深渊,后靠峻岭,万壑千峰已在脚下,白云蓝天就在头顶。这样一处佳境,难怪被高僧看中,所谓"天下名山僧占多",据此看来一点也不假。

新建的庙宇,的的确确在原址上重建。庙宇虽小,威仪不减。音响里播放着佛教音乐,营造出梵天佛国的严肃气氛。

庙宇左侧,屹立着一棵古银杏树,高耸云天。铭牌标示树龄655年,树高32米,胸围340厘米,冠幅17米。

据传,此树是雄树,每至深秋,那圆滚滚的白果就会挂满枝头。而它的雌性"伴侣",却在郭村庄源村的花果山尼姑庵旁,只开花不结果。这两棵树,相隔数十里,遥遥相望,通过风力授粉。宛若牛郎织女,相亲相爱了上千年。因此,当地人称这两棵树为"相思树""夫妻树"。

环顾四周无人,只见庙门虚掩着。我怯怯地推门而入,只见供桌上备有香烛,边上置有一个功德箱。惊喜的是,功德箱上贴有微信、支付宝收款码,人性化的设置,俨然一座无人收费庙。我扫了码,付了钱,点了香,对着主佛拜了三拜。也没有祈求什么,只是走个仪式,以示尊敬。

石人岭

毕竟我不认识这尊主佛是谁,更不知道主管哪方面的事。

庙宇的右侧,就是"万丈悬崖"。这里以青石板铺筑的古道还是"原装"的。于是就往下走,经过圣水泉、天门、丝雨瀑,一路古木参天,又粗又大的百年老树,有枫香、有香榧、有青冈、有珊瑚朴,可谓树种繁多,古意十足。再往下,就是通村公路了。这条古道仅有数百米而已,但它给到我的意象就是十里长途。

回到尹山庵的广场上,向东远眺,就是传说中的石人岭。

人形的巨岩阵耸立在山脊。我知道山那边就是翠峰村的塘坪山,从那边望过来,也能看到石人岭。尹山村的低压线,也是从石人岭接过来,可见距离是相当近。

看得见的古道,就没有走的必要。我将无人机升上天空,飞至石人岭不远处,拍摄了几张照片,就准备打道回府。因为对我而言,撰文所需的资料齐了,再待在这里,莫非想出家不成?

临别,我也假作斯文,以《尹山古道》为题,酸上几句:

尹山钟毓秀,拔地起经峒。

断壁飘丝雨,危崖化彩虹。

天门开锁钥,古杏刺苍穹。

入殿赓禅意,功名一刹空。

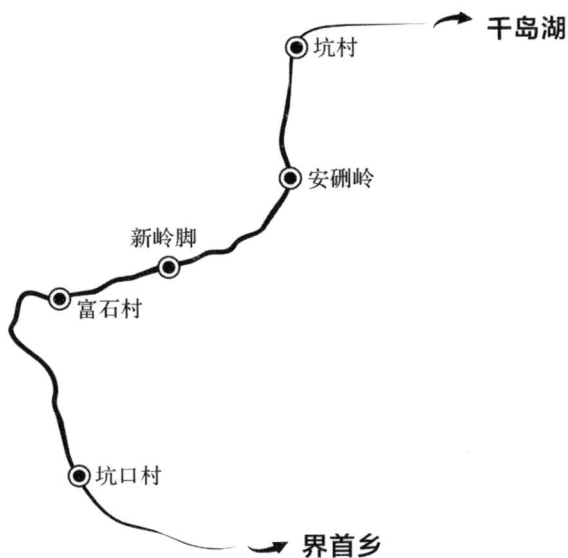

安硎岭古道

    安硎岭,今称"新岭"。北起梓桐镇西湖村,南至梓桐镇富石村,全长2.9千米,乃旧时淳安县通往遂安县的重要通道之一。

    据清光绪《淳安县志·疆域》记载:"南至遂安县界四十三里,以安硎岭为界,自界至遂安县四十里。"民国《遂安县志·疆域》亦载:"东北至淳安县界四十里,以云蒙山安硎岭为界,自界至淳安县四十三里。"

这么说来,安硎岭既是两县通道,又是两县界岭,其重要性不言而喻。然而,遗憾的是这条往日人来人往、交通频繁的古道,早已荆莽密布,荒废多年,不仅失去了它的功用,甚至还淡出了人们的记忆。

我是查阅民国十七年(1928)《遂安县志》首卷《遂安县境山川图》发现这条古道的。根据图中标注的地名所示,安硎岭位于云蒙山的西部。至于古道的具体位置,问了身边的很多人,其中不乏是界首乡当地的居民,被访者不是摇头,就是摆脑,居然无人知晓。

我想,虽说世上新人换旧人,但是山河难改仍依旧。这么重要的一条古道,只要根据山川图找到大概的方向,走访走访当地的老百姓,一定能够找到蛛丝马迹。

果不其然,当我在云蒙山下附近几个村庄碰了壁之后,辗转来到松源一带,在河畈村一座倒塌的古庙前遇到一位周姓的老者,得到了古道的线索。我问他知不知道安硎岭,他说:"安硎岭不知道,新岭倒是有一条。我们年轻的时候去淳安老城市玩,就是走这条岭去的。"我接着问:"从遂安狮城到淳安贺城,往年的人都走这条路吗?"他答道:"是的,这条是大路。旧时的遂安人到淳安县城,除了水路,基本上都走这条路。因为其他路又远又小,不宜行走。"

得到这个重要信息,我驱车到了富石村。刚到村口,就遇到一拨砌筑防洪堤的村民。递上一支烟,其中一位中年男子就打开了话匣:"你问的是新岭吧?""喏"他伸手一指:"前方看到的自然村叫新屋里,往里面走就是新岭脚自然村,新岭的起点就在村后面。"

我见右侧有个新修的庙，左侧有一座古老的石拱桥，不由驻足观察起来。看形势这里是富石村的水口，两边的山垅拱手而来，至此形成一个豁口，富石溪自北南来，穿过古桥形成跌瀑。两岸古木参天，修竹荫障。西岸有一株枫香树，粗壮而高耸，遒劲的树枝伸向天空，在蓝天的衬托下，画面感极美。

　　一问便知，这里确实是富石村的风水水口。新修的庙是关帝庙，旧时供奉关帝圣君，左有周仓执关刀，右有关平托帅印。20世纪60年代，因行破旧立新之风，村民不得已将塑像砸毁，留下旧庙一间，因年久失修，濒临倒塌，已于年前修缮一新，村民拟集资雕塑菩萨供之。古桥名叫"富安桥"，寓含"富水流畅，石桥安固"之意。

　　富石村属梓桐镇，辖新屋里、前山脚、小富石、中央屋里、新岭脚5个自然村。该村四面环山，形似盆地，俗称"燕窝形"。古有"淳之地也遂之源"之称。

　　村民大多姓邵，始祖邵文隽于北宋真宗天禧年间，自练坡迁遂之风林乡，因慕"富市山环水秀，土腴人纯，相其阴阳，观其流泉，三岭如屏，奇峰挺峙，画图天然，秀水临川，文章目在，遂卜宅兹土，筑室如斯，号富峰"。后代邵承公分居前山脚，邵兴公分居新岭脚，故祖居地名曰"中央屋里"。

　　富石，原名"富市"，又称"富峰"，境内有八景之奇。一曰文笔插天，二曰美女照镜，三曰八面神山，四曰旗鼓相当，五曰鲤鱼朝天，六曰八仙下棋，七曰将军骑马，八曰狮象把门。八景并非杜撰，每景皆有应处。

　　踏访新岭脚自然村，民舍皆依山傍水而建，颇有"小桥流水人家"

之意境。崭新的楼房之间，仍有几幢古民居保存完好。其中有一幢民国时期的古宅，墙角的石板上雕有鲤鱼跳龙门的图案，古韵十足。另有一处八字院门，立于石板桥头，藤萝覆盖于其上，极具沧桑之美。

在新岭脚33号民居，采访到一位87岁的耄耋老人，姓邵名有柱，老人介绍说："这条古道叫'新岭古道'，全长2.5千米。这边的村叫'新岭脚'，那边的村也叫'新岭脚'。那边的村民也姓邵，是200年前从这边迁过去的，人口不多，只有七八户。由于交通不便，20世纪60年代全部迁到外面的周家去了。"给老人点上一支烟，老人继续说道："这条古道以前很热闹的，遂安这边的人到淳安去，都要经过这里，做生意的，走亲戚的，人来人往，络绎不绝。还有娶亲抬轿子，吹吹打打地也经过这里，我们年轻的时候，总喜欢拦下轿子，问新娘子讨喜糖果子什么的，轿夫就向我们讨茶喝，我们也非常乐意给。"问及其他，老人接着说："新中国成立后，我们富石村向国家交公粮，挑着担子也是要走这条古道，翻过新岭到新岭脚，出去依次是周家、方家、丁家、接坑口、木瓜岭、石富畈，到塘坞口就是梓桐溪了，再沿溪下去是西坞口、包店、阳畈，过溪河桥到庄里，然后到息岭脚又过桥到八都碓，再是崇良和石山脚，过桥到汪畈、世合头、最后挑到童家为止。童家在梓桐源口子上，与新安江汇合了，粮食在这里装上船，就可以运到淳安老县城。来回一趟需要一天的工夫，沿途要经过二十来个村。"

我说："这条岭县志上并不叫'新岭'，而是叫'安砺岭'。'安'是平安的'安'，'砺'是磨刀石的意思，难道这条山岭上还出磨刀石吗？"老人说："磨刀石还真的有，不过不是在我们这边，是新岭的那一边，在一

安硎岭富石村入口

处溪坑里,挖起来的石头用来磨刀挺好的。"我笑道:"这不就结了嘛,古人起名总是有来历的,不然不会用这个'硎'字。"老人也笑道:"古人有文化,起名很讲究。现在的人,图省事,居然把'安硎岭'改称'新岭',你不说,我也不知道呢。"

别过老人,我就沿着水沟向上走,半路上遇到一对采茶夫妇,我又是递烟问路。那男子脖子上挂着一个采茶袋,笑盈盈地迎上来。我说明来意,他摆手道:"这条古道荒废多年了,甘茅都把路堵死了,看你一个城里人的模样,肯定是走不上去的。"我说:"只要有一点路径,我就能走,爬山是我的强项,难不倒我。"他说:"你决意要走,我建议你不要走古道,因为古道实在很难找了。你可以顺着那个垮向上走,村里放捕兽夹的人偶尔会从那里上去,或许能够登顶。"

情形与男子描述的一模一样,走过耕作区,就找不到上山的路了。我按照采茶人的指引,从垮里直线攀登。灌木丛中,荆棘纵横,不得不避刺就莽,迂回前行。爬了约莫半个小时,终于发现了古道的踪迹。错落的青石板，东一块西一块地已经脱离了原先的位置。古道早已经被杂树野草掩没，根本无法循路而行。于是我继续抽空档上行，爬到岭顶，短短一千多米的路，足足耗了一个多小时。

岭顶是一个敞开的垭口，古凉亭早已倒塌，剩下半垛墙，洞开着一个圆门。亭侧有两株高大的柏树，枝叶十分茂密，从苍老的树干去看，此柏树龄至少有两三百年。西边还有一株黄连木，也是枝繁叶茂，树龄与柏木相当。想找下岭的路，顺着路径前行没有多远，又消失在林莽之中。遗憾没有带上刀具，要不然还敢往下冲，看看时间已至下午3点，估摸鲁莽冒进，颇有风险，于是决定止步于岭顶。

回到岭顶凉亭遗址上，使劲扒开墙角的残砖，居然被我找到一块青石碑，上镌有“安硎岭修路建亭碑记”。有引云：“鱼口尖西麓有安硎岭，古遂至淳往来之孔道也。兹有执事者动议修葺路亭，乐善好施者乐捐也。于去年冬起工，今春大功告竣，特录捐输事项，勒碑以彰盛事也。”左边密密麻麻地刻着捐输人员的名单以及金额，落款“大清道光十五年”。

看完碑文，我不禁心头暗喜。这条志载的安硎岭，终于找到了实证。再向东遥望山峰，鱼口峰就在眼前，两座山峰相叠，远远望去，形象酷似鲤鱼的嘴吻。这是一座名山，如果不爬安硎岭，怎么能够见到你的真容？

据《光绪淳安县志》山川篇载：“鱼口峰，在县西五十里，冲举天表，与儒学棂星门相对望，又名状元峰。”明代邑人汪若濬《鱼口峰》诗云：

孤峰宛鱼口，遥耸乱山头。

暮吸残霞落，朝嘘细露浮。

吹风如出浪，倒影欲吞舟。

仿佛飞腾势，朝天几万秋。

又，清代诗人方士颖《鱼口峰》诗云：

兀对龙山远，昂霄势欲翻。

鲲飞从海窟，鲤跃向津门。

怪吐云光冷，雄吞日气昏。

文明时启秀，赖尔一峰尊。

又，清代诗人宋勋《状元峰》诗云：

状元之峰高莫偶，儿孙罗列群山走。

支筇百尺踞其巅，东望金紫如拱手。

夕阳斜处晚霞明，金乌戢翼当鱼口。

莫笑此峰在穷坞，春雷奋起鲸鼍吼。

　　下山就比较顺当，沿了来时路。不过没有人走的路，也不能叫作"路"。两手轮换扳着树枝，连滚带溜地往下坠，不到半小时，就到了山脚。脱去外套，抖去领口的残枝败叶，山风迎面吹来，凉意顿生，精神

安硎岭丁家入口

为之一振。

因为没有走北坡的古道,我就驱车绕道石川坞,来到安硎岭的终点西湖村。

事实上,西湖村在2007年由西湖、坑村两个行政村合并而成。现辖西湖、上坑坞、下坑坞、牛栏坞、方家、周家、丁家、密溪坞共8个自然村,村委会驻地丁家。

安硎岭古道,正是自丁家起始,过周家村头溯源而入。这个时节满源的油菜田尚未放出花朵,一片碧绿的菜叶,填满了整个湾口。遥望鱼口尖,已非山那边的面目,形象的嘴吻已换作尖顶。采访了周家的一位中年男子,居然也姓邵。原来他家祖祖辈辈住在这边的新岭脚,直到20世纪60年代才搬迁到周家来。据邵先生介绍,这边的新岭脚原有二三十个人口,全部姓邵,祖先是200年前从富石村迁移过来的,描述与之前在富石村采访的情况相吻合。他还说,在他们老村址上有一棵大樟树,乃始迁祖所植,树干粗壮,树径过米,枝繁叶茂,荫浓如华盖。

新岭这边的半岭上也有一个过路凉亭,不过已经倒塌多年,然后上岭的路早已荒芜。

我说:"前一个时辰,我还在新岭那边,打算从岭头走过来。"邵先生哈哈笑道:"除非你是野兽,我们村里的人已经没人敢走了!"

返程途中,我一直在想邵先生的那句玩笑话。野兽,哈哈,我是野兽。要不然,淳安那么多条荒废的古道,已经迎不到过客,平时只有鸟兽往来,唯有我一个野性十足的疯子,热衷于寻鸟迹,觅兽踪,着迷于那些古老的青石板,挖掘着古道上的历史与人文。

驾车在宽敞的沥青路上驰骋,眼前浮现出一块块青石板。也许是古道走多了,产生了条件性发射的视觉幻觉。

我扪心自问,是不是真的有病?也许是好古之人,必有异人之心。古道是一条穿越历史的隧道,我乐意朝这个有趣的方向走,上溯到清,上溯到明,上溯到古老的源头。

金桐岭古道

  金桐岭，又称"金通岭""金同岭"。三种叫法，只是同音不同字而已，窃以为音讹所致。据传，此岭山中有桐树，皮色泛黄，呼作"金桐"，故名。

  金桐岭古道，是除长岭古道之外淳安七都通往八都的另一条山路。这条古道相比长岭古道而言，一是来往客流量较少，二是路面等级较低,三是交通辐射范围较小。因此,在旧时淳安的交通史上显得不甚重要,史料记载也不多。

然而,这条古道却独具特色,关于它的传说也不少。特别是八都管家附近诸如竹坞、长川、横岩下、杨柳洲、沙洲上、刘店以及干坪等几个小村落,要到七都去走亲办事,走长岭是倒路,且路程太长,金桐岭就成了一条别无他求的捷径。

金桐岭古道的七都起点是金桐岭脚,与七都源的主干道相衔接;终点是八都的管家,总长约3000米,全程基本上都是土路,仅有少许陡坡路段,以块石设阶而行。

金桐岭古道先是经过长岭脚村,然后沿田间土路往右行。至横川村下来的溪流处,过涧后沿山坡上行。途经吴家山古村遗址,附近有很多天然溶洞。特别是天都岭下有一条数百米长的石灰岩结构的山垄,这条山垄从山腰延展到山谷,一崖接着一崖,怪石嶙峋。崖下多有溶洞,洞洞相连,洞内有地下小溪流淌,形成一条地下奇观带。

当地村民将这些溶洞起了很有创意的名字,有如来洞、连环洞、八仙洞、太上老君、观音洞、双佛洞等,乃根据钟乳石的肖像赋名。

经过这个密集的洞穴区,直线上行是横川村。

横川,俗称"横坑",又称"宏川""黄川",今已并入长岭村。该村古称"三境故里",貌似三道关口,乃此村的天然屏障。

第一境乃水口,两山对峙,合拢为护,俗称"石龙口"。第二境是殿边,两山相对,岩石突兀,溪水中流。左有坛主殿,右有观音庙,旁有古樟三株,树高十丈,冠盖五亩。第三境乃龙门瀑布,俗称"龙门口",又称

"龙门里"。溪水自高处倾落,白练悬空,气势不凡。龙门上原建有"钟山亭",撰联云:"遥窥镜处迥多异;步到门前隔一层。"

横川村主姓蒋。据《横川蒋氏宗谱》载,蒋氏先祖泰公十六世孙贵公于明世宗嘉靖三年(1524)"步横川而览焉。山行数百武,初极狭,有狮象拱卫,意此中必有佳境,复行数百步,见崇山峻岭,茂林修竹,泉琴瀑布,潺潺悦耳。望其地,且异之。公则曰:余之逃名久矣! 何弗枕流漱石,逸其身以全其天而卜居于此。将世世子孙绳绳蛰蛰而克昌厥后者其在斯乎?"

《横川八景序》云:"永平之横川,嘉禾柔齐。突怒偃蹇,争为奇状者,殆不可数。且也春夏之交,草木际天;秋冬雪月,千里一色。风雨晦明之间,仰俯百变,此皆山水之奇者!"

先贤遴选横川八景,赋诗八首。其一《螺山毓秀》诗云:

螺黛苍苍镇碧流,松涛日夜拥前洲。
杖藜扶我庭前望,极目抒怀乐未休。

古道沿溪涧右侧的山垅上行,坡度较陡,走起来比较吃力。沿途大多是山核桃、茶叶之类的经济林,间有阔叶树和灌木林。三春时节,白色的檵木花宛若一堆堆皑皑白雪,覆盖着绿色的山野,山风吹来,花香满坡,既养眼又惬意。

行至半岭,有石砌凉亭一座。这座凉亭依山而建,后墙靠山体,两侧砌筑石墙,前为敞口大门,上覆木檩黑瓦,俗称"金龙殿"。

金龙殿

　　古道至此已离开山垅,横向山塆前行。接近塆心,斜路下方约50米处有一个大溶洞,亦称"方腊洞",洞口有"牛头马面石"。此洞纵深约45米,又有子洞,主洞分两层,可容纳百人之众。洞内有钟乳石岩溶微景观,洞中有泉,梅雨季节成涓,干旱时断流。据当地村民说,此洞是北宋农民起义领袖方腊的藏身洞。至于真伪,众说纷纭。

　　2020年,淳安县帮源文创公司董事长方润民邀请浙江省三国水浒专业委员会会长马成生教授一行前来考察论证,认为此洞很可能与方腊起义有关,旋即起名为"帮源峒",并在天都岭潭唐公路外侧竖立了标志石碑。旨在区别于六都洞源以及威坪镇附近的两个之前命名的方腊洞。

　　古道经过方腊洞后,不再向塆心前行,而是顺山体右侧上延。沿途

永乐洞

植被茂密,遍地皆是蕨类卷耳,奇花异卉,目不暇接。

及至岭顶,建有雪洞凉亭一座,名曰"永乐洞",俗称"金桐殿",内有"神鉴在兹"石雕匾额一方。古亭乃拱顶形制,占地面积约30平方米,全以采石砌筑而成,用料考究,做工精细,石墙规整,严丝合缝。至于此亭的建筑年代,查无史料,有待考证。

相传,此亭的渊源与方腊起义有关。北宋宣和年间,方腊起兵反宋,自称帝,号永乐。莫非曾在此立誓,号令义军,歃血祭旗,以求神鉴?当然,这只是猜测而已,并无依据而言。

离开永乐洞岭顶凉亭,向南下行的古道比较好走。因为岭脚竹坞的村民早已开荒到了山顶,沿途不是茶园就是山核桃经济林,没有荆棘纵横的芜杂,路上就没有东拉西扯的牵绊。相对干净的土路,一直在耕作区盘旋而下,不知名的黄花小草开满坡地,令人赏心悦目。

古道延伸到谷底,就是竹坞自然村,再往外走就是管家了。到了管家溯流而上就是郑中、王阜。顺流而下,就是廿五里青山,再往外就是宋村失三都了。

事实上,金桐岭最大的受益者是横川村。这个村虽然地处深山峡谷,其区域交通可谓四通八达。南有金桐岭直达管家;东有茅殿岭直达郑中;北有长岭直达柳塘;西有出村路直达唐村。20世纪70年代,潭唐公路开通后,县道经由村边,人车出行极为便捷。

当然,有古道的地方就有故事。譬如金桐岭的永乐洞附近就有藏宝的传说,民谣云:"犁也犁得着,耙也耙得着,谁要得得着,从头富到脚。"然而,宝藏是否真的存在,一直是个谜。

不过,在当地亦有两则得宝传说在民间流传。

相传,永乐洞洞壁上有一个暗龛,里面藏着宝藏。某一年,两个八都山民,在凉亭里附近干活,中午在凉亭生火烘玉米粿吃,闲着没事,在亭内左看右看,发现一个方形石块可以晃动,于是用柴刀尖头一撬,居然把这块石头取了出来,往洞口一瞧,里面居然藏有9块银圆。谁知这两个山民在瓜分这9块银圆时,分来分去也分不匀。此时恰好有一个七都的过路人经过,看到他们因分不匀银子,搔头挠耳的样子十分可笑。就对他们说:"这有何难,你看这样分行不行? 你三块,我三块,他三块,不是刚刚好嘛。"两位八都山民,点头称是,还说七都过路人真是聪敏。七都过路人就这样白白地得到了3块银圆。此事传开后,人人都说八都人太笨。从此,戏称八都人为"八都吾子"。现如今,我们在永乐洞的凉亭里,确实能够找到两个用方形石块填塞的小洞,至于是否真的藏过银圆,也是一个谜。

根据我的判断,这两个小洞乃建造凉亭时,为了卷拱置放横图(方木支架)预留的洞穴。凉亭建成后,工匠凿制方石予以填塞,以致墙面平整美观。由于是之后补塞,不受墙体挤压,因此能够抽取。

无独有偶,据说从横川到郑中的那条茅殿古道上,也有一则藏宝传说。民谣云:"前七步,后七步,银子埋在中七步。"数百年来,经过这条古道的人,人人都想破解这个藏宝谜,结果个个都是无功而返,一无所获。

直到某一年,有一个要饭的乞丐,来到古道岭顶茅殿内歇脚,拿出烟筒抽起烟来。他一边抽烟,一边在神龛前脏兮兮的香炉上敲烟灰,谁知铁质的烟筒尖,将香炉上厚厚的包浆敲出一个小洞,无意间发现小洞处居然金光闪闪,他拿起香炉掂了一掂,又沉又重,再仔细一看,这香炉居然是黄金铸制的。于是携宝回乡,成了一个暴发户。

不过,藏宝的传说太离谱,故事的真实成分有多少不得而知。然而,这些似是而非的传说,不仅给当地老百姓的茶余饭后添加了谈资,也给这些古道蒙上了神秘的面纱。

走在荒凉的古道上,既寂寥又疲乏。有了这些传说故事,一路有说有笑,一路的疲惫,也会随之烟消云散。有诗云:

古道悠悠险且长,行旅劳顿心亦慌。

幸有谣传子虚事,一路欢声到家乡。

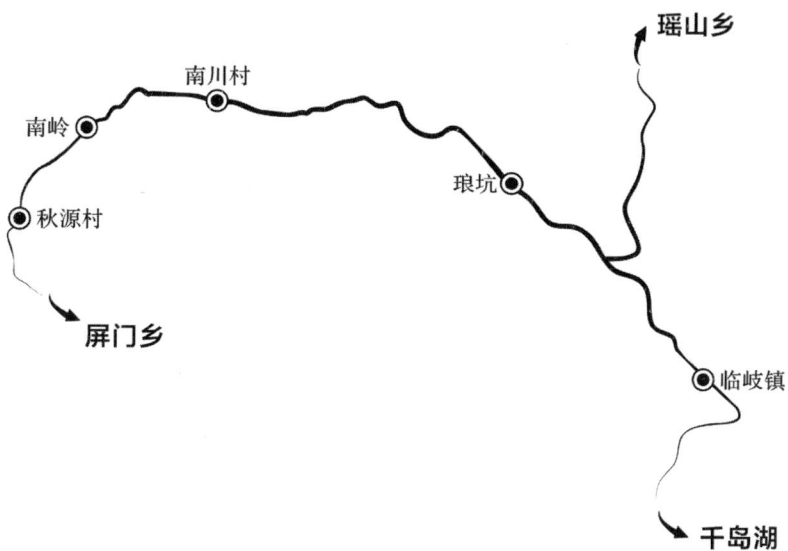

南岭古道

　　南岭古道,位于秋源村(今属屏门乡)与南川村(今属瑶山乡琅坑源行政村)之间,全程2.5千米,乃旧时下八都与九都之间的主要通道。由于此岭仅隔一山,路程较短,可以说是两地乡民交通往来舍此无彼的一条捷径。

然而，这条山岭却出奇地陡峭，行走在古道上，宛如登天梯一般，非常吃力和艰辛。曲曲折折二十四道拐弯，令人望而生畏。

民谣云："南岭弯弯廿四拐，想见爹娘眼泪出。"

因为有此南岭，所以八都与九都联姻的人很多。特别是当年下八都的生活条件比较差，嫁到九都的女儿不计其数。女儿想回一趟娘家，母亲想看望一下女儿，都是一件不容易的事情。因此，面对陡峭艰险的南岭，眼泪就会情不自禁地流下来。

古道的起点在南川村（因村落地处小溪南岸故名，俗称"南岭脚"）的水口，此处有一块高大的岩石，岩石上长有一株不知名的古树，宛如一个卫士高踞雄关，守卫在南川村口。岩石西面有一座石拱古桥，桥头有一座坛主殿，供奉着四大元帅。据传，南川村民大多姓方，祖先自琅坑迁入，已独成一派。

古道穿过南川村，北行至外南岭垮脚，左拐过桥上岭，陡峭的土路沿山涧开始上延。沿途都是山核桃林，这个季节尚未开枝散叶，空畅稀疏的林道上，长满了一种名叫黄堇的花儿，黄灿灿的一片，既悦目又赏心。前行数百武，古道向右侧山坡之字形上行。由于坡陡，道路狭小，颇有滚落之虞，令人胆战心惊。

及至山冈，进入里南岭垮，行程将近1000米，古道仍在陡坡上横斜而上，不过坡度平缓了很多，走起来就没有之前那么吃力。再行200米（半华里），即达岭顶。

岭顶垭口处，建有南岭亭。该亭东西朝向，紧依垭口山脊以块石砌墙，置搭桁檩条，上覆小青瓦，设二门洞，属骑路凉亭。

南岭亭

亭内置左右长凳矮座,南壁设佛龛,北壁嵌石碑。石碑由两块拼合而成,额书"善与人同,庆余子孙"8个大字。下刊行书《建筑南岭道路创造邮亭碑志》云:

还淳皆山也,而西北诸区,山岭重叠,道路险恶,行路每嗟艰难。自秋源至南川,路不过五里,中间一岭梗塞,自古名为曲道,然实为八九十都之通衢也。近地居民睹蜀道之难行,恐后来之出险,竭力开辟,凿女娲之石,使凹者平之,凸者削之。山虽依然高横秦岭,而往来行旅可以履险如夷矣。而且岭头建一邮亭,使熙来攘往、道途仆仆者,得以致咏甘棠,绸缪未雨,具有裨益于社会为何如乎?吾故乐得而称道之,以为为善者劝。

中华民国三十一年（1942）岁次壬午季冬月吉旦章宝仁谨撰

记事碑除了刊载序文以外，还刊载了捐输名录和其他信息。根据碑志内容分析获知，这次建筑道路的牵头主事者是秋源村。募捐范围涉及秋源庄、琅川庄、西村庄、陵山庄、湛溪庄、郑岭庄、南川庄、岔口庄、文峰庄等村，参与捐款的善人信士共134人（其中秋源庄的捐款人数最多），捐洋金额共计3341元。工程耗时两年，请了七齐坑石司方德贵负责采石，本村砌司章竹田负责砌筑，雇用民工开路拓基。费用总支出3050元，其中粗工并装饭（伙食开支）共结洋1616元；支用并櫂伤花楣（工具和工伤医疗费）共结洋587元；石司工资并刻字又利市共结洋847元。募捐总款扣除支出费用，尚有结余291元。

站在亭中东望，近山远峰呈南北向逶迤而去，令人徒生层峦叠嶂之慨。向西俯瞰，秋源村在峡谷深处，隐约可见。

凉亭北侧，有桃树两株，此时已落红满地，嫩绿的新芽，吐露着春天的生机。即兴作诗云：

春风过南岭，野桃落缤纷。

迢迢土山路，幽幽石块亭。

神龛空无物，碑志撰有文。

登高两下望，气爽又神清。

离亭西下，古道更陡。幸有石砌台阶，致令险途无虑。弯弯又曲曲，曲曲又弯弯，南岭弯弯廿四拐，大部分拐弯都集中在这里。疾行而下，如空降而落。及至岭脚，出坞就是秋源村了。

宋嘉祐年间(1056—1063)仔钧公六世孙章甋任青溪(淳安)县丞，因抵昱岭关，道经秋溪，见其山环水绕，耸翠列秀，左有文笔，右有石岩，形类福建浦城之西岩，遂无意还乡。又兼时值多艰，夫人早逝，一子尚在髫龄，遂定居于此。

秋源村初名柳溪，又更秋溪，后改秋源。溯溪而上，可达隐将村；顺流而下，可至屏门村。

秋源村中有章氏宗祠，名曰"积笏堂"，俗称"驮祠堂"。章甋公为秋源章姓始祖，首建祠以祀祖先。后屡遭兵燹，祠堂被烧。清康熙丁酉年(1717)，曾有族中宗老提出修缮宗祠，终因经费不足而放弃。清宣统元年(1909)，有宝仁、绍齐、斐成、绍虎、宗谓、见文、日新等宗贤，集资建造"积笏堂"。"笏"为古代大臣上朝的手板，用玉或象牙制成。"积笏堂"寓意章氏宦官众多，有"积笏于床"之传说。积笏堂占地面积571平方米，建筑面积469.4平方米。祠堂按前堂、天井、后堂结构建造，屋柱粗直坚固，堂梁大粗有致，气势非凡。整个建筑集精美的木雕、石雕、砖雕艺术于一堂，为典型的徽派风格。大门的对联为：仔钧公保国建千秋业；练夫人全城立百世德。章邑家风远；秋源世泽长。大堂正中"积笏堂"匾额高悬，"大夫弟""进士"两匾依次高挂大堂正中，祠堂大门上方"章氏宗祠"之匾清晰醒目。大堂内前后大柱上镶嵌着"积善庆余子孙发达千秋福，笏正绅重豪杰圣贤两状元""系启浦城百世箕裘丕振，派

南岭古道

分严都千秋俎豆维新""进承继前祖须种书中粟,士传述后孙惟耕心上田""欲光门第还是读书积善来,要好儿孙须从尊祖敬宗起"四幅对联。大堂正中天井全用青石板铺成。四周梁柱上"八仙过海"雕塑栩栩如生。宗祠大门两旁"圆形"门当威立。"文化大革命"时期遭受特大破坏。2013年,在县文史部门的支持下,广大章氏后裔纷涌捐款,投资70余万元,重修了祠堂,雕塑了章岜和黄氏夫人"祖宗遗像",宗祠面貌焕然一新。

秋源村西面有古道,越岭可至小陵,再越岭可至大陵,越和岭至齐坑,越云岭至王阜,越长岭可至威坪,溯新安江而上可至徽州。

因此,南岭也是淳北通往徽州的一条重要山岭。俗语云:"南岭弯弯廿四拐,百里征途方起拍。六岭横断入徽路,有志男儿可见佛。"旧时,很多去安徽大小九华山拜佛的人,走的就是这条古道。

文昌镇 ←

◉ 横坑坞口

◉ 上横坑

◉ 横岭头

◉ 燕坑

→ 富文乡

横岭古道

　　横岭古道,位于富文乡聚璧村燕坑自然村与文昌镇文昌村横坑口自然村之间,土路,全长约8千米。

　　燕坑村地处富文乡北部山区。从空中俯瞰,由溪谷组成的村庄就像一只振翅而飞的燕子,故名燕坑。村域内峰峦交错,溪流纵横,植被茂盛,空气清新,一年四季,景致宜人。

燕坑源、岬坞源两水汇合后,经大坪里向南流经漠川,西向流出清平源,汇入千岛湖。燕坑大部分自然村落,分布在燕坑源、岬坞源沿岸,民居依山面水而建,聚落相对分散。阡陌交通,鸡犬相闻,一如世外桃源。

燕坑村地处深山,出门就得走山路,故而古道较多。至今仍在沿用的有横岭古道、蒙去坞古道、浪岭古道。其中横岭古道始起燕坑村,途经横岭头、横岭脚、横村、横坑口,终点文昌村。

旧时,横岭古道是富文乡通往文昌、临岐、分水等地的大通道。20世纪50年代末,燕坑属于文昌人民公社辖区,横岭古道成了干部下乡工作、群众来社办事的必由之路。这一时期,横岭古道可谓车水马龙,热闹非凡。集体化期间,横岭古道均由生产大队统一整修。如今,走这条古道上的人仍有很多。为了保持古道畅通,每年一次的古道整修,均由燕坑、文昌二地的耶稣教信徒完成。

在这条古道上,最具标志性建筑是横岭凉亭。横岭主峰海拔约900米。横

横岭凉亭

岭凉亭，坐落在横岭的峰凹处，南北向骑路而建，泥墙瓦顶，两侧分水，面积约40平方米。亭内两侧设有连柱长凳，供行人歇脚。据传，该亭始建于清嘉庆年间，乃横岭寺的一位和尚募捐所建。距今已有200多年的历史。

太平天国运动时期，凉亭被太平军焚毁，仅剩断壁残垣。20世纪70年代末，由淳安县林业局出资、燕坑村民出工出力进行修复。凉亭外墙上，写有毛泽东语录以及封山育林等字样。

翻过横岭往下行走约500米路程，有一片十余亩的坪地。20世纪三四十年代，这里曾住有一户陈姓山民。为便于生产队管理，20世纪50年代后期这户陈姓山民搬迁到了横岭自然村。陈姓山民原住址附近建有一座山神庙。庙宇很小，只有四五平方米，庙内供奉山神爷。此庙乃陈姓山民为祈求山神爷保佑家人平安吉祥、生产风调雨顺而建。随着陈姓山民搬迁，此庙久而失修，于20世纪60年代倒塌，今存遗址。

在山神庙左侧，栽有一棵皂荚树，有3米粗的树围。隐天蔽日的树冠，遮蔽出一片清凉浓荫。每到秋季。树上悬挂着数以千计的皂荚，亦是一道难得一见的风景。旧时，山民因离文昌镇太远，下山购买肥皂不方便，故种下这棵皂荚树，待树木结果成熟后再把皂荚采下制作"土肥皂"，用来清洗衣物之用。

1949年1月16日，张凡政委率金萧支队特遣中队（代号为"阔斧部队"）100余人，从桐庐出发，经桐岭古道来到富文乡，在聚璧村驻扎了三天。1949年1月20日，张凡政委主持召开了军民大会。21日一大早，张凡率特遣队主力离开聚璧村，经横岭古道向文昌进发，最后赶赴安徽双磻溪。

　　由于横岭古道一头连着富文,一头连着文昌,故两地缔结婚姻的农户较多,古道上每年都有迎亲的队伍经过。新女婿拜年,小孩子见外婆,来往于横岭古道,俨然一条走亲之路。

何里塔古道

　　富文乡,古称"清平源",正源源头是六联村。漠川村西面另有一条支流,叫"聚壁源",源头是章坑村。

　　两源中间是连绵不绝的高山峻岭,山麓之下有很多山坞,每个山坞都有人家,小小的村落散布于其中。如东麓有大茅岭脚、小茅岭脚、何来坞、关南坞、何崇坞、潘家源、李家坞、宋家坞、前坑坞、汪家坞、石牛栏、寒石坑、茂山等，西麓有大章坑、小章坑、章坑口、瓦窑山、横坞、荷步坞、姜岭坞、石城垮口等。

这些村庄分别处于两条源的尽头，彼此间来往，如果从大路绕道漠川走，路程有四五十里。如果翻越何里塔抄近道，只有五六里。因此，两地的百姓就开通了何里塔古道。

从大章坑到六联，自石城垮入口。入垮不远处，有一处石城墙遗址。传说，北宋起义领袖方腊战败后途经这里，已经人疲马乏，就决定在半山坳里休整。为了防止追敌袭击，命兵士堆筑临时石墙加以防护。故名石城垮。

走上石城垮山冈来到何里塔。20世纪90年代，这里还有人家居住。过往行人，可向山民讨碗茶喝，顺便歇歇脚。

岭上到处都是茶园，若是在采茶时节，还能一睹采茶女的倩影。下山的路上，枫香树众多。时至夏季，绿树成荫，待到深秋，漫山红叶，景色极美。岭脚是何来坞，出坞就是六联村。

20世纪中叶，有一个当选全国人大代表的老邮递员，名

石城垮入口

叫胡樟胜，曾受到伟大领袖毛主席亲自接见。他背着一个大邮包，隔天一个来回，走的就是这条古道。

新中国成立前夕，在富文乡大章坑村的燕窝里曾有一个土匪办事处。这个土匪办事处是一个从建德逃窜过来的土匪头目王金基设立的，他躲进了大章坑一个叫"燕窝里"的深山，立即和当地不明真相的山民，组建了"燕窝办事处"。王金基自任司令，并把当地两个强悍的山民任命为大队长和中队长。1949年8月15日，中国人民解放军第二十五军第七十二师奉命进驻淳、遂两县，并派出一个排的兵力途经六联小毛岭，沿章坑古道，直插燕窝里，对这股土匪进行围剿。在围剿中当场击毙土匪司令王金基并抓捕小头目六人，有的被处以死刑，有的被判15年以上有期徒刑。

附录

人文淳安
RENWEN CHUNAN
XILIE CONGSHU

淳安县古道分布图（1958年）

附录 | 413

图　例

- ◉ 县城（古）
- ○ 乡镇（今）
  - 县界
  - 河道
  - 公路
  - 古道

小毛岭
钱王岭
桐岭
赤岭
蛇岭
富文乡
客岭
审岭
临岐镇
九岭
瑶山乡
顺门乡
左口乡
文昌镇
担盐岗
王阜乡
王盘湖镇
屏门乡
威坪镇
金峰乡
里商乡
威城
辽岭
百箩坪
石林镇
宋村乡
汾坪镇
安阳乡
界首乡
黄岭
黄连岭
门岭
鸠坑乡
姜家镇
狮城
大墅镇
枫树岭镇
豪岭
万岁岭
遂川乡
新桥
歙岭
大连岭
中洲镇
白际乡
汾口镇
璜尖乡
青岭
乘风岭

清光绪淳遂两县陆路道里记

陆路道里记引

随着时代的发展和演变,现代公路交通日新月异,许多古道已经退出历史舞台,甚至逐渐消失。要想摸清淳安古道在旧时的分布情况,唯有查阅古代的典籍,从而还原当年古道的脉络与走向。

清光绪甲午年(1894)石印本《浙江全省舆图并水陆道里记》,计20册、755页,内有地图349幅,道里记189余条,集浙江全省水陆交通之大成。地图上表示的要素有:府、县境界,境界边注有邻县名称;居民地表示至村,注记密度较大;河流分单、双线绘出,表示完整,桥梁绘制详细;道路以府署、县治为中心,用连珠点绘至各主要乡村,形成网络。

《浙江全省舆图并水陆道里记》的特点是以水路与陆路交通为中心,因此,无论是舆图还是水陆道里记,都在道路交通上尽可能详尽。水陆则特别关注所经桥梁、闸坝,并在道里记中记叙各水道之起讫地点、流经路线、距离等,水道又分经流与支流,凡经流均注明其水深、面阔各类数据,实用价值甚高。陆路道里记则以厅州县城邑为中心,舆图记录其所经村镇、市集、凉亭,而道里记则根据方向正偏分干路与支路,详尽记录两地之间距离里数等。

因此,为了使读者能够详细了解淳安县清代的古道,特将淳遂两县陆路道里记附录于此，以飨读者。

清代淳安县陆路道里记

一、东乡

县无城，从圈门起，余仿此。

■ 干路（路向东南）

东　庙　自东圈门外东行至此七分。

东溪村　自东庙东行渡东溪，渡阔三十六丈，至此一里三分。

杨　村　自东溪村东少南行至此十四里八分。

合洋村　自杨村东行至此六里。

茶园镇　自合洋村东南行至此十里八分。

路　亭　自茶园镇东行至此二里。

小溪村　自路亭东少南行至此六里二分。

芹坑村　自小溪村东行至此五里，与建德县分界。

■ 支路

牌　岭　自东溪村东少北行至此十里。

东庄村　自牌岭东少南行折而东北至此四里七分。

云　村　自东庄村东南行折而东少北至此七里。

石村桥　自云村东行至此四里五分。

峡　岭　自石村桥东行至此九里六分。

寻凤村　自峡岭东行折而东南至此六里。

高见村　自寻凤村东北曲曲行至此七里。

模川村　自高见村西北行折而东北至此十一里。

查林村　自模川村东南行至此十二里八分。

茅岭村　自查林村东北行至此十二里五分。

里钱村　自茅岭村东北行折而西北至此十三里。

钱　村　自里钱村北行至此一里五分，与分水县分界。

■支路

湖下村　自路亭东北行至此十里八分，北通支路之寻凤村。

淡竹村　自湖下村东行至此八里。

蛇　岭　自淡竹村南行折而东至此六里八分，与建德县分界。

■干路(路向东北)

五龙桥　自东圈门外之东庙东北行至此五里。

任　村　自五龙桥东南行至此三里。

童坞村　自任村东北行至此九里。

进贤镇　自童坞村东少北行至此五里五分。

桥西村　自进贤镇东行折而北复折而东至此十二里六分。

洪头村　自桥西村东北行折而东至此八里。

翁溪村　自洪头村东北行折而东南至此八里。

十五都　自翁溪村曲曲东行至此十里。

塔　岭　自十五都村北少西行折而北少东至此十五里八分，与分水县分界。

■支路

显后村　自桥西村西北曲曲行至此十二里八分。

风乾村　自显后村西北行至此七里。

方桥村　自风乾村西北行越师姑岭至此十一里四分。

下碓村　自方桥村东行至此六里四分。

方　村　自下碓村西北行至此十里强。

屏门村　自方村北行折而东至此十五里二分。

大陵岭麓　自屏门村西北行至此十七里八分。

金竹村　自大陵岭麓西北行折而东北至此十六里三分。

下坞岭西（路亭）　自金竹村西北行至此八里七分。

担盐岭　自路亭曲曲北行至此七里五分，与杭州府昌化县分界。

■ 支路

奎星桥　自洪头村西北行至此十里。

富山桥　自奎星桥北少西行至此六里八分。

临岐村　自富山桥北少西行曲曲行至此十九里七分。西北通支路之屏门村。

无求桥　自临岐村东北行至此七里八分。

景溪村　自无求桥北行折而西北至此十四里。

河际桥　自景溪村北行至此五里。

审　岭　自河际桥西北行折而东北至此十五里五分，与杭州府昌化县分界。

■ 支路

渔　村　自富山桥北少东行至此六里五分。

黄　村　自渔村东行至此四里五分。

罗伍庙　自黄村北行折而东至此十八里,与分水县分界。

■ 支路

上韩村　自无求桥西北行至此八里六分。

张　村　自上韩村西行至此五里。

云溪桥　自张村西行折而北至此十五里。

岭下村　自云溪桥东行折而东北又折而西北至此七里八分。

客　岭　自岭下村北少东行至此七里,与杭州府昌化县分界。

■ 支路

富岩村　自云溪桥西北行至此六里。

石　桥　自富岩村西北行至此十里四分。

千亩庵　自石桥西北行至此七里。

塘湾山麓　自千亩庵北行至此三里,与杭州府昌化县分界。

二、南乡

■ 干路

上水南村　自县治前南行渡新安江,渡阔一百四十丈,至此二里。

东明桥　自上水南村南少西行至此九里。

苍峰村　自东明桥南少东行至此五里。

港口镇　自苍峰村南少东行至此一里二分。

邵　村　自港口镇渡遂安港,渡阔四十丈,东少北行,至此十二里
八分。

藻河埠　自邵村东行折而南少东至此十一里。

外齐村　自藻河埠曲折东行至此十里四分。

江　村　自外齐村东少北行折而南至此七里。

渡渎村　自江村南少东行至此四里五分。

铜关岭　自渡渎村东行折而东南至此九里,与建德县分界。

■ 支路

桐桥村　自上水南村西南行至此九里一分。

田畈村　自桐桥村西行至此四里。

界首村　自田畈村西少南行至此六里一分,与遂安县分界。

■ 支路

程　村　自港口镇西行折而西南至此八里。

阮　村　自程村西南行至此七里。

云塘山麓　自阮村西行至此五里。

浪水村　自云塘山麓南少西行至此七里八分,与遂安县分界。

■ 支路

许　村　自港口镇渡遂安港南行至此三里。

坪水岭　自许村东南行至此七里。

考坎村　自坪水岭南少西曲曲行至此八里。

义口村　自考坎村曲曲南行至此九里。

大合村　自义口村西南行至此四里。

洞坑村　自大合村西南行至此五里。

路　亭　自洞坑村西南行至此十二里五分,与寿昌县分界。

■ 支路

毛岭村　自藻河埠西南行至此十二里。

余　村　自毛岭村曲曲南行至此九里一分。

金刚岭　自余村南少东曲曲行至此九里五分。

玳瑁岭　自金刚岭西南行至此七里,与寿昌县分界。

■ 支路

朱家尖西　自外齐村南行至此六里三分。

富德村　自朱家尖西首西南行至此八里八分。

双溪口村　自富德村西南曲曲行至此八里。

青　岭　自双溪口村西南行至此四里,又西南行六里至金刚岭,
与自藻河埠起之支路合。

■ 支路

洪　村　自渡渎村西南行至此五里五分。

邵坎山　自洪村西南行至此二里五分。

哨　岭　自邵坎山南行至此七里一分,与寿昌县分界。

三、西乡

■ 干路

小金山麓(程村)　自西圈门外西北行渡新安江,渡阔八十六丈,
至此七里。

张家畈村　自程村西北行至此五里三分。

牛石桥　自张家畈村北行渡新安江,渡阔一百十丈,至此五分。

渡口村　自牛石桥西少南行至此八里六分。

云源溪口　自渡口村西少北行至此十二里。

茶山西南麓　自云源溪口西北行至此三里一分。

威坪镇　自茶山西南麓西北行折而西南复折而西北至此十二里。

黄光潭村　自威坪镇西北行至此九里。

界　牌　自黄光潭村西南行至此一里七分，与安徽歙县分界。

■ 支路

罗汉村　自西圈外渡新安江，渡阔一百四十丈，西少南行至此五里。

杨村畈　自罗汉村西南行至此十二里八分。

堪下村　自杨村畈西北行至此六里。

琪石岭麓　自堪下村西行至此三里，与遂安县分界。

■ 支路

童家村　自张家畈村西少南行至此十一里二分。

八都村　自童家村西少南行至此十里。

坑下村　自八都村西行折而北复折而西至此八里。

叶　村　自坑下村西少南行至此六里四分。

杜　村　自叶村西南行至此二里。

胡　村　自杜村西少北行至此八里九分。

方　村　自胡村曲曲西行至此六里九分。

扶扳岭　自方村西少南行至此十五里，与遂安县分界。

■ 支路

阴山村　自云源溪口东北曲曲行至此十三里四分。

双溪村　自阴山村东北行至此十四里五分。

刘店村　自双溪村曲曲北行至此十二里二分。

管家村　自刘店村北少西行至此七里。

坑口村　自管家村曲曲北行至此九里三分。

王村埠　自坑口村北行至此八里。

毛家庄　自王村埠西北行至此十一里五分。

元元桥　自毛家庄西北行至此十一里，东北通东乡支路之下坞岭西路亭。

银烛尖东北　自元元桥曲折西行至此八里，与安徽歙县分界。

■ 支路

富志村　自茶山西南麓渡新安江西行至此二里。

余　村　自富志村西行至此十一里。

上坑坞山麓　自余村西行折而南至此八里又西南行四里至胡村，与自张家畈村起之支路合。

■ 支路

洪桥村　自威坪镇北行至此三里。

竭　村　自洪桥村东北行至此七里七分。

后坪村　自竭村东北行至此十里五分。

岭下村　自后坪村东北行至此十四里六分。

黄石村　自岭下村北行至此七里。

黄石潭村　自黄石村西北行至此七里九分。

汪　岭　自黄石潭村西北行至此十二里五分,与安徽歙县分界。

■ 支路

张坂村　自洪桥村西北行至此七里五分。

黄花桥　自张坂村北行至此五里。

亳　岭　自黄花桥北少西行至此十里,与安徽歙县分界。

■ 支路

叉路口　自洪桥村北行至此六里六分。

洪溪村　自叉路口东北行至此十里二分。

叶　村　自洪溪村北行至此五里。

门　岭　自叶村西北行至此九里六分,与安徽歙县分界。

■ 支路

刘下村　自黄光潭村渡新安江,渡阔十八丈,南行至此四里五分。

罗　村　自刘下村曲折西南行至此九里八分。

干　村　自罗村西少南行至此三里一分。

万岁岭　自干村西行至此九里,与安徽歙县分界。

四、北乡

皆山无路。

清代遂安县陆路道里记

一、东门(一名兴文门)

■ 干路

龙渡桥　自东门外东北行至此一里二分。

石塔山麓　自龙渡桥东少北曲折行至此七里一分。

东亭镇　自石塔山麓东北行至此六里九分。

五里坂村　自东亭镇东北行至此七里五分。

界首村　自五里坂村东北行折而东至此五里，与淳安县分界。

■ 支路

墅坂村　自东亭镇北行至此二里二分。

历阳桥　自墅坂村北行至此三里。

松元村　自历阳桥北行至此四里五分。

洋田村　自松元村西北行至此六里九分。

阳　岭　自洋田村西北行至此四里四分，与淳安县分界。

■ 支路

竹元村　自墅坂村西北行至此三里五分。

便行桥　自竹元村西北行至此五里二分。

龙门山村　自便行桥西北行至此四里。

合公岭　自龙门山村西迤北行至此十二里，与淳安县分界。

二、南门（一名献寿门）

■ 干路

三都村　自南门外东南行至此三分。

麦头村　自三都村东北行折而东至此五里七分。

和义桥　自麦头村东南行至十四里二分。

南水村　自和义桥南行至此一里一分。

上店村　自南水村东行折而南少西至此五里二分。

毛坪村　自上店村南少东行至此九里九分。

金鸡永固亭　自毛坪村南少东行至此十里三分。

灰　　岭　自金鸡永固亭东少北行至此二里八分与衢州府西安县分界。

■ **支路**

织岭村　自三都村南行至此五里六分。

向公岭　自织岭村东南行至此六里。

三合村　自向公岭西南行折而少东至此五里三分。

倪家村　自三合村南少东行至此六里一分。

岭干村　自倪家村东南行至此四里五分。

上方村　自岭干村南少西行至此十一里七分。

黄连岭　自上方村东南行至此十一里,岭高二百十五丈,与衢州府西安县分界。

■ **支路**

田南村东　自麦头村东少北行至此五里五分,南通干路之和义桥。

岩　　村　自田南村东首东行至此四里七分,北通东门外干路之东亭镇。

湖　　村　自岩村东行至此五里。

下山村　自湖村东行折而东北至此六里八分,与淳安县分界。

■ 支路

安阳镇　自和义桥东行至此二里。

永周亭　自安阳镇东少南行至此二里八分。

陈家门村　自永周亭南少东行至此九里二分。

铁帽尖西麓　自陈家门村南少西行至此六里又曲曲南行七里八分至金鸡永固亭入干路。

三、西门（一名靖武门）

■ 干路

卢家村　自西门外西南行至此三里三分。

毛头山南麓　自卢家村西南行至此二里五分，又西北行五里至大路口村入北门外干路。

四、小西门（一名康阜门）

■ 干路

九角岭麓　自小西门外南行至此四里。

西山底村　自九角岭麓南少西行至此四里五分。

斗角桥　自西山底村西南行至此六里三分。

永义桥　自斗角桥南少西曲曲行至此八里一分，东北通南门外支路之三合村。

追石村　自永义桥南少西行至此六里五分。

梅树滩村　自追石村南少东行至此一里五分。

衍昌村　自梅树滩村东南行至此十二里。

白马村　自衍昌村西南行至此十二里一分。

周家桥村　自白马村西南行至此六里三分。

西坞岭　自周家桥村南少西行至此七里五分，与衢州府常山县分界。

■ 支路

桂家村　自斗角桥西少南行至此五里七分。

田坂村　自桂家桥西少南行至此六里一分。

铜兴桥　自田坂村南少西行至此七里五分，东北通干路之永义桥。

分家源村　自铜兴桥西南行至此九里四分。

联梯村　自分家源村南少西行至此六里四分，与衢州府开化县分界。

■ 支路

陈家坞　自田畈村西北行至此四里一分

百亩畈　自陈家坞西北行至此五里又西少北行六里，至横沿镇入北门外干路

■ 支路

潘洪岭　自铜兴桥南少东行至此四里。

铜山村　自潘洪岭南行至此四里八分。

鲁家田村　自铜山村东南行至此七里四分。

苦竹坪　自鲁家田村南行折而西南至此五里。

白石尖　自苦竹坪南少西行至此六里四分，与衢州府开化县分界。

五、北门（一名拱极门）

■ 干路（路向西南）

东田山麓　自北门外西北行折而西南至此四里。

大路口村　自东田山麓西行至此四里。

石灰岭　自大路口村西南行至此八里四分。

风沂桥　自石灰岭西少南行至此七里。

横沿镇　自风沂桥南行折而西至此五里九分。

集义桥　自横沿镇西少北行至此六里六分。

昏口村　自集义桥西少南行至此六里五分。

章　村　自昏口村西少南行至此五里。

下山桥　自章村西少北行至此五里六分。

同仁桥　自下山桥西北行至此七里七分。

小回村　自同仁桥西北行至此八里八分。

泰厦村　自小回村西北行至此五里八分，与安徽歙县分界。

■ 支路

十字坪　自大路口村西少北行至此四里五分。

霞社村　自十字坪西北行至此七里七分，西北通支路之月山底村。

庙岭村　自霞社村北行至此五里。

方宅村　自庙岭村北少东行折而西北至此五里。

郭村镇　自方宅村西北行至此五里。

广济桥　自郭村镇西北行至此二里八分。

沈坂村　自广济桥西北行折而北至此八里。

叶祀村　自沈坂村西北行至此四里五分。

歙　岭　自叶祀村西北行至此十里二分,岭高二百二十九丈,与安徽歙县分界。

■ 支路

儒塘村　自广济桥西行至此三里五分。

毛湾脚村　自儒塘村西北行至此七里五分。

小连岭　自毛湾脚村西北行至此十二里六分。

大连岭　自小连岭西少南行至此八里五分,与安徽歙县分界。

■ 支路

枧坂村　自沈坂村北少东行至此二里二分。

合流桥　自枧坂村东北行折而西北至此八里。

金家山村　自合流桥东北行至此四里二分。

王元岭　自金家山村北少东行至此五里六分,与安徽歙县分界。

■ 支路

七保村北　自风沂桥西北行至此七里一分,东通干路之大路口村。

詹坞口村　自七保村北首西北行至此三里二分。

月山底村　自詹坞口村北少西行至此九里。

洪家村　自月山底村西北行至此九里五分。

鲍　家　自洪家村西北行折而西南复折而西北至此十里二分,又西北行折而北十五里五分,曲曲至大连岭,与安徽歙县分界。

■ 支路

两全亭　自横沿镇南少西行至此八里二分。

石壁村　自两全亭南少西行至此二里六分。

洪山村　自石壁村南行至此八里。

摹义亭　自洪山村南行至此四里七分,与衢州府开化县分界。

■ 支路

卢　村　自集义桥北少西行至此五里五分。

枧头村　自卢村西北行至此七里四分。

姚家村　自枧头村西北行至此三里。

松　岭　自姚家村西北行至此四里五分,又西北行四里五分至鲍村,与自风沂桥起之支路合。

■ 支路

威山桥　自昏口村南少西行至此一里五分。

龙门村　自威山桥西南行至此五里五分。

鲍家村　自龙门村西南行至此七里一分。

界　牌　自鲍家村西南行至此三里,与衢州府开化县分界。

■ 干路(路向北)

龙源村　自北门行至此四里一分。

陈家村　自龙源村西北行至此五里七分。

双溪口村　自陈家村西北行至此六里二分。

孙家村　自双溪口村北少东行至此四里八分。

新　桥　自孙家村北少西行至此三里,与淳安县分界。

■ 支路

堰　岭　自孙家村东少北行至此五里八分。

乌山坪北　自堰岭东少南行至此三里五分，又东少北行四里，至便行桥，与东门外干路内自东亭镇起之支路合。

后 记

2022年春,我又接到了淳安县政协文史委分派下来的写作任务,书名是《淳安古道》。这项工作,既让我感到荣幸,又让我忐忑不安。荣幸的是相关领导对我工作的肯定。因为在此之前的3年里,我一直在政协文史委《淳安村落》编纂室兼职,负责文昌镇、临岐镇、左口乡、屏门乡、瑶山乡共5本分卷的主编工作,通过兢兢业业的努力,编纂任务得以圆满完成。让我不安的是,上次是编辑,这次是创作,有着业务上的根本区别。再说淳安素有"千峰郡"之称,辖区面积甚广,长长短短的古道纵横其间,数量多达100余条。加上有关古道的历史记载皆属春秋笔法,可以借鉴的资料少之又少。如果仅凭纸上谈兵式地闭门造车,肯定写不好这本书。

然而,我也算是一个能够接受挑战的人。当接下任务的那一刻起,我就暗下决心:走!走古道!用脚去走!用脚板去写!就这样,我经常关闭电脑,夺门而出,踏上那些长满苔藓的古道,走上了那些渺无人烟的荒途!

接下来就是历险,甚至可以说是冒险。在淳安境内,有些古道名气较大,得到了当地政府的重视,经过修整比较好走。但仍有大部分古道,旅游开发价值不高,多年未予修缮,早已荒芜。非节假日,一般约不到同伴,我只好孤身一人硬着头皮走。在那些荒凉的路上,有无数不确定的危险因素等着你,蛇虫鸟兽,风霜雨雪,以及酷暑与严寒,都是实实在在的考验。

断断续续的行程,从壬寅年的春光明媚走到了癸卯年的山花烂漫,整整一年的时间里,我驾车往返约8000千米,徒步古道约600千米。在塔川森林中迷过路,在审岭遭遇过捕兽夹,在白际遇到过雷阵雨,诸如此类,大惊小险,一如家常便饭。然而,这些遭遇并没有让我退缩,反而使我越挫越勇。因为,逐渐积累的户外经验,使我练就了一套应付突发状况的机变能力。

亲自用脚走过的古道,就像一架被手指弹过的钢琴。沉淀的人文历史以及传说故事,就会像悠扬的乐曲一样飘荡起来。每次走完古道回家,把酸胀的脚泡在热水里,给其慰藉。然后打开电脑桌面上的办公软件,可爱的文字就像大山中的泉水,汩汩地冒个不停。我终于明白,文学来自生活,创作的源泉来自体验。脚走的是路,而脚板与大地亲吻之后,传递到大脑里储存的是具象的记忆,它随时都可以取出来,转化为你需要的文字。且那些鲜活的意象,都是按部就班的乐队队员,只要你拿起意境的指挥棒,他们就会奏响美妙的交响曲。

这本书得以正式出版,首先要感谢淳安县政协文史委主任邵红卫先生,是他一直在关注着我的创作,并时不时给予精神上的鼓励。其次要感谢国家一级作家、浙江省文史研究馆馆员、杭州市文史研究馆馆员孙昌建老师为本书作序。同时还要感谢方长建、余利归、余泉、陈琪、朱祝新、纪继根、刘来根、章建胜、余红霞、吴三红、郑庭喜、何来忠、蒋明亮、王春建、鲁二虎、叶世广等同志,他们直接或间接地给我提供了部分资料和素材,有几位朋友还陪我走过一段行程。另外还要特别感谢一下古道沿途偶遇过的那些好心人,是你们的一杯凉茶,或是一碗小吃,让我的文字那么活泼开心,那么饱含真情。

由于时间仓促,还有一些可圈可点的古道未能涉及,有待后贤达人予以补充。另外,由于本人水平有限,书中难免存有谬误,请读者给予批评指正!

鲁永筑

2023年5月6日,立夏